RENASER

Tania Karam

RENA**SER**

Supera cualquier crisis
y conoce tu verdadero valor

alamah

Penguin
Random House
Grupo Editorial

RenaSer
Supera cualquier crisis y conoce tu verdadero valor

Primera edición: febrero de 2020

© 2019, Tania Karam

© 2019, derechos de edición mundiales en lengua castellana:
Penguin Random House Grupo Editorial, S. A. de C. V. Blvd.
Miguel de Cervantes Saavedra núm. 301, 1er piso, colonia
Granada, alcaldía Miguel Hidalgo, C. P. 11520, Ciudad de
México
© 2021, Penguin Random House Grupo Editorial USA, LLC
8950 SW 74th Court, Suite 2010
Miami, FL 33156

www.megustaleerenespanol.com

© Penguin Random House, por el diseño de cubierta
© Marcelo Álvarez, por la fotografía de la autora

ISBN: 978-164-473-083-6

Impreso en México – *Printed in Mexico*

21 22 23 24 25   10 9 8 7 6 5 4 3

Este libro está dedicado a mi amado
padre José, el que me repitió tantas veces:
"Lucha, no te rindas ante la vida."

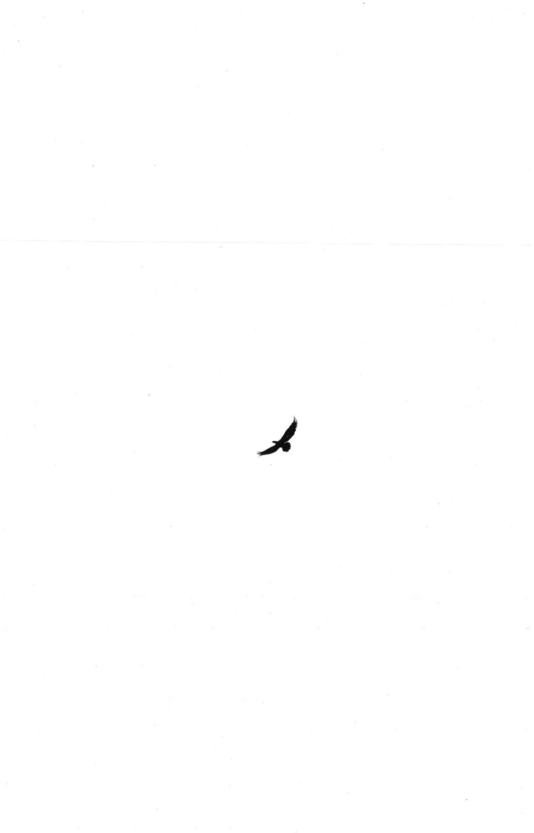

Índice

Prólogo

¿Por qué escribí este libro?

Fueron varias razones. La primera: podría haberme ahorrado completamente el contar acerca de mi experiencia personal, hubiera sido muchísimo más fácil escribir este libro, o podría haberlo escrito como novela con personajes imaginarios, o podría dedicarme a relatarte los muchos casos, tanto de mujeres como de hombres que recurren a mí en busca de respuestas. El noventa por ciento de las personas que se acercan a mí me buscan para que les ayude con un problema, así que seguro sí tendría material. Incluso algunos me llaman con cariño "maestra", porque asisten a mis cursos o ven mis videos donde les enseño y facilito el camino de: cómo tener más conciencia en nuestras vidas y vivir con mayor paz.

Sé que para algunos lo ideal sería que no contara nada de mis dificultades y sólo les diera la receta correcta, los buenos consejos o las respuestas concretas, es decir, entre más rápido, mejor. Sin embargo, creo que la mejor manera que tengo de mostrarte cómo he aprendido y renacido es compartirte mi experiencia, contarte cómo no dejé que se amargara mi corazón ni dejé de confiar en mí. Al contrario, me volví una mejor versión. Si no te contara mi historia, no podría recordarte cómo tu vida es la mejor lección que tienes para aprender. Tú vas en el asiento del piloto, estés tomando el volante o no; te des cuenta de que puedes volar o aún no.

Mi vida es el mejor libro que tengo escrito. He tenido aventuras excepcionales y también algunos misterios excepcionales; me he levantado *excepcionalmente*, porque las experiencias que te platicaré no parecían fáciles de asimilar.

Si pones atención en por qué caíste, en cómo te levantaste, cuando se repite varias veces aprendes a levantarte más rápido y puedes enseñar. Cada uno necesita aprender a cuidarse, incluso de sí. Por mi parte he tenido que aprender mucho de eso y sé que seguiré aprendiendo.

Uno aprende mucho más en la vida misma que en una carrera profesional (si es que tuviste la fortuna de tenerla). La principal escuela es la casa. Por un lado, ahí es donde aprendemos lo esencial, ahí grabamos inconscientemente cómo es que merecemos ser cuidados, qué tan amorosamente observados, escuchados, abrazados, aplaudidos. Por otro lado, aprendemos a cuidar y también a poner atención en las necesidades de otros, en sus tiempos, en quiénes son mejores para pedir y quiénes lo son para callar y conciliar.

La responsabilidad de cuidar de otros la observas y la aprendes sin darte cuenta, en algunos casos, de manera sutilmente impuesta. Esto no es algo dicho, puede ser por costumbre o por imposición de género; o bien porque por muchos años culturalmente ha parecido normal. Que un miembro de la familia, madre o padre, fuera el que cuidara más y el otro el que trabajara más, eso también te enseñó, al menos inicialmente, qué era lo "normal". ¿Tú qué aprendiste más: a cuidar o a descuidarte? ¿Te sentiste cuidado?

¿Cuáles maestros espirituales conoces? ¿Lo primero que vendría a tu mente sería un hombre? Casi siempre me contestan Buda, Jesús, Lao-Tse, el Dalai Lama, y a veces, la Madre Teresa de Calcuta. Su vida es referencia a lo esperado de la mujer desde una perspectiva espiritual tradicional, sin entrar en detalle en aspectos de la vida cotidiana. Las mujeres *espirituales* (y todas) no era bien visto que hablaran de sus experiencias como mujer. En mi misión de vida, yo vengo a aprender y a enseñar también a través de las experiencias típicas que vive una mujer. ¿Se puede enseñar del camino espiritual mediante esas experiencias?

Si te das cuenta, si una mujer se quería dedicar a la vida espiritual, su aspiración era ser monja, madre superiora, abadesa; algunas eran llamadas espiritistas, oráculos o prostitutas sagradas, pero no se les llamaba *maestras espirituales*. Las mujeres dedicadas a lo espiritual o lo religioso no eran las que enseñan, sino las que asisten.

¿Cómo es la experiencia espiritual de una mujer contemporánea? ¿Cómo podría enseñar ella desde sus vivencias? En mi entorno se esperaban –y se esperan– ciertas cosas de mí por ser mujer, por lo que mis experiencias pueden ser de tu interés. Yo siempre he tenido interés por lo espiritual, desde niña tuve una gran sensibilidad. Como toda mujer de mi época, he vivido numerosas peripecias, he tenido que lidiar con ciertos condicionamientos, pero me rebelé, y no quise aceptar una etiqueta preestablecida.

Desde mi experiencia explico la espiritualidad aplicada a la vida diaria. No me he ajustado mucho al molde, he preferido aprender de las experiencias que necesitaba en cualquier área. Incluso como anécdota, en una ocasión un amigo muy querido, un exitoso conferencista, me preguntó:

—¿Tienes novio en este momento?

Con una sonrisa despreocupada, le contesté que no. A lo cual replicó:

—No me extraña nada.

—¿Por qué dices eso? –le pregunté, con mi cara de sorpresa.

—Tania, tú tienes dos problemas muy grandes, eres de las difíciles.

—¿¡Cómo!? ¿A qué te refieres? Así que digas, ¡qué carácter tan difícil tiene la niña!, ¡no! Todo mundo me dice lo contrario.

—No, si de carácter estás muy bien, pero tienes dos grandes problemas.

Obviamente le pregunté ¿cuáles?

—Eres inteligente y exitosa. Dos cosas muy preocupantes para un hombre.

—¿De qué clase de hombres hablamos? ¿De los que no se sienten inteligentes y exitosos? ¿A esos les preocupa?

—Pues sí mija, a nadie le gusta una mujer que sepa mucho, los estresa.

—Entonces, en tu opinión, ¿qué debo hacer?, ¿actuar como tonta?

—Pues sí, tantito, aunque sea al principio. Esas se casan primero.

—No, pues si hubiera tenido prisa, me hubiera casado mucho antes, desde hace mucho tiempo.

—Te lo digo por tu bien, hazte tantito *pentonta*.

—Creo que seguiré sin novio un rato o llegará uno que me valore y le guste así como soy. De todos modos, muchas gracias por el consejo.

Como ves, algunos otros esperan un comportamiento tradicional y confunden a una persona pacífica con una que debe fingir, ceder o aguantar de más.

Y por si eso fuera poco, agrégale la variedad, en mi actividad profesional soy una maestra espiritual: alguien que estudia y enseña cómo reconciliar la realidad humana con la esencia espiritual para vivir en paz. Suma todo esto, el no ser tradicional, el no seguir patrones, el ser exitosa, en suma, soy una maestra espiritual que habla de manera coloquial, sencilla, en una actividad que no era considerada para mujeres y además, creo que podré hablarte de varias lecciones. A lo largo de mi carrera me he topado mucho con esas ideas de "cómo debe ser tu personaje".

Las vivencias de una mujer son muy diferentes, te enseñan qué querer, lo que debe ser prioridad y tienes ciertos tiempos, desde el entorno que aún se alimenta de la herencia de épocas machistas, con sus costumbres y creencias.

¿Qué es lo bueno? Que un maestro cuestiona para aprender. En mi experiencia me he cuestionado mucho, y es lo que más haré en este libro: te cuestionaré para que descubras quién quieres ser. *RenaSer* tiene que ver con ser quien quieres y quién puedes ser, hombre o mujer, *desde el auténtico ser que se ha cuestionado a sí mismo.*

La segunda razón: si no contaba de mi experiencia personal, no entenderías por qué menciono que la vida te invita a *RenaSer* y no sólo a tener un cambio de imagen. Algunos de los maestros espirituales que conozco o las personas que se dedican a dar conferencias de autoayuda, *coaching*, o algunos psicólogos, cuidan mucho su imagen y dan fórmulas para estar mejor.

Eso está muy bien, sólo que en mi caso no me interesa usar mi imagen para ser un *falso ídolo*. Estoy convencida de que eso, más que ayudar a liberar, esclaviza. Esclaviza al que cree que tiene que ser un modelo perfecto y pretende serlo ante los demás.

Me parece que el género de autoayuda ha crecido bastante. Sin embargo, muchas veces no se profundiza. En mi experiencia de vida, el enfermar, por ejemplo, me llevó a crecer en compasión; asistir a personas que iban a morir me llevó a enseñar a bien morir y a bien vivir; tener una sensibilidad tan marcada desde niña me llevó a conectar de manera muy distinta con las personas y con el mundo sutil, es decir, el que no se ve.

Las dificultades, las situaciones de crisis de las personas que me piden ayuda, así como las propias, me han ayudado a madurar y a seguir cuestionando la vida. Me han hecho crecer.

Espero que mis lecciones de vida te sirvan, más allá de los convencionalismos de cómo debe ser un maestro espiritual y mujer.

Soy libre porque acepto mis procesos y no permito que me encierren en la idealización.

En una ocasión estaba comiendo con algunos de mis alumnos, los cuales estaban tomando un diplomado de los que imparto. En la reunión salió a colación que estaba escribiendo este libro.

—¿Ya sabes de qué se va tratar? –me preguntaron.

Les adelanté que revelaría una parte difícil de mi historia personal. Una de las personas que asistía por primera vez a mi curso, me dijo de inmediato:

—Ten mucho cuidado con lo que vas a escribir, Tania, porque puede haber gente que te va a juzgar.

¡Aún ni sabía de qué iba a escribir! Tal parece que pasar por procesos no está autorizado o que tener malos ratos, como todos los humanos, de alguna manera afectará tu reputación. Me llamó mucho la atención y le contesté:

—Ése será su proceso, yo ya tuve el mío.

Extrañada, me hizo cara de sorpresa, y me contestó:

—¿No te importa? ¡Qué padre!, quisiera ser como tú.

No puedes ser quien estás destinado a ser si tratas de adoptar la forma que los demás desean de ti, ni las circunstancias de vida ni lo que creen que es mejor para ti.

Así que lo que cuento en este libro, por el momento, será suficiente, espero que sea en tu mayor beneficio y en el de todos los involucrados. Lo que te presento va más allá de una imagen, tiene que ver con un auténtico *RenaSer*.

Tercera razón: cuando escribí mi segundo libro, pensaba en lo que las personas me pedían y necesitaban. Se trató de una guía práctica que explica todos los árcangeles. Consideré que se necesitaba ese escalón para llegar a este tercer libro: *RenaSer*. Con mi segundo libro, *Tiempo de arcángeles. Una sola voz*, pretendía ir aplanando el camino para que hubiera mayor apertura y las condiciones personales necesarias para escribir otro libro. El énfasis quedaba en el subtítulo: "Una sola Voz." Ahí, desde el primer capítulo, quise mostrar cómo, independientemente de las distintas religiones y las distintas filosofías, el común denominador es *la ayuda* que tenemos disponible. El punto crucial es entender la importancia de la ayuda: ya sea para algún asunto en particular que te acongoje ese día; para la salvación de tu alma, ¿qué pasaría si comprendieras que el amor nunca condena?

Desde luego es muy importante pedir ayuda, todos la necesitamos, pero cada quien la pedirá de acuerdo con sus ideas, creencias y nivel de conciencia. De acuerdo con cómo proyecte la idea de Dios, lo hacemos como con un padre terrenal: "Yo le pido y como él me ama tanto, me lo dará." Entonces, ¿por qué a veces no obtenemos nada? ¿Por qué a algunos sí les da y a otros no? Aquí hablaremos de varias ideas equivocadas.

Se ha extendido la idea de pedir a tus ángeles en la práctica, en la vida diaria. He dicho repetidamente que los ángeles no funcionan como cajeros automáticos. Con este libro espero ampliar tus cuestionamientos y, mejor aún, ampliar tu comprensión.

Es verdad que mi segundo libro lo escribí por compasión, con la intención de ayudar, porque sé que hay muchas personas que se acercan a mí para tener ayuda, pero que sea rápida y sencilla. He conocido a muchas personas, padres, madres, familiares en condiciones de tristeza, pobreza de amor propio, falta de educación y de frustración; o en sus más grandes duelos. Sé que en esos momentos no puedo salir con explicaciones espirituales muy profundas, lo que ellos quieren es que se calme su dolor. Pero sí hay espacios para ir más profundo, por ejemplo, en mis cursos, en mis diplomados y, por supuesto, en este libro.

En *RenaSer*, la compasión se une con la comprensión. De ninguna manera está mal pedir ayuda, es muy importante que la pidas bajo cualquier circunstancia, cuando te sientas muy mal —o sin la necesidad de llegar a un extremo.

Cuarta razón: todos mis libros contienen un profundo amor. Cada persona que se ha acercado a mí de manera genuina, que ha confiado en querer ver lo que aún no pueden, se han abierto a la esperanza de la transformación. A todos aquellos que me han mostrado y que me han abierto de corazón, sus peores momentos, sus grandes preocupaciones, a los que me hacen sus confesiones, a los que se acercan porque quieren transformarse, educarse y aprender cómo pueden hacerlo mejor, les doy este libro, pues para mí es un regalo, son mis momentos de reto, de crisis, de dolor y se los comparto transformados.

Te contaré acerca de mi viaje personal, para mostrarte un camino, que ya viví y superé. Creo firmemente que mi amor llegará a ti, tú que lees estas líneas tal vez sin conocerme personalmente. Espero que algunos de los retos que yo pude superar te ayuden. Compartirlo contigo es mi regalo de amor.

Te acompaño en tu *RenaSer*, yo ya he estado ahí.

Un día, mientras mi mirada estaba en África
y mis pies en Tenerife, España, me pregunté:

¿Quién soy?
¿Qué quiero?
¿Qué me detiene?

1. La necesidad e importancia de morirse en vida

¿Qué te detiene?

¿Cómo emprende el vuelo aquel que no recuerda que tiene alas?, ¿cómo acepta tratamiento aquel que no sabe que está enfermo?, ¿cómo convences de voltear a ver sus heridas al que se cree sano?, ¿cómo es que pediría entrar al "hospital emocional" aquel que no sabe que requiere de terapia intensiva?, ¿cómo impides que se case el que está taaan enamorado?

Mientras todos sus amigos y familiares piensan, "¡oh, noooo, por Dios! Claramente no es el indicado, ¿pero en qué está pensando?", todos lo ven muy claro, sin embargo, ya en la boda todos se congregan junto a él en el altar, lo felicitan con abrazos y una gran sonrisa; no sólo eso, festejan, a pesar de que están seguros de que ha tomado una muy mala decisión. El enamorado jura que está en lo correcto, y lo está, porque *necesita* vivir esa experiencia, tanto como el alcohólico necesitó tomar hasta hundirse, para tocar fondo. ¿Por qué actuamos así?

Desde luego se hará daño, pero ese camino le ayudará a entender lo que duele y lo que no; lo que quiere y lo que no; eso ya es un primer gran paso. No obstante, en un futuro necesitará tomar nuevas decisiones, pero no será una historia terminada: podrá ser una historia más bella (en el mejor de los casos), pero no habrá terminado.

Me explico: sólo has empezado a tomar vuelo, ya harás más horas aire, cruzarás los cielos hasta que tus alas estén lo suficientemente caladas o incluso lastimadas. Qué bien, estás aprendiendo a usar tus alas; necesitabas usarlas, hasta que sea tu momento de llegar a lo alto, a un nuevo nido y tener la necesidad de quedarte ahí. Nuevamente tendrás que tomar una decisión de vida y será tiempo de aceptar esa nueva etapa. Si estás listo, esta vez no sólo será un brinco, por más grande que el salto fuera antes, ahora será el tiempo de dedicarte a tu *RenaSer*.

Volvamos al ejemplo de la persona que se casó con gran ímpetu y emoción, pensando que sería para toda la vida. Pensemos que con ese fiestón decidió echar la casa por la ventana. Tarde o temprano algo le sucederá, y está bien, porque la experiencia le enseñará a descubrir cuál es la "verdadera fiesta", la que más desea, la que le da más felicidad (y tal vez, sin necesidad de echar la casa por la ventana). Eso no se descubre sin arriesgarse. Para nuestro ego, el cambio significa riesgo. "No, por favor, ya que estaba tan cómodo aquí, más vale medio bueno, que arriesgarme a conocer algo nuevo."

Para nuestro ego, el cambio significa riesgo.

Por eso a veces somos lentos para aceptar los cambios, aunque algo está sucediendo inminentemente y aunque para muchos —excepto para ti— sea evidente que habrá excelentes giros, el ego dice: "Voltear a verse a uno mismo siempre trae sus complicaciones, mejor síguete de largo."

Qué riesgoso es tener el valor de hacer preguntas y dedicar tiempo a profundizar, ver más de cerca mis miedos, lo que me provoca el estancamiento o mis adicciones emocionales. Hay que dedicar suficiente tiempo a conocer lo que hay debajo de la punta del iceberg, lo que hay escondido en tus profundidades (uy, qué miedo), en vez de ignorar y dejar pasar más tiempo, como si fuera algo innecesario o irrelevante, tal como aparenta la pequeña punta de ese gran iceberg.

El mensaje de este libro es: voltea a verte, tarde o temprano la vida te lo pondrá como una prioridad. Si crees que es innecesario cuestionarte y hacer cambios, te recordaré esto: si crees que la educación es cara y que eso toma mucho de tu preciado tiempo, descubrirás lo caro que resulta la ignorancia de ti mismo.

Piensa que no puedes resucitar a alguien que no sabe que vive como muerto. Tiene que pasar por ciertas etapas y desilusionarse de la fiesta de la vida para hacerse las "preguntas poderosas" y tomar decisiones que transformen realmente su vida.

¿Por qué hacemos eso? ¿Por qué actuamos así? ¿Por qué trabajamos así? ¿Por qué nos relacionamos de esta forma? Deseo que este libro te acompañe a lo largo de las distintas etapas del camino y juntos abracemos nuestras más absurdas incongruencias. Veamos las distintas fases en tu viaje espiritual, para que aceptes lo más valiente y amoroso que puedes hacer por ti: permitirte *RenaSer*.

2. El reto.
Esa palabrita: congruencia

> En general, los hombres juzgan más por los ojos que por la inteligencia, pues todos pueden ver, pero pocos comprenden lo que ven.
> **NICOLÁS MAQUIAVELO**

¿Congruente con qué?

Suena fuerte esa palabrita, ¿no? Parece que rompe o enaltece el momento en el que es pronunciada: con-gruen-cia. Acá entre nos, la pregunta es: ¿Realmente ha marcado la diferencia vivir con o sin ella? ¿En tu mapa de vida, siempre ha estado la congruencia presente? ¿Eres de los que se presentan como muy congruentes? ¿Pero qué tan bueno has sido para juzgarla, exigirla o esperarla de los demás?

Ahora bien, ante las decisiones más difíciles y tentadoras, ¿las has pensado tres veces y te has contestado: "estoy ab-so-lu-ta-men-te seguro de que esto resulta lo más congruente para mi vida"? ¿Será? ¿Piensas en la congruencia o en la oportunidad? A lo mejor, la mayoría de las veces, no lo piensas tanto o ya que la regaste (y tal vez disfrutaste) dijiste "bueno, ya no lo vuelvo a hacer", "chance, una vez más, y ya", "bueno, ya aprendí". Y te llega la oportuna y repentina conciencia del "bueno, no quiero ser esa clase de persona", o el "no pensé mucho por qué lo hacía en realidad".

¿Por qué pasa así? ¿Qué significa vivir en congruencia?

Las personas me responden: "Sí, es difícil, ¿no?" En la práctica, uno puede equivocarse fácilmente y pensar que esto se trata del *cómo debo ser ante los demás*: ¿Cómo me vería más inteligente?, ¿cómo me vería más correcto?, ¿diciendo, haciendo o no haciendo qué? Así reacciona el ego.

Parece que te hace más respetable que te llamen congruente. Cuando se busca ese tipo de congruencia, brotan frases como: "No, pues sí me vería muy mal si hago eso, ¿verdad?" A lo mejor, lo que realmente te está motivando es más el ¿cómo me vería mejor?, el ¿cómo quedo mejor ante los demás?

Sabes que socialmente ante tu familia, ante tus amigos, sería lo más lógico, sensato y correcto. Sería lo que más coincide con la imagen que has formado durante todos estos años. Sabes que tendrías su aprobación, que lo verían con buenos ojos, que tendrías su visto bueno. ¡Vaya!, y eso pesa, a veces pesa más, que lo que quieres en tu corazón. Le dices a ese bodoque, "*shhhh*, calladito, te ves más bonito".

Hablemos del deber ser, ese famoso y pesado *debo*, del verbo "por el deber ser": yo debo, tú debes, nosotros debemos... no es lo mismo a lo que resuena y te lleva a soñar en tu corazón. Muchas veces, para descubrir lo que realmente anhelas, te pierdes en la incongruencia del deber ser o en la terrible enfermedad de querer agradar. En otras palabras: hacer lo correcto ante los demás no siempre es lo congruente con tu voz interior, con lo que grita tu corazón.

Para decirlo con todas sus letras, significa que te pones el cuerno a ti mismo, porque *parece* lo más sensato, lo menos arriesgado y lo menos problemático a los demás. En esos casos resulta muy difícil lo que llamamos "congruencia". Visto de fuera, parece que hay mucha congruencia, sigues siendo sensato, correcto, pero te estás traicionando. Tal vez te traicionas muchas veces sin darte cuenta o sin querer reconocerlo, por lo tanto, no actuarás en consecuencia. Por eso, las experiencias con propósito llegan solas, sin avisar, porque, si no, no les abrirías la puerta. Esas experiencias necesitan suceder en tu vida. De repente, sin saber ni en qué momento, llegan con todo su poder, con su fuerza transformadora. Parece que no las invitaste a tu vida, pero sí lo hiciste, hoy no lo recuerdas, pero van a llegar y te invitarán a cuestionarte todo, sí señor.

Nos enseñaron a pasar más tiempo mirando hacia afuera que hacia dentro. La mayoría de las veces, respondes a las preguntas que llegan de afuera, a las preguntas que te hacen las personas, pero ignoras las preguntas que suplican atención por dentro. ¿Qué es lo correcto para mí? ¿Cuál es el sentimiento que realmente tengo? ¿Quiero agradar o resuena genuinamente conmigo? ¿Esto se llama gratitud o amor? O los terribles, "¿cómo se vería esto si supieran?", "si pudieran ver cómo me siento en realidad", "¡si pudieran ver mi miedo o mi enojo!" "¡Qué horror!", dice el ego. "¡Qué lucha! ¡Qué cansado! ¿Volver a empezar, *ufff*, no qué flojera." Por eso mejor te dice: "Ignora, alarga, sigue así, solito se resolverá", y te invita a seguir por lo fácil, lo cómodo: "¿Ya para qué le muevo tanto?"

Punto y seguido. Si vemos el otro lado y esto lo aplicamos a los demás, ¿acaso cuentas con una lupa mágica reveladora que te adentre en el alma de aquel que juzgaste por su aparente incongruencia?, ¿te da el poder de comprender las formas en las que viene a aprender esa persona? Y mo-men-to: ¿Por qué crees que esa persona "incongruente" está tan cerca de ti? ¿o aquel, cuyo personaje en tu película de vida te invita a ser "incongruente"?

Tal vez la vida te está invitando a que seas más congruente contigo. Que el más valiente le haga caso a su intuición, a su corazón y a su mente entrenada. Recuerda que todo aquello que has juzgado o juzgues, lo vivirás para comprenderlo de alguna manera cercana o por experiencia propia.

Entonces, empecemos por el principio. Desde este momento te pido que no pienses en la congruencia como una exigencia, ni personal, ni como algo que le puedes pedir a otros. Tampoco te vayas a ir por la calle del moralista, el sacrificado, el estoico, ni seas el que sermonea para provocar culpa, tipo: "¡Qué incongruente eres, eso no lo hubiera esperado de alguien como tú!" "¡Si los demás supieran!" "¡Si supieran lo que me has hecho!" "¡Lo hubiera creído de alguien más, pero que tú me salgas con esto, a estas alturas!" Las etiquetas de lo que eres ante los demás suenan a un "no te me salgas del guion que quedamos", "no seas diferente a lo que yo opino de ti —y debes seguir siendo como yo espero— por siem-pre".

No puedes cambiar de opinión, no crezcas. Pensemos que nada ha pasado, que seguimos siendo los mismos, aunque hayan cambiado ciertas etapas de nuestra vida. A veces no respetamos mucho, o no nos gusta, la congruencia interna de los demás, porque no hemos hecho nuestro trabajo de congruencia.

En vez de hacer eso, un buen día decido anclar mi barco en el puerto que me dará más paz: alias "esa otra persona" y listo. No nos enseñaron que hay mucho más que hacer para ser congruentes, como seguir creciendo en la conciencia de ti, por ejemplo.

Cada quien por su lado es fácil, si nos vemos por ratos, por ratos nos la llevamos, eso es cómodo, pero lograr el *juntos* significa trabajo. Si no hay crecimiento individual de ambas partes, no hay crecimiento conjunto en el proyecto de vida.

Volvamos al ejemplo. Qué tal el látigo de la culpa, marca llorarás: "¡¡Pero si a ti te lo hicieron, cómo me lo puedes hacer a mí!!" ¿Sabes de qué te hablo? Tranquis, tranquis, aprenderás que todas las incongruencias son parte de tu camino del despertar; son preguntas que necesitan respuesta. Es todo. No te juzgues tan pronto ni tan duro, sólo se trata de aprender... aprendes o repites.

---

*Aprenderás que todas las incongruencias
son parte de tu camino del despertar.*

Ahora acompáñame unas cuantas cuadras más adelante, no te me sofoques. Ahí te va: ¿Qué sería más congruente para ti en este momento de tu vida?, ¿estás seguro de que lo sabes?, ¿por dónde empezarías?, ¿a quién volteas a ver? A ver, echemos un vistazo a esta historia de vida.

Ejercicio de compasión número uno

Supongamos que te puedes poner en el papel de una mujer, de esas lindas, de las que todo lo solucionan. Esta mujer había dedicado gran parte de su vida a atender a su pareja, a sus hijos, a sus padres y su casa. Siempre fue buena hija, se casó como era esperado y vivió la vida de la manera como se hubiera esperado. Pasó el tiempo, un año tras otro y, sin darse cuenta —¡qué rápido pasa la vida!— se olvidó de atenderse, de atender los miedos que le hacían sentir huecos profundos, de atenderse de la manera que lo hacía con los demás, por ese afán de agradar. Todo giraba en torno a los tiempos de su pareja, de su familia y, simplemente, se acostumbró. Las comidas familiares, el trabajo, las necesidades y las historias de los demás eran "lo normal".

Una buena noche, que hubiera parecido igual que todas las demás, al desnudarse para ponerse la ropa para dormir, se descubrió ante el espejo y, a pesar del nulo agrado que sintió, se observó callada y minuciosamente. Esta vez no retiró la mirada con desgana. Vio lo mismo de siempre, eso que la entristecía y la hacía sentir impotente. Pensó que los años se le habían venido encima, veía su cuerpo descuidado, por todas las emociones que se había tragado, más viejo de lo que le gustaría; se veía con más arrugas de las que quisiera. Se apretó las lonjas con una mezcla de enojo y resignación, mientras se quejaba del sobrepeso que la hacía sentir horrible y poco deseada.

Esa noche, lo que más le dolió fue experimentar ese sentimiento de soledad gigante, de ausencia. Las lágrimas rodaron por sus mejillas, extrañó sentirse amada. Entonces, se le ocurrieron las preguntas más dolorosas:

¿Seré querida y apreciada realmente?
¿Me extrañarían si ya no estuviera?

Nunca lo había tenido muy claro. El dolor de varias infidelidades y la ausencia de sus hijos en casa la dejaban con pocas ilusiones. En otras ocasiones hubiera vuelto a cubrir su tristeza y su cuerpo con el camisón de noche, hubiera ido a la cama a esperar el día siguiente, a seguir con el plan para mañana. Pero, esta vez, las lágrimas cobraron fuerza, no podía frenarlas, se sentía más triste y sola que nunca. Parecía que las preguntas en su mente se empujaban, así que se detuvo frente al espejo para a verse fijamente a los ojos y preguntarse asombrada:

¿Qué estoy haciendo con mi vida?
¿Tendrá valor lo que hago por los demás?
¿Me amará aún?

Mientras tanto, las lágrimas escurrían por sus mejillas, las limpiaba en silencio. Un pequeño sentimiento de amor propio apareció. Tímido, pequeñito, pero suficiente para hacerse una promesa. Una que parecería poca cosa incluso obvia para los demás, pero muy poderosa. Levantó la vista al espejo y, con esas mismas lágrimas que no paraban de asomarse, se dijo en voz alta:

"Desde hoy cuidaré más de mí, haré caso a lo que mi corazón me dicte. Pasaré más tiempo conmigo y aprenderé a cuidar de mí. Sobre todo, te voy a empezar a decir te quiero, cada que te vuelva a ver."

Se quedó viéndose por un momento más. La luz de sus ojos se veía entristecida, hacía mucho que esa mirada alegre no se asomaba. En ese momento pensaba, "tan feliz que era...", las imágenes de sus hijos pasaban por su mente, sus nacimientos, el hombre que tanto le había atraído, esos viajes, esas pláticas, los buenos años. "¿En qué momento se fueron? No lo sé." Al limpiarse las últimas lágrimas, se repitió: "Te diré te quiero, cuando te vuelva a ver." Y decidió divorciarse, buscar otro camino, otra forma de vida.

Recuerda que nada se pierde, todo se transforma.

Parecería algo tan trivial para algunos, pero con ese acto había puesto en acción el mecanismo de transformación, el mecanismo del amor incondicional. **Sólo basta una pequeña dosis de buena voluntad genuina para que el milagro empiece a revelarse.**

La forma de las palabras, más o menos poéticas, no importa. Importa la intención, la vibración, el canal de amor que había abierto y la calidad de sus pensamientos. Como un hechizo, la magia estaba por suceder. Se había dirigido a ella misma, a su interior, al amor; había empezado por el lugar donde se cultivan las semillas, y los frutos estaban por florecer. El amor siempre responde, siempre. Nunca lo dudes:

El amor siempre responde, siempre.

Cuando no sepas cómo sanar tus heridas o niegues que las tienes aún, transcurrirá el tiempo suficiente, el que tenga que pasar, hasta que *genuinamente* pidas ayuda. Y cuando haya pasado suficiente tiempo, pedirás ayuda para **todas** tus heridas, para todas en su conjunto, incluso para las que hoy son invisibles.

Cuando quieras la respuesta completa y no sólo curitas, el milagro más grande estará en camino: el de tu despertar, el de tu *RenaSer.* **Una vez que te tratas con amor y con la compasión por más pequeña que parezca, entonces el amor aprovechará esa grieta y hará de ella un ventanal.**

Sin darse cuenta, la mujer ante el espejo había dado permiso al Amor para que cuidara de ella, y ese Amor Perfecto (que en este caso y con otros nombres que verás en el libro, se refiere a lo divino) sabe cómo ayudar a pasar del miedo al amor.

Los que la veían seguramente podrían creer que era una mujer feliz o realizada, con muchas razones para sentirse bendecida, sin duda. Pero la vida siempre te empuja a la siguiente etapa cuando ha llegado el momento de crecer. Ella empezó a leer libros de autoayuda, se inscribió a clases que siempre había querido, se dio cuenta de que era más autosuficiente de lo que creía. Empezó a no estar como un sillón fijo en casa, sino a tener más vida propia y menos vida de los demás. Todos habían crecido menos ella. Aceptó que era tiempo de cambiar eso. En ocasiones, se sentía temerosa, pero alegre por atreverse "a su edad".

La vida siempre te empuja a la siguiente etapa cuando ha llegado el momento de crecer.

Lo más congruente para muchos hubiera sido que no se divorciara y siguiera siendo la mujer de antes, pero no sabían su sentir ni comprenderían el dolor de muchos años, de la ausencia de sí misma y de una pareja. El autoengaño en el que había vivido estuvo tanto tiempo ahí que su esposo se había vuelto alguien a quien sólo atendía, algo como su hijo; sus hijos habían crecido y hecho su vida, y ella no se había ocupado de la suya. El no ocuparse se volvió su vida.

No era su esposo quien necesitaba que dijera la última palabra, desde hace mucho tiempo a ella no le apetecía esa vida, por más increíble que le pareciera aceptarlo y actuar en consecuencia. Ante los ojos de los demás se volvió loca por la edad. Algunos la juzgaron de malagradecida. "¿Ya para qué?" Pero, sin duda, algo profundo cambió en ella. Esta mujer había rejuvenecido, había comprendido, se había preguntado el sentido de su vida, había abrazado sus heridas y había actuado en consecuencia, dándose amor. Así comenzó su transformación.

No significa que el resultado de voltear a verte sea un divorcio, al menos, no de manera legal, pero sí un divorcio, una separación, de lo que te hace mal, de lo que ya no eres tú, de lo que ya no quieres ser, de la maraña de pensamientos que no te dejan avanzar. El divorcio no era lo malo. En su caso, para pasar de año escolar en la vida, era la tarea más congruente por hacer. Ante los ojos de los demás, fue lo más absurdo "¡a su edad!" ¿Qué era lo congruente por hacer?

No sabemos qué es lo más congruente en la vida de los demás. ¡Si en la propia nos lo tenemos que cuestionar mil veces! No conocemos cómo surgen esas historias que llevan a la gente a hacerse más responsable de sí misma. Ahora, ¿qué me dices de ti? Regresemos a la pregunta: ¿Qué sería lo más congruente para ti en este momento de tu vida?

---

1 Ejercicio de compasión número uno

Consiste en ser amoroso y responsable contigo. Puedes hacerte la primera o todas las preguntas:

- ¿Qué es lo más congruente, amoroso y honesto que puedo hacer desde lo que siento hoy? (Para los racionales y que ocupan el deber ser, esta vez primero dejen que hable su corazón.)
- ¿Cuál sería el sueño o lo que podría hacer por mí?
- ¿Qué oportunidad puedo darme como un acto de amor?
- ¿Por qué me cuesta tanto trabajo darme esa oportunidad?
- ¿Viene del pasado, del deber ser, desde el miedo a _____ o desde mi corazón la respuesta?
- ¿Qué podría perder? (Incluye los adjetivos de cómo te verían los demás.)
- ¿Eso es más importante que darme una oportunidad?
- ¿Qué primer paso puedo dar?
- ¿Deseo quedarme sin vivir esa oportunidad?

Antes de pensar en los demás, repasa esa guía de preguntas, piensa en lo que deseas o en lo que es importante intentar. Al hacer este ejercicio de claridad, también ayudarás a los que te rodean. Aunque pueda parecer difícil en un inicio, vivirás con más congruencia, más conciencia, más amor y menos simulacros. Es muy importante que lo hagas desde el amor. Pide a esa Fuerza Superior, al Amor Perfecto, a Dios o como tú le llames, que sea en el mayor beneficio de todos los involucrados. Sabemos que no deseas hacer daño a nadie, pero hacerte daño no significa una menor traición. Recuerda siempre:

No deseas hacer daño a nadie, pero hacerte daño no significa una menor traición.

A pesar de esa voz que no para en tu cabeza, de tus inseguridades, confusiones, equivocaciones; a pesar de la posibilidad de lastimar a otros sin querer; a pesar de que te hayan lastimado a ti; a pesar de lastimarte a ti; a pesar de no saber actuar de otra manera o de hacer caso omiso a tu intuición, ante la tentación de agredirte con tus pensamientos, de no dejar de sufrir y seguir así en círculos, por favor ¡detente!

Stop, alto, detente ahí. Descansa, no necesitas resolver todo tú, además, no lo podrás resolver desde el estado mental en que lo creaste. Por eso, más adelante te daré otros dos ejercicios de compasión. Te suplico que no vayas a dejar la lectura aquí porque sería tratar de resolver los problemas desde el nivel mental. Más adelante te enseñaré dos ejercicios espirituales que te complementarán.

Otro ejemplo de lo que hace la congruencia en nuestras vidas es cuando pasamos por un proceso de reflexión, donde la acción compasiva nos lleva a un renacimiento propio. Más allá del punto de vista moralista y del deber ser, como fruto de la compasión y del querer ver sería el siguiente:

La congruencia te pone sobrio y te saca de lo que llamas fiesta, la fiesta de la alucinación.

Una vez hablaba con un querido amigo de muchos años. Él tenía problemas con su manera de beber. En una ocasión, me encantó escucharlo decir esto: "Estar sobrio y contento es muy buen viaje." Esta vez, en conciencia, no se refería a ese viaje que lograba con las sustancias y el alcohol. Despertó de la alucinación, de lo que confundía como la causa de su felicidad. Se dio cuenta de que lo lastimaba y lo imposibilitaba, no le daba visión para su vida y lastimaba a otras personas, a las que más amaba, y las cercanas a él. Así es la vida, no renuncias a la fiesta mientras creas todavía que te trae buenos ratos, cercanía, complicidad con amigos, alegría, que es la mejor manera de diversión y fuente de felicidad.

Tú no renuncias todavía a lo que te hace daño, porque todavía crees que eso te da felicidad. Te da miedo no tenerlo, a lo mejor no te imaginas tu vida si no fuera como es hoy. Por lo que, de distinta manera y con distintas caras, tú también eres esa esposa abnegada, el alcohólico intoxicado, el que no puede parar de trabajar. No detienes aquello que te hace daño, por el autoengaño. De la misma manera que la esposa abnegada lo llama hogar, el alcohólico lo llama fiesta, el que trabaja sin parar lo llama éxito; les da razones para vivir, aunque duela vivir así, no se dan, no te das, no nos damos cuenta. No culpes a nadie, el error consiste en que no sabes distinguir y elegir, porque no conoces lo que te da una verdadera salud emocional, dicha y paz.

> ### No renuncias a tu fuente de dolor, porque crees que es tu fuente de amor.

Ok, se vale, por favor, respira, inhala y exhala. Has una pausa, no sigas leyendo esto sin reflexionar dónde estás parado. ¿Cómo anda tu parte abnegada, intoxicada, la parte de ti que no sabe detenerse ni poner un límite al maltrato personal?

¿Cuál sería la forma en la que te maltratas?

Tiempo, "pausa de los dos minutos". Sí, porque todo esto lo estás leyendo para aplicarlo, no para acabar el libro. Y para aplicarlo primero en tu vida, antes que pensar en tus familiares, esposo, esposa, suegra, amigos cercanos y lejanos, primos, medios parientes y todos los que encuentres en tu mente, es decir, en todos aquellos en los que ponga la mira tu ego con tal de evadir. No, relajadito, tómate estas cucharadas, que son primero para ti, y disfruta del bufet que viene, en vez de estar pensando: "Ay, si mi hijito leyera esto..."

¿Ya tomaste tu pausa?

Ok, ahora, puede parecer que desperdicias tu vida alrededor de gente tóxica, al pasar de un enojo al otro, cuando no tienes claro el rumbo de tu vida, cuando sufres por estar en ese alucine. La buena noticia es que todas esas incongruencias y todo lo que más desees, serán usados en tu camino del despertar.

El camino que llevó al alcohólico a la comprensión, tuvo que ver con la humildad de ver su incongruencia, de reconocer que tenía un problema con su manera de beber. Ése era el límite que le faltaba. Entonces, ahora sí deseaba hacer lo que le resultaba más congruente para su ahora, hoy, hoy, hoy, eso le parece mejor opción: dejar de beber, sin imponérselo. Nadie te puede imponer la congruencia. Ya no quería vivir en el alucine, ahora quería lo mejor para él, que era dejar de tomar y pedir ayuda.

Aunque sus amigos no lo comprendieron, no tenía importancia tratar de mantener el teatrito, a costa de su salud y su felicidad. Con esto, simplemente llegas a otro nivel de congruencia y ya no puedes encajar en lo que ayer te parecía una buena opción. Para muchos se volvió aburrido, otros habrán dejado de invitarlo a las fiestas por no entrarle a la bebida, "ya se volvió fresa", "ha de estar en crisis existencial", "eso les pasa a los que hacen yoga", "desde que va a esos cursitos". Lo más congruente siempre es interno. Te tiene que funcionar a ti y si a los demás les parece bien, es su día de suerte, tú ya sabes lo que harás con o sin su aprobación.

Siempre que quieras subir ese peldaño hacia lo que es más amoroso, entonces el mundo espiritual te mostrará la opción. Ya está ahí enfrente de ti, esperando el momento en el que estés listo para tocar fondo, para quererlo y crecer con lo que ahora significa una mayor congruencia, un mayor amor. Entonces, empezará tu transformación, y si le damos más cucharadas de conciencia, te ayudará a mantener en la mira a la persona que realmente quieres ser.

Fíjate cómo está bien que no sepas cuál es el camino; la forma, muchas veces no podemos ni imaginarla, está escondida en lo que vives a diario, ahí está lo místico. No necesitas irte a la India, a Jerusalén o a otro lugar exótico que le entusiasme al ego, él sólo querrá retrasarte. Simplemente no juzgues el camino de tu transformación. Lo reconocerás porque: es una invitación a un amor mayor. Observa cómo la mejor manera para el alcohólico, el camino que tuvo para aprender a diferenciar lo que tiene valor y lo que no, fue con lo que hacía a diario: tomar, perderse en el alcohol. Su camino fue pasar a través de ese alcoholismo, y fue perfecto, para que un día quisiera darse más amor y soltar la botella. Por eso no se juzga ni el camino, ni las personas involucradas, ni lo que ayuda a tu despertar; nada de eso es juzgable, porque es perfecto.

Al alcohólico le tomó muchos años reconocer lo que le era tóxico, como tal vez estés tú hoy. Después te darás cuenta de que no sólo tienes una adicción. El camino para descubrir, madurar y despertar sigue, pero recuerda, pasos cortos y pasos largos harán un buen vals. Él tomó sus pasos para *RenaSer*, ¿qué hace el alcohólico cuando no puede manejarlo de otra manera?

A nadie podemos juzgar. Todos estamos entrando al corredor que necesitamos, hasta que encontramos lo más honesto en nosotros y aceptamos que hasta lo incongruente fue inevitable y necesario, porque ayudará a llegar a la compasión, el grado máximo de amor.

La verdadera congruencia te lleva a la paz

Vamos a andar unas cuadras más, anda, tómame del brazo y responde esta pregunta: hablando de congruencia, ¿qué pasa cuando nadie te ve? Y estás tú solo con tus emociones, tú solo con tus tentaciones, con tus alucinaciones y, sin embargo, llevas una vida bonita y exitosa.

Sin duda, el que tu actuar coincida con tu discurso, con lo que piensas y con lo que sientes, se llama congruencia, pero eso no necesariamente te dará paz. ¿Qué? *What? Excuse-moi?* Y pensar que ya te había empezado a hacer ojitos la congruencia, sí, sí, eso está muy bien, pero se pone más interesante, queremos todo el paquete.

Tu paz dependerá de la calidad de los pensamientos que tengas, si son guiados por el miedo o el amor. Observa el caso de un asesino: sus actos, sus homicidios coinciden con su discurso de odio, su sentimiento de venganza y sus pensamientos misóginos, entonces podría parecer una persona muy congruente. Podría decirse que es una persona muy coherente con lo que piensa, dice y hace, ¡qué perfecta congruencia! Pero jamás tendrá paz, en él no existe un ejercicio de compasión, no hay acto de amor. ¿Te das cuenta?

Cuando no podemos ver más allá de nuestra *aparente* congruencia, la guía espiritual nos ayuda a observar por encima de lo que creemos saber, más allá de la propia aparente congruencia, "de tu fiesta", de lo que llamarías "correcto", de lo que no es amoroso para ti y puedes confundir con un "sí, sí, eso es lo que deseo". Es más, creemos que vivimos bien y felices, tal como ese asesino cree que es feliz, resolviendo con crímenes su sentimiento de odio y cree que así resolverá o calmará su venganza.

Desde luego, este ejemplo es muy extremo, pero muchas veces sin darnos cuenta, sin estar educados —como ese asesino—, negamos lo que realmente nos daría paz, no reconocemos un verdadero amor sin incertidumbre y, mientras tanto, vivimos cegados como aquel criminal. En cambio, hablemos de la congruencia del mundo espiritual, que te guiará y te ayudará a que transites por encima de tu congruencia superficial, cuando hayas buscado y querido una mejor opción. Sin duda, eso implicará grandes retos y esfuerzos: dejar una infancia espiritual para crecer en distintas etapas que te traerán madurez.

Ahora te pregunto: cuando nadie te ve, cuando nadie te escucha, cuando estás solo, ¿te acompaña la paz o un caballo desbocado lleno de pensamientos de incertidumbre? Cuando estás en sintonía con la congruencia espiritual, la real, no la de la fiesta de la alucinación, tienes felicidad verdadera y constante. Buenas noticias: la congruencia te dará empoderamiento por la madurez y la claridad con la que observarás tu vida. Eso no se puede ocultar ni fingir, es el principio de un gran viaje.

Todo empieza como esas fichas de dominó que, cuando caen, empujan inevitablemente a la que sigue. El proceso del despertar no para, no se detiene nunca, lo único que se frenará y caerá es el alucine. Pero, para que ocurra, hay que poner todas las fichas en la mesa, quien no pone todas sus fichas en la mesa no gana.

Si entendemos que el alucine es creer que esa fiesta es *lo real*, el problema tiene que ver con nuestras creencias. Por lo tanto, es fundamental corregir nuestros pensamientos, lo cual no sucede solo, sucede cuando decides alinearte con ese camino de pensamientos y de guía que provienen del amor, lo único real.

No depende de lo que los demás interpreten de ti, ellos te ven desde un aparador. Podrán juzgar, adorar o criticar lo que haces, pero lo harán desde lo que entienden de ti, desde lo que saben de ti. Nadie conoce los costos de tus decisiones, nadie sabe qué tuviste que vencer, por lo que parece fácil opinar.

Las incongruencias que la vida te regala son los disparadores que empujarán ficha tras ficha, con dolor involucrado (menos o más). Después, el alucine cesará. Así que mejor ocúpate de tus incongruencias. Haz el siguiente ejercicio de compasión para confrontarte, para crecer y dirigirte a la paz.

◇◇

La congruencia sólo puede entenderse de manera interna.
Sabrás que es real, cuando te sientas en sintonía con el amor
y tus actos se vuelven útiles para la paz.

Nadie nos enseña a pasar tiempo con nosotros mismos, nadie nos enseña la importancia de saber observarnos, acompañarnos y amarnos. Por eso creemos que nos falta algo si no hay alguien a nuestro lado. Eso que te falta se llama *ausencia de mí* y, por desgracia, la aprobación o el amor de otros no llenará esos huecos en ti.

Recibo constantemente preguntas relacionadas con el amor. ¿Cómo me ha fallado el amor?, ¿cómo encuentro el amor?, ¿por qué no me correspondió si yo le di todo? Es común creer que el amor es muy difícil, cuando lo más sencillo es el amor. Cuando lo dejamos ser, sana naturalmente, nos llena de alegría naturalmente.

Al reflexionar acerca del amor, nuestro pasado se proyecta, también nuestras inseguridades; mezclamos nuestras expectativas y las proyectamos. Así nos metemos en líos. ¿Qué tiene que ver el amor con la congruencia? ¡Todo! El amor gira la llave del perdón. El perdón es la puerta que te sacará del dolor.

Primero hay que sentir el perdón como entendimiento y no como favor. Por ejemplo, cuando de verdad perdonas a alguien, entiendes que esa persona no te hirió, sino que fue tu catalizador, no tu perpetrador. Así recuperas la conciencia de quien eres. Más que un peldaño, el maestro te ayudó a comprender el Amor Incondicional, ese amor que hace girar la llave y perdonarnos por la forma en que nos hemos interpretado.

Amar nunca será el error; el error es creer que la paz proviene del amor que nos dan los demás, por lo que depende de los "vistos buenos"; así aprendemos lo que es el amor condicional. Aprendes a esperar siempre algo de ti, a esperar algo para ti, que ha de llegar. Sin darte cuenta pides esclavos, en ese amor no hay libertad.

Aman buscando. El ego siempre anhela: "Ah, cómo deseo que me llenes y cuides de mí, de la manera que yo no lo he hecho (ni sé cómo hacerlo). Ojalá llegue el que complete la asignatura a la que no le he dedicado suficiente tiempo."

Mientras estés en tu cuerpecito, desearás ser amado. Es como un dragón hambriento. La adicción romántica, el ego aspiracional mete su cuchara y nos hace creer que allá en el mundo, en alguna parte, está *eso*, que un buen día vas a salir y será tu día de suerte, pues ¡por fin lo vas a encontrar!, ¡lo vas a lograr! (sea lo que sea que hayas pensado). Lo que encontramos en esa "fiesta" suele no durar porque no es real.

Sin embargo, el amor es producto de un trabajo constante de autoestima. En el amor incondicional no se responde ni a ultimátum ni a necesidades, se ama por lo que se es.

De modo que es necesario cambiar la visión y pedirle al amor verdadero que nos ayude con nuestro renacimiento. Y lo que buscas cambiará, en donde has puesto tu paz cambiará, tu manera de percibir las cosas cambiará, tus relaciones cambiarán. Así renacerás.

La constante invitación de la vida a crecer

Te des cuenta o no, a medida que tu vida va avanzando, te ha hecho una invitación constante: madura (¡por lo que más quieras, vamos, va a doler menos si lo haces!), como si fuéramos niños que aún se entretienen con las caricaturas, mientras hay algo mejor.

Lamentablemente, no se madura por sumar un año en el calendario. No es lo mismo que pase un año más y que sepas que ya tienes "la edad", a que hayas alcanzado la madurez. Para madurar necesitas vivir distintas experiencias: dolorosas, amorosas y observar cómo te has comportado en ellas. Después, reflexionar.

Con madurar quiero decir *comprender*. La vida te invita a comprender. Si nos hacemos las preguntas poderosas, entonces comprenderás, repetirás menos y, por lo tanto, madurarás. Si comprendes, habrá menos dolor.

Y como todo fruto que no puede tener su mejor sabor hasta que ha pasado el tiempo, tal vez te sirva preguntarte: ¿Qué aprenderé de mí con esta relación?, ¿cómo me comporté en una situación parecida?, ¿salí corriendo?, ¿salí llorando?, ¿qué hice de manera similar?, ¿en qué cambié?, ¿siempre busco culpables o me culpo de todo lo que sucede?, ¿en qué mejoré en comparación con una situación semejante? Y una cuestión muy importante: ¿Falté a mi congruencia?, ¿me fallé?, ¿hubiera sido más amoroso poner un límite?, ¿cuál hubiera sido el límite más sano y amoroso?, ¿dar una explicación hubiera sido más amoroso?, ¿qué es lo más amoroso que pude hacer? Ojo, no dije "lo más correcto", sino "lo más amoroso". Espero que te des permiso de vivirlo. Y cuando no sepas qué es lo más amoroso, dirígete al Amor Perfecto, él te ayudará a salir del miedo, te ayudará a saber dar y darte amor.

Entiéndelo bien, si en esa situación angustiante no actuaste de acuerdo con la etiqueta que los demás te pusieron, o lo que se hubiera esperado de ti por encima de tus anhelos; si no actuaste desde la exigencia personal, si actuaste a pesar del miedo y te arriesgaste porque el amor fue mayor, te sorprendió y te atreviste a vivir la experiencia, te tengo noticias: sí triunfó el Amor Incondicional. No necesariamente te dio un proyecto de vida con esa persona, no necesariamente te casaste, tal vez, por amor propio te divorciaste o no conseguiste el puesto que querías, pero actuaste desde el amor. Seguiste ese llamado interno que te suplicaba congruencia. Todo para madurar, para dejar crecer. Créeme, el Amor Incondicional dará sus frutos, sólo que no los alcanzarás a ver de inmediato.

El Amor Incondicional se manifestará en la forma que más lo necesites y no en la que juzgues mejor. El amor no deja de suceder.

Sólo basta recordar que la vida se trata de etapas y cada una tiene su lección de sabiduría. Tranquilo, eso pasará, dejará de doler. Sólo tienes que quererlo, en vez de regodearte en las quejas.

La vida te empujará para que te muevas de ese lugar de dolor. Date cuenta. Volvamos al ejemplo de la mujer casada que decidió divorciarse. El sentimiento del gran vacío que la invadió, la motivó a buscar algo que tuviera que ver con ella realmente, una vida llena de color, llena de *ella*. Esa decisión fue un acto de amor. Ese matrimonio nunca fue un error, pues dio muchos frutos esa etapa, sólo que también cumplió su tiempo, y entonces tuvo otro propósito, la empujó a amarse más.

El alcohólico necesitó tocar ese fondo doloroso, para hacer las paces consigo mismo y preguntarse si habría una mejor forma de vivir, una que tuviera mayor sentido. Tarde o temprano te sucederá a lo largo de tu vida, incluso varias veces. Tu proceso podrá ser doloroso, pero dentro de ese dolor puedes pedir ayuda: "Que el Amor me ayude a verme de la manera que me ve a mí." Pide que te ayude a entrenar tu mente, para recordar que *no* eres la víctima. Un camino siempre es una etapa. En este momento elige salir de un lugar de dolor, realizando actos de amor por ti. Sin duda renacerás.

Tal vez me hayas escuchado repetir una y otra vez que necesitas desear la paz con todas tus fuerzas; hay que desearla todos los días, sobre todo cuando no le encuentras ni pies ni cabeza a la madeja, en esos días que te cuestionas qué hacer, qué es lo correcto y tal vez no sabes qué rumbo tomar. En ese momento en que olvidaste los colores que tendría tu vida. O cuando los pensamientos de incertidumbre se hacen tan pesados que las lágrimas brotan ligeras.

Cuando tu existencia parezca absurda, mala y sin sentido, mantén la compasión, la vida te sacará de ahí. Saldrás si lo deseas y escuchas el llamado de congruencia interna. Ese es el siguiente acto de amor por ti. Tomarás decisiones para ir hacia la paz y aprenderás a desear únicamente eso. Tus decisiones te deben llevar a la paz.

No estás solo, yo te acompaño. Juntos empecemos a caminar. Te habla alguien que no te ve con los ojos rotos, sino con grandeza, pues comprendió que hay muchos caminos. Es cierto que algunos parecerán más mágicos que otros, pero para ser el alumno feliz, hay que entender que el mundo te va a fallar en algún momento. Sólo entonces dejarás de buscar la paz de este mundo, para comprender que esa cita en el cielo te fue concedida desde siempre y para toda la eternidad.

Busquemos tu paz. Entendamos cuáles son los verdaderos enemigos en el camino. Reconozcamos lo que te ayudará en el corto y en largo plazo. Recuerda: pasos cortos y pasos largos harán un gran vals.

Empecemos con los pasos cortos. Cada vez se hará menor el trecho, pero mantenlo en mente. No te llevo de la mano para ayudarte a ser feliz en este mundo, te acompaño para que quieras salir del espacio de las alucinaciones, de las mentiras que te contaste y te has creído. El maestro poco condescendiente es el que realmente te ayudará a salir del infierno mental, entonces será el maestro más amoroso.

Mantente dispuesto a abrazar todas tus incongruencias que te empujan y te empujarán por ese corredor de honestidad. Hagamos preguntas poderosas. Benditas incongruencias, es hora de dejar que caigan las fichas. No basta con nacer, hay que elegir *RenaSer*. Sí así lo decides, en conciencia, y por encima de todo, querrás ver, saldrás del mundo de la ilusión para recordar quién eres, te sentirás libre y seguro de tu valor. La congruencia hacia afuera, hacia los demás, te dará el respeto de los otros; en cambio, la congruencia interna te dará el respeto de otros y de ti mismo. Búscala cuantas veces sea necesario en este viaje.

Ahora vayamos a las siguientes cuadras, anda, que vamos juntos en esto. No te apures, yo, como tu espejo, te diré "te quiero", cuando te vuelva a ver.

3. Morirte, del verbo "bien muerto": la lucha contra ti mismo

No puedes *RenaSer,* si no sabes que estás muerto en vida

No vas a desear una mejor vida, si crees que vives bien. Si estás adentro de la fiesta que expliqué en el capítulo anterior, en el alucine, en tu película del ego, sólo creerás que estás bien, o lo suficientemente bien, por lo tanto, no hay porqué hacer cambios en ti. Es como vivir en la cruda, en la *posborrachera,* creyendo que eso es vida nada más porque sigues vivo, a pesar de la resaca. Es probable que no compares tu vida con una resaca dura y difícil (espero).

Como cuando tienes más ratos estresantes que buenos, pero como no son taaan malos, dices estar "bien". Como cuando sientes que algo te falta de manera permanente, ya sea dinero, pareja, casa nueva, un perro, pero bueno, las cosas van "bien". "No es el ideal, pero más vale *esto* a no casarme." Con miedo constante a lo que puede pasar, "Ojalá no pase, pero bien", "ahí, llevándola", "todos procurando la salud, pero, bueno, ahí vamos, bien". Mmm, y terminas diciendo: "No me puedo quejar, todo va bien." Piensas que siempre hay algo que alcanzar o corregir, pero eso es, imagínate cuando las cosas andan "bien".

Cuando las cosas andan así: "bien" a secas, lo que se trasluce es el miedo o la incertidumbre normal. Nuestro ego nos convence de vivir así, sin *paz*, pero *bien*. Como si el miedo o las *sorpresitragedias* fueran lo inevitable y la paz algo inalcanzable, difícil de obtener.

La mayoría de las veces nos enseñaron a ver la paz como algo lejano, casi como un lujo. Si desde que somos niños se vive con miedo y esfuerzo, lo aprendemos a ver como algo *normal*, lo mismo cuando escuchamos las expresiones y observamos la forma de vida de nuestros padres. Por ello, se requiere hacer el esfuerzo, sí claro. El tema es que no siempre esos esfuerzos poseen la conciencia y, desde un principio, no son dirigidos hacia un objetivo claro: obtener paz. Esa es la gran diferencia. Yo me esfuerzo porque sé que me traerá paz, si no, ¿para qué lo hago?

Cuando las cosas ya no van ni "normal" ni "bien", cuando entramos en más estrés del acostumbrado o en conflictos serios, pasamos de la incertidumbre normal a lo caótico, a lo injusto, a la explosión, a la depresión, o a todo esto combinado. En pocas palabras, perdemos el rumbo. Esos son ciclos normales cuando se vive en la fiesta de la alucinación, lo que llamamos el mundo "normal". Hay algunos "locos" que queremos escapar de esa normalidad y ver más allá, porque sabemos que eso no es lo real, que tiene que ser de otra manera.

Hay que hacer el esfuerzo para verlo de otra manera, de una manera que te traiga paz a largo plazo. ¿Hacia dónde van dirigidos tus esfuerzos la mayor parte del tiempo?, ¿a obtener paz o dinero, a pasar el tiempo, a qué?

Tu percepción es lo que modificas, no el mundo.

Errores en el camino del *RenaSer*

No puedes ver el error, a menos que primero creas que hay uno posible. Si crees que estás bien, nada querrás cambiar. Buscarás mantenerte, que las cosas no se modifiquen mucho, en otras palabras, quieres seguir en el alucine al que llamas vivir "bien".

Hay personas inteligentes que tienen todo bajo control en su vida y en el trabajo, sacan adelante sus talentos, todo está en orden, y la manera en la que llevan su vida, está... *bien*. Precisamente, a los que se aferran a sus ideas y sobre todo a las ideas de lo que consideran "bien" no se les puede enseñar mucho, por una sencilla razón: no creen necesitar algo distinto a lo que ellos mismos saben hacer. Lo dominan, lo tienen bajo control: "No es para tanto", "mejor que vaya mi esposa o mis hijos ¡o mi suegra!, ellos sí lo necesitan, más que yo", "yo no tengo nada qué preguntar en esos cursos, voy bien". ¿Cuándo se presentarán en el aula, si creen que no tienen nada que aprender? Su error es que no creen que necesitan aprender trucos nuevos en su vida.

Lo bueno es que el mundo espiritual sabe que la propia vida es un salón de clases. Por eso, entre más pronto lo sepas, tendrás una mayor comprensión del sinsentido en el que vives, disminuirás aquello por lo que hoy sufres o un día sufriste.

◇◇

Primer error: te comportas como si ya no necesitaras seguir aprendiendo.

Éste no es el único error. Hay otro obstáculo grande, graaande, que impide *RenaSer* desde lo más profundo de ti y transformarte:

"Querer remediarlo rápido", de inmediato, de ser posible. ¿Cómo le hago para que me deje de doler? ¡Duele mucho! ¡Auch!

Hasta aquí vamos bien, pero justamente necesitas preguntarte eso para que lleguen las respuestas, las señales, la guía. Cuando te cuestionas todo lo que crees que sabes, lo que podías controlar y no sale como esperas, tu guía interior se despierta. ¿Qué pasa? Las respuestas llegarán sí o sí, de acuerdo con el nivel de conciencia que tengas.

Pero para lograrlo hay dos condiciones: primero se necesita que desde lo más profundo de tu corazón y con toda humildad quieras ayuda, que te preguntes: "*¿Qué hago para que se detenga el dolor?*, ¿qué estoy haciendo mal?, ¿qué puedo hacer distinto?, ¿acaso estará mi percepción equivocada?, ¿realmente me funcionaba tan *bien*?"

La segunda es que llegues a un punto de dolor en el que tú y sólo tú digas: "¡Basta, basta, basta! ¡Ya no puedo más! ¡Ya no quiero más dolor!" Esa medida es muy personal, depende de cada quien.

Cuando llegas hasta ese punto es sumamente poderoso, porque en esa etapa desearás, por fin, un capullo en vez de un lugar de tortura. Tienes que querer dejar de sufrir, debes preferir el ejercicio de la paz, antes que el del dolor al que te has acostumbrado. Te has acostumbrado a vivir con estrés, con dolor, con desencantos, con ansiedad, con desilusiones, con desvelos, imponiéndote trabajo que cansa, haciendo esfuerzos constantes para lograr algo. Generalmente, pedimos ayuda cuando el lío ya es demasiado, "*auch*, ayuda porfis" (en esos momentos uno ya no lo dice tan amable).

Segundo error: pensar que tienes que remediarlo, entre más rápido mejor.

En medio de todo esto hay una buena noticia. Todo ese dolor sirve, se vuelve útil para que un buen día grites al universo entero: "¡Ya no quiero esto!" Y digas lo que sí quieres. Ojo, con eso no me refiero a que desees lo mismo, sólo que con más fuerza, como si lo decretaras: "Ahora sí lo voy a escribir con tinta dorada", "ahora sí ya es el tiempo", o "ya me esperé al siguiente eclipse para que tenga más poder", "uf, hay luna de sangre, esta vez sí amarra seguro", o qué sé yo qué magia usarás para que esta vez se logre: "Dios va a entender que ahora sí ya estoy harto de sentirme así y me lo dará." Tal vez no lo digas en voz alta, pero ¿parece que así actúas?

Entonces, cuando sucede algo, tal vez te confundes y crees que el decreto sí ha funcionado. Sería más fácil que las órdenes al cielo se trabajarán así, pero Dios no cede a nuestros berrinches personales, ni por decretos ni por rituales. Él sólo sabe de Amor Incondicional, sólo eso y sólo eso eres tú, ésa es tu esencia. Dios no es condescendiente, ni *chantajeable*, ni manipulable, es simplemente amoroso.

Estos procesos te enseñarán que tal vez lo que un día deseaste tanto, anhelaste, pediste o esperaste tanto tiempo, hoy parece que algo ha cambiado en ti porque apeteces algo más, algo distinto, ¿será posible?

Si te encuentras en esa fase cíclica, donde piensas que ese "algo" no se dio o no sucedió, pero que ahora sí, porque todo es cuestión de volver a desear con más fuerza lo mismo, quiere decir que no has entendido lo que te llevó al problema original. Tranquis, no digo que desear esté mal, no lo está; como dije, todo sirve para tu aprendizaje. La vida te enseñará a esperar por lo que crees que quieres, que mueres por tener o por ser, así como por lo que aseguras que jamás harías o querrías, "¿Yo? ¡En la vida! Mmmm, espérate un ratito más."

La vida te dará la experiencia que necesitas para despertar. La negación rotunda, el querer escapar de una vivencia, habla de que hay un juicio detrás, que necesitas vivir de alguna manera, directa o indirecta, para dejar de juzgar, ¿qué divertido, no? No despiertas del sueño cuando enjuicias el propio sueño.

Cuando dejes de aferrarte a algo distinto al amor, te darás cuenta de que llorabas por las caricaturas y rechazabas el cielo entero por eso (aunque no lo creas). Hoy no lloras porque no ves las caricaturas (espero), no las piensas, no las extrañas; pero de niño eran tu fascinación, y si alguien te hubiera dicho que un día eso se iba a acabar, ¡hubiera sido el peor desastre del mundo mundial! Pero si no hay caricaturas, ¿qué hay? ¿Qué hay más allá? ¿Quién va a creer que hay algo mejor que las caricaturas, por Dios? ¡No sé, pero está increíble, no quiero descubrir qué podría ser mejor en el mundo mundial, más allá de las caricaturas!, ¡no sé qué sentido tendría! Tal vez así pensaría un niño de seis años.

><><><><><><><><><><><><><><><><><><><><><><><><><><><><><><><><><><><><><><><>

Tercer error: aferrarte a lo que crees que sabes que es mejor para ti.

Muy bien, ya intercambiaste las caricaturas por algo más acorde con tu edad adulta. Ahora lloras por un coche, por un sueldo, por una pareja, por los hijos, por un nuevo teléfono, por implantes, qué sé yo, por lo que sea, y vaya que sí le chambeas, deseas o fantaseas. Como un niño que quiere juguetes distintos y ahora tiene más lana para otro tipo de juguetes.

Lo mismo pasaría si alguien te dijera que lo vamos a perder o que no lo vas a tener, lloramos, sufrimos, culpamos, como si hubiéramos perdido las caricaturas de ese entonces o peor, porque ahora "hay golpes que duelen más" (léase con voz de ego dramatizando), cómo si no hubiera un mañana: "De esto es más difícil que me recupere" (más juicios, creencias que te limitan), pero berreaba el niño y le parecía injusto. Tranquis, no te azotes. Buenas noticias: la etapa de la infancia espiritual también pasará.

Un buen día pensarás algo muy profundo, como simplemente "no sé qué es *lo mejor para mí*"; con total humildad estarás dispuesto a decir: "Dejaré que el amor elija por mí." Por encima de lo que creía que me iba a ser feliz, por encima de todo y bajo cualquier circunstancia.

> Elijo que la Paz me muestre lo que en realidad
> me dará paz y amor incondicional.
> Por mi libre albedrío, acepto.

Ése será el principio de una mayor claridad. Mientras no quieras la paz, no te apures, el salón de clases continuará, hay muchos años escolares. Por eso es necesario que toques fondo, como el alcohólico, como la mujer que decidió divorciarse y varios más. Es normal repetir situaciones, dolores o emociones, hasta que hay una mejor autoobservación de lo que se repite, entonces llegarás a otro deseo *poderoso*: el deseo de comprender y, por lo tanto, de sanar, de despertar del dolor que te causas sin darte cuenta. Cuando has llegado a ese lugar, no será tan fácil que claudiques, será el principio de tu *RenaSer* espiritual, porque realmente lo querrás.

Para cuando llegues a ese momento, algo que estorba mucho es la prisa. PA-CIEN-CIA, no renaces en un día, ni en dos, ni en un mes, ni en un año, lo mejor toma tiempo, pero sucede, sin duda renacerás. La paciencia será un ingrediente necesario, indispensable y no intercambiable.

Aum, ommmm, inhala y exhala, vamos, respira una vez más. Todo en tu mundo normal te invitará a la prisa, pero corriendo no llegarás más rápido. De todos modos, los "¿pero, más o menos cómo cuánto toma esto?" llegarán, porque no estarás en un lugar agradable.

El deseo de *RenaSer* no llega cuando estás cómodo, sino cuando falla el plan, cuando algo marca "llorarás" te desilusiona, cuando te quieres mover y no repetir más esos momentos de dolor en tu vida, o cuando te sorprendes diciendo, "me quiero morir". No es tan malo como crees, como te dije al iniciar este capítulo, hay que morirse primero, del verbo "bien muerto", por eso tiene que fallar tu plan. Aun así la esperanza sigue, tu plan podrá fallar, pero el plan maestro no.

> **Cuarto error: tener prisa por salir de un lugar que sirve para que crezcas.**

Y por si fuera poco, además de la trampa del ego por la prisa, ahí te va una presión extra del señor ego: ver que todos los demás están haciendo "bien", "normal" su vida, parece que ellos sí son felices, "están consiguiendo cosas con el tiempo", se están casando, teniendo hijos, teniendo nuevos empleos o ascensos, lo publican en redes sociales y te llegan invitaciones para bodas, bautizos, segundas bodas. Sólo ves publicadas fotos ¡in-cre-í-bles! de los viajes que están haciendo. *Oh, my God!* ¿Es en serio? Y tú estás súper ocupado, vomitando del dolor.

El ego querrá provocarte ansiedad por lo que sea; te gritará ¡apúrate ya, mamacita, por Dios!, ¡qué está mal contigo, ya, a lo que sigue! ¡Tómate algo, ya anda con alguien, ten un hijo o un perro, algoooo! Así desvía el ego, simplemente es un ¡mantente ocupado!, para que no te hagas las preguntas poderosas. Pero, a ver, con el ego, tranquis, tranquis, tranquis, no dejes que sus estornudos te hagan creer que tienes gripa. No hay nada malo contigo, te estás perfeccionando. Sólo observa y ten cuidado con la trampa del ego, porque te hará creer que es una carrera de velocidad, en vez de una de resistencia, de hecho, ¡ni siquiera es una carrera!

Quinto error: compararte con los demás, con los que crees que sí tienen lo que tú anhelas.

Entonces repite conmigo: "Estoy dispuesto a tenerme paciencia. Lo más amoroso que puedo hacer por *mí* es brindarme esa paciencia." Como dice el libro *Un curso de milagros*: "Paciencia infinita, milagro inmediato." La paciencia que te ofrezcas de manera total y sin condiciones te ayudará a cambiar la percepción de lo que hoy te duele.

Paciencia infinita no es querer controlar el mundo ni modificarlo; paciencia infinita es saber cómo contribuyo al problema. La paciencia total e incondicional que te ofrezcas te ayudará a que suceda el milagro, el cambio de percepción. Y cuando eso suceda, te darás cuenta de que no había prisa; de inmediato verás de otra manera lo que te hacía sufrir, y en ese momento serás libre (de ti).

El escenario amoroso te da paciencia. Ahora, échale ojo al escenario de la prisa. Dime dónde sientes más paz. Observa a tu alrededor, obsérvate a ti. ¿Tienes prisa por algo? Vivimos en una cultura en la que parece que todo tiene que ser rápido, entre más rápido, mejor. ¡Lo rápido es lo de hoy! (excepto en el sexo, eso no ha cambiado.)

Se aprecian más las respuestas rápidas, el servicio inmediato, conexión de internet rapidísima, la curación rápida: "¡No me cocines tanto la respuesta!", "sólo dime qué hiciste y ya, pero el resumen", "¿qué jugo te tomaste?, ¿dejaste de comer?, ¿qué dieta hiciste?, yo necesito algo rápido", "¿sabrás de algo más rápido que eso?", "¡me urge!", "¡no tengo tiempo de tomar los cursos!, ¿no me podrá decir nada más qué ángel está conmigo y ya, para pedirle el milagrito?" Y seguir rápido, sin cambiar los pensamientos y la verdadera causa del sufrimiento. ¡Ves!, por eso tiene que entrar el plan maestro.

Ya no estamos en la época de las cartitas escritas a mano, las que esperaban gustosamente, con tal de recibir noticias tuyas, ni de enviar postales para tener una imagen del lugar donde habías viajado. Ahora tenemos correos electrónicos que, aunque sólo tardan unos segundos en salir, nos desesperamos, "algo ha de andar mal con el servidor, es medio chafa", "esta conexión es malísima". En segundos nos comunican con alguien más, enviamos archivos, adjuntamos imágenes, conversamos de inmediato de manera escrita, ¡ni siquiera nos tuvimos que marcar, y hasta ponemos caritas!

Así reducimos nuestro vocabulario y el número de palabras que utilizamos para expresarnos, porque la imagen da toda la idea, sin escribir o hacer gestos, eso es más tardado. Con-clu-sión: si hay un entorno que te invita a vivir en forma re–su–mi-da, queremos respuestas rá– pi–do, ¡que sucedan las cosas ya!

Ahondando, la prisa es un obstáculo muy grande, porque *cuando las personas dejan de estar bien, entre más grande sea el caos, de inmediato quieren asegurarse de que se recuperarán rápido.*

¿Cómo pasamos este trago amargo, rápido? En situaciones graves, como cuando ha fallecido alguien muy cercano o muy amado y te llaman para que les digas las palabras que los harán sentir bien de nuevo, como si sólo con escucharte se solucionara todo. Quieren que les digas algo porque están destrozados. ¿Tú vas a decir algo que lo va a resucitar? No, sabes que no es así. Son procesos y los procesos toman tiempo.

Tenemos que aprender a ser compasivos y respetuosos con nuestros procesos y con los procesos de los demás. El *RenaSer* no puede forzarse, ni el tuyo ni el de nadie más. Las personas tienen que querer *RenaSer*, no puedes empujar a nadie a crecer en su vida. Y si no sabes o te cuesta trabajo ser compasivo con tus procesos, o con los de los demás, sigue leyendo, por favor, y practica la paciencia, que más adelante te daré ejemplos concretos. No te apures, la vida te pondrá a practicar la paciencia.

En momentos de caos interior, obsérvate, puede ser que tu ego se quiera mover más rápido que la prisa normal, quiere el extra para salir de ese dolor emocional más rápido, le urge saber y le urge que los demás le den respuestas. Tal vez, inconscientemente, quieres dar portazos, huir, entrar a la siguiente relación, al siguiente trabajo, casarte, porque ahora sí encontraste al amor de tu vida; o usar el tono amenazante número 44, el que utilizas para exigir respuestas, "entonces qué vas a decidir, pero dime ya", y apenas se conocen de hace tres meses; o mudarte de casa, cambiar de ciudad, salir huyendo y dejar todo atrás, ¡pum! portazo, "se acabó, ¡¿me oyes?!" El ego grita: "Huye, esto va a doler."

Estas frases me recuerdan a una persona que asistió a mis cursos cuando le cayó el veinte de su necesidad de controlar a todas las personas y todos los escenarios. Me confesó que la tercera vez que le pidió a su marido que cambiara un foco fundido de la casa, decidió divorciarse de él. "No es posible, Rigoberto, si tengo un marido que no puede hacer ni eso por mí, ni cambiar un foco, qué me espera en un futuro; y te lo tengo que pedir tres veces, eres un inútil, y yo no me casé con un inútil, así que, punto, la tercera es la vencida, ya te lo había advertido." Y, en efecto, se divorció. En nuestra reunión me preguntaba, "¿crees que me equivoqué?" Pum, portazos. Observa los portazos que te das a ti y de qué manera.

¿Cara o sol? También está la otra cara de la moneda. En ésta sucede todo lo contrario, el ego te dice: "Jamás me vuelvo a casar", "para que yo me vuelva a enamorar va a estar muy cañón", "bueno de aquí a que lo haga, mínimo unos cuantos años", "que nadie me apure, porque corro", "¿compromiso?, ¡huye ahora que puedes!", "el amor podrá tocar a mi puerta, no es mala niña, pero estoy muy ocupado", "que no me apure, sólo llevamos cinco años de conocernos".

Son dos caras de la misma moneda. Tomas decisiones desde el miedo, te quieres proteger de maneras equivocadas, y no es más que el miedo y las heridas las que hablan, las que te motivan a tomar decisiones, las que, probablemente, harán que te des cuenta de que ya no funcionan. Después de que te hayas boicoteado tantas veces, que de verdad ya no quieras caricaturas, sino amor real, el amor real te sacará de esa infancia emocional llena de miedo.

Querer emprender esos cambios, ya sea de casa o de ciudad, anhelar una nueva pareja, querer mejorar o cambiar de trabajo, todo eso está muy bien. Haz todo lo posible por salir de la zona de inseguridad, de miedo, pero todo depende del *para qué* quieres hacerlo: para qué quieres moverte, para qué quieres un nuevo galán, por qué quieres un nuevo trabajo.

Pregúntate si no es porque tienes *prisa* por acomodar las fichas del tablero, porque quieres tener todo bajo *control* y sentirte *seguro* en ese mundo *normal* a tu ritmo y en lo que crees que son los tiempos adecuados.

¿No habrás caído otra vez en la trampa del ego? Si crees que las razones del ego: "Mi inteligencia", "mis talentos", "mi educación", "mi fuerza guerrera", "mi belleza", "mi juventud", "mis contactos", "mi lindo cuerpecito", "mi traserito", "mi presencia ganadora"; piensas que la razón que elijas —o todas reforzadas, juntas y al unísono— se encargarán de crear un "nuevo escenario" en el que ¡ahora sí!, dice el ego, "¡ahora sí! a conseguir lo que he estado esperando, para lo que he trabajado tanto, para resolver y acomodar mi vida, acorde con mi edad, con lo que he estado pidiendo y decretando"; "que ahora sí me traigan esa nueva relación de pareja que pueda manejar de alguna manera"; "que ahora sí sea el bueno, con quien me sentiré completa, que éste sí me haga súper feliz", "ahora sí conseguiré una que sea menos complicada, o sea una más dócil y complaciente", "tener un nuevo trabajo que me ofrezca seguridad".

Eso sería seguir viviendo sin comprender el propósito de nada de lo que sucede. Círculos incesantes del ego. Seguir poniendo el peso en tus hombros y no saber cómo dirigir tu energía ni tu tiempo en lo que te dará paz. El ego meterá su cuchara a la sopa y te repetirá: "Oye, ¿sabes qué?, seguro algo te faltó por hacer mejor y por eso no se dio", "hazlo mejor esta vez", "échale más ganitas", y va de nuevo tu cabecita a echarse a andar en esos círculos incesantes del ego.

El mundo espiritual sabe que el único error es que no percibes correctamente —y sigues sin hacerlo—, por eso repites situaciones dolorosas. En vez de estar conflictuado, de juzgarte, acepta que puede haber una mejor manera, perdónate y déjate guiar esta vez.

>>>

"Que todas las decisiones que tome sean guiadas por el Amor Incondicional, por encima de todo quiero paz."

Acto seguido voy a hacer lo que no acostumbro: hablar de mi vida privada. No lo hago mucho, pero en esta ocasión sí. Por lo pronto, quiero compartirte los procesos de los que se puede aprender a ser paciente, aprender a ver y a aceptar las caricaturas como son. Aunque parezcan súper importantes, no lo son, son piezas clave para tu despertar, no para tu felicidad. Verás que la práctica de desapego es muy necesaria para *RenaSer*.

Se aprende mucho del desapego, mucho. Para los que no entienden lo que están viviendo, porque no lo ven desde lejos, la interpretación puede ser de mil maneras. Mantente en tu centro, es tu pista, ahí giras y practicas. Tal vez puedes caerte mil veces, lastimarte muchas más, hasta que por fin aprendes cómo lanzarte por el espacio de una manera inspiradora para los demás. Harás tu giro en el aire como un patinador artístico y todo el esfuerzo habrá valido la pena, todo ese esfuerzo habrá formado músculos fuertes. Una mente no deja de entrenarse hasta que comprende, "me he desapegado del resultado". Eso es tanto como decir "he soltado el *Titanic*, que cargaba". Esa gran expectativa era un *Titanic*, no un bello barco de lujo que ¡no podía o debía hundirse!, ¡eso no! Eso era un lastre y no es una razón para ser feliz. Una expectativa pesa y te hunde, lo malo es que crees que tienes que invertir energía para mantenerla a flote.

Cuando tú no estás en tu centro y los demás no se encuentran en el centro de tu pista entendiendo tus giros, podrían llamarle "fracaso" o experiencia "dolorosa" a lo que te sucede. Sólo estás descubriendo cómo eres más libre. Cuando las grandes expectativas hayan caído (no porque no te quedó de otra; no porque, bueno, ya no se pudo, sino porque las dejaste de desear como algo *necesario* para tu felicidad), habrás soltado la fuente de dolor y se dará el verdadero milagro.

Repetirás ese proceso muchas veces, con cosas que parecen pequeñas y a veces con las más grandes expectativas que hayas puesto, ya sea con miedo o con ganas de despertar, pueden ser grandes y pueden ser numerosas. La vida te cuestionará todo lo que crees que necesitas para darte valor.

Sólo comparto sucesos de mi vida personal cuando creo que pueden ayudar a otros, cuando tiene un sentido y un propósito particular. Entonces, es como un recurso de enseñanza, o al menos espero que así te sirva. Que te ayude a corregir la percepción dolorosa por una llena de amor por ti; que te haga libre, totalmente libre.

Mi visión corregida es el regalo que quiero darte. No puedo obsequiarte algo físico, con más valor que los procesos que superamos. Para mí, las grandes piedras talladas por la sabiduría, son las verdaderas joyas. Tus escalones serán de jade puro y el aroma de la más dulce compasión te llenará. Los pasos que darás son gigantescos cuando elijas "morirte" y sólo quede tu verdadero yo. Te comparto algo de lo que he aprendido en términos de recuperación, la manera en cómo supero lo que duele cuando duele y cómo he aprendido a observarlo, a entrenarme y a que no duelan más las caricaturas.

Quien no se siente guiado es porque no puede dejar de escuchar su propia voz, porque no confía en otros recursos. Piensa que se protege con su buen juicio y su inteligencia, con eso debe bastar, por eso no abre la puerta ni para asomarse. Yo he optado por preguntar y poner mi inteligencia al servicio de una mayor. Ser un espíritu fuerte es más fácil cuando pides que te recuerden todos los días quién eres, y un día recordarás que *eres* ese amor incesante, tu recurso que no se agotará jamás. No lo olvides:

> *Ser un espíritu fuerte es más fácil cuando pides*
> *que te recuerden todos los días quién eres.*

No quiero que sientas lejano este camino que recorreremos juntos. No quiero llevarte solo por las etapas del camino espiritual de una manera teórica, sino de una forma que sea más fácil aterrizar la enseñanza en tu vida. Platicar teóricamente que este mundo, o un plan específico, te va a fallar alguna vez (o cientos de veces), lo puedes leer tres veces o más, pero no te dejará mucho, no sentirás su fuerza. Aterriza en tu vida los planes que han fallado, y lo verás. Cuando un plan te falló, entre más duro sea, más te invita a *RenaSer*. Cuando esa ruptura en ti es muy notaria, cuando hace mucho ruido interno y externo: entre tus familiares, amigos; la gente se entera y opina. Algunas otras ocasiones puedes experimentar los fallos en los pequeños planes cientos de veces, en los pequeños planes que no se cumplieron, en las promesas que no llegaron a concretarse, en las pequeñas frustraciones diarias, en los trabajos que no te dieron, en los amantes que se fueron, en los amigos que dejaron de serlo, en los aviones que pierdes, en las citas a las que no llegaste, al conocer a la mujer de tus sueños, cuando por fin te casaste con alguien más, etcétera.

Sé que se prefiere compartir lo más bello de la vida, los súper alegres y orgullosos momentos, los tuyos, los de ellos, los de tus familiares. La alegría de cumplir un año más o de haber logrado una importante meta, por ejemplo. Sí, todo está muy muy bien.

Pero hay algo que también está muy bien, que es cuando nos caemos, cuando vomitábamos del dolor y, en vez de fingir, pretender, mentir disimuladamente sobre nuestros estados de ánimo ante los demás, en vez de compartir en las redes sociales imágenes de nuestros postres *delis*, de los paisajes hermosos y de los atardeceres súper ultra *wow*. Un buen día, en vez de vestirnos con las mismas ropas, en vez de repetirnos las mismas creencias —mentiras o palabras sabias que nos dijeron— y hacerlo en automático, simplemente te detienes.

Naturalmente, o *necesariamente*, la vida te detiene. Benditas circunstancias que te hacen cuestionar tus creencias, quién eres, qué quieres. La vida espiritual no la vive más un monje en su monasterio, con su disciplina y sus horarios destinados para la contemplación, si se niega la oportunidad de amar.

El verdadero reto es aplicar tus aprendizajes espirituales en los conflictos de tu vida diaria. La maestría la haces en tu vida cotidiana. No por ser un monje encerrado en un monasterio, estarás trabajando más. Tu vida es el salón de clases donde te observas o sigues creyendo que la noche es el día.

Un buen día te encuentras muy roto, y estarás en tu monasterio, en tu *ashram*, en tu *ring* personal, donde te darás cuenta de que luchas contra ti mismo. Y a diferencia de quien todavía se cree la víctima de la historia, tú decides parar. ¡Alto! Decides no culpar a nadie y decides emprender tu *RenaSer*. Pareciera que no hay tiempo para *RenaSer*, sólo prisa para hacer lo que sigue, pero créeme, vas a necesitar *RenaSer*, vas a *querer RenaSer*, *vas a RenaSer*. Estás frente a tu historia de paciencia y amor, de pasos cortos y pasos largos. Con la práctica, obtendrás el cielo mismo como fruto.

Los llamados maestros espirituales no suelen hablar mucho de su renacimiento, de las épocas difíciles, de sus crisis, sólo de su conocimiento y de su experiencia. Sólo les ves lo brillosito, lo zen, lo iluminados, lo abundantes o lo sabios que son (muchos maestros hasta se avergüenzan de esas etapas de sus vidas). "Tienen que ser así", dice el ego para hacer de ellos ídolos falsos. El ego dice: "Yo quiero ser como él/ella"; ídolos falsos, como enseña el libro *Un curso de milagros*, para que después, cuando te enteres de su verdad o de su imperfección —"ves, también se enoja"— el ego los pueda tirar con total decepción, enojo, falta de compasión, y así no tengas un faro, una guía terrenal, una voz cercana, amorosa y de nuevo estés donde comenzaste, creyéndote separado de Dios. Ese es el trabajo de tu ego: que todo en este mundo te decepcione.

Entre más envidies al maestro, mayor será tu necesidad de tirarlo del pedestal, donde tú mismo lo pusiste. Al mismo tiempo, el ego lo querrá matar, porque parece más especial que tú, con más luz, porque a él le va mejor. "¿Qué tiene él que no tenga yo?", pregunta el ego.

Antes de empezar, recuerda *para qué* te lo cuento. Los maestros te ahorran tiempo, pero no los procesos que necesitas vivir. Te pueden acompañar, precisamente porque los han vivido tendrán compasión y ejemplos de sabiduría para ti. Para que un maestro tenga esa sabiduría, habrá de aprender a renunciar a lo que no tiene valor y hará esa misma lección muchas veces, tal como tú la necesitas hacer; si no, ¿cómo te vuelves el maestro de tu vida? Para que en su vida madure el maestro, necesita vivir sus propios procesos. No podría ahorrarte tiempo o vidas, si no conociera el camino.

El maestro en la cocina te ahorrará el que mezcles alimentos y cantidades sin saber, para que no desperdicies tiempo ni comida jugando con ingredientes que no sabes si combinan y en qué proporción. Podrás intentar mezclas hasta que tú mismo descubras una buena relación entre los ingredientes, sus tiempos de cocción o los mejores trucos para cada platillo.

El maestro te dará una buena receta, con los alimentos que combinan mejor, en qué proporción, tiempos y temperaturas. El maestro te ahorrará tiempo, te dirá los que no hay que combinar, o en qué cantidades, para que no te enchiles, te quede salado, o te sepa amargo, así será mucho más fácil que hagas un manjar en tu cocina, con menos desperdicios y riesgos innecesarios.

El maestro de música ha escuchado las notas tantas veces que ha formado estructuras mentales musicales y sabe que te regalarán una rítmica y armoniosa melodía. En vez de que pierdas el tiempo buscando la combinación adecuada entre las notas, él ya lo ha hecho por ti. Como ha dedicado mucho tiempo de su vida a eso, te puede enseñar porque no sólo es su pasión, sino que tiene una inteligencia musical que puede traducirla para ti, y con su afinado oído, te enseña a afinar tu voz, a hacer canto donde sólo había ruido.

El maestro espiritual escogió su vida como camino para enseñar. Es su partitura, es su libro de recetas. Vive todo tipo de experiencias, digiere emociones, asimila, aprende, entrena su manera de ver y luego te lo resume, porque ése es su talento. Te lo hace más fácil, te lo comparte, te hace la síntesis, para que te lleves la esencia de las grandes verdades espirituales a tu vida diaria.

El acercamiento con lo divino es un constante ejercicio en su propia vida. La velocidad y los acontecimientos para sus aprendizajes suelen ser mucho más intensos porque entrará en contacto con muchos caminos, filosofías o personas, que le darán recursos de enseñanza y mucha experiencia.

Tendrá de lo más juzgado y de lo más aceptado, pues necesita herramientas para aprender y enseñar. Puede sentir que el miedo lo quema, pero no se detendrá ante las enseñanzas, cruzará por esas llamas. Se requiere ser valiente para pisar una y otra vez esas piedras calientes y estar convencido de que el dolor es mental. Aprende que esas llamas no lo matarán.

Además, tendrá una práctica constante de desapego a todo lo que hay en este mundo, a to-do. Entonces, el maestro te mostrará el camino por el que ha transitado, lo podrás notar, no es ajeno a lo que vivirás y caminarás. Conoce por experiencia propia o por lo que aprende con las enseñanzas de los viajeros que se encuentra en su camino. Todo se vuelve un camino natural de aprendizaje.

Necesita tiempo a solas, porque pone en orden constantemente sus emociones y sus pensamientos. El maestro espiritual termina siéndolo, no sólo porque ha elegido despertar, sino porque, habiendo escuchado y atendido el llamado interior, de manera natural en su camino tocará a muchas personas que, de igual manera, quieran aprender. Se reúnen, se encuentran, nos volvemos alumnos y maestros, los unos de los otros. El verdadero maestro no es aquel que quiso ser el líder de opinión, llega a ese lugar porque su amor ayuda a sanar. Su experiencia ayuda a cambiar, percibe dónde se encuentra el error. El maestro que quiere ser famoso, líder, el mejor *coach*, no lo ha entendido. La vida es un llamado, no un concurso.

En este caso, pone su inteligencia personal al servicio de una inteligencia superior, por lo que ambos, alumno y maestro, son guiados. Por lo tanto, el maestro cumplirá temporalmente esa función, hasta que el alumno haya aprendido la receta, haya encontrado su melodía y haya comprendido lo suficiente como para recordar que lo único que hay que hacer es despertar, escuchar el "despertador".

Abrázalo, te ayudará a encontrar tu propia melodía en ese sinsentido disruptivo y desafinado del ego. Entenderás que todos en la orquesta jugarán un rol, algunos te gustarán más que otros, pero todos los músicos son importantes para la melodía que harán juntos, hasta los que contribuyeron con sus contundentes silencios.

No significa que si todo está "destinado" no tengas que hacer nada; está muy lejos de ser así. Para *RenaSer*, tienes que querer ser ese maestro de paz en tu propia vida, no ante los reflectores. Ahí está la maestría. No hay necesidad de querer ser el *sensei* para los demás, no estudias las respuestas para eso. Si deseas ver más allá de la historia que te cuentas, cruzarás el puente. Serás quien te llevará a las preguntas poderosas.

Pisa firme en esos escalones de jade, los que ya has construido y los que construirás. Que el aroma dulce de la compasión te envuelva. No lo verás fácil. Cuando estés en la noche oscura, sólo recuerda "siempre estamos contigo". Da el siguiente paso y el que sigue, no te detengas, que no te detenga el aparente dolor. Y cuando nos volvamos a ver en ese espejo, sabrás que algo ha cambiado. Cuando nuestras miradas se crucen de nuevo, sabrás cómo la maestría se hace realmente, es tu hermana la que queda en el espejo, sólo eso, y cuando la vuelvas a ver, ¿qué le dirás?

4. La etapa de inestabilidad: mis juicios, tus juicios y los nuestros

> "Nada nos engaña tanto como nuestro propio juicio."
> **LEONARDO DA VINCI**

¿En qué momento pasamos del cielo al infierno? ¿En qué momento pasamos de la confortable estabilidad a la pesadilla de la inestabilidad e incertidumbre? A veces pareciera que no podemos hacer nada para escaparnos y, en efecto, lo que has de vivir sucederá. Todos vamos a vivir experiencias retadoras, la pregunta no es si van a pasar, la pregunta es ¿qué voy a permitir que me muestren?, y ¿cómo elijo vivirlas?

Los cambios se darán, la vida acomoda a los personajes y a las situaciones para que te superes mediante los retos. Por más que desees brincártelo, parece que el camino de la vida ya nos tiene esa estación planeada. No sabes su nombre, pero esa estación de inestabilidad está en tu viaje y será sumamente importante para que llegues más lejos en el tren de la vida.

¿Qué tendrá ese andén para ti? Si la duda y el caos se avecinan, los cambios y la incertidumbre no tardarán en hacerse presentes. Ya que estés ahí, no sucumbas ante al miedo, mejor recuerda mis palabras: "No será una tragedia, sólo será una etapa de la vida en la que aprenderás a darle el significado que te liberará. Uno elige y aprende a sacar lo mejor de este viaje."

El paraíso, el infierno, lo deseable y lo indeseable sólo existen en tu mente.

Cuando llegas a una etapa de cierta madurez, la vida necesita darte más. Te dará la oportunidad de pasar de lo que crees estable y cómodo, a algo más poderoso. Te dará la oportunidad de ver de otra manera, desde otro ángulo, te ayudará a cambiar tus juicios y tu manera de pensar, para que pases de la infancia espiritual a convertirte en un sabio en tu propia vida. Te dará la oportunidad de que entrenes tu mente. Habrá cambios, ajustes, retos, bienvenidas y despedidas que te harán reflexionar. Por lo tanto, surgirá la necesidad de tomar nuevas decisiones para madurar.

Me gustaría aclarar un poco más la idea, porque puede confundirse cuando decimos "la vida nos da oportunidades". De acuerdo con tu nivel de conciencia entenderás eso como algo positivo, lo cual puede entenderse distinto, cuando dices que la vida te manda pruebas y entonces se siente miedo a lo que puede enviar, como si fuera un capricho.

Dios no te pone a prueba, él te recuerda cómo eres, no estás puesto en duda. Tú eliges esas experiencias para salir de tus dudas y para recordar quién eres. Tú eliges ponerte a prueba, tú elegiste vivir esas experiencias —incluso de muerte—, sólo que no lo recuerdas. Pero estas pruebas llegan en la forma y el tiempo perfectos, sirven para tu despertar y en cada repaso aprendes más. Nada sucede sin tu libre albedrío. Todos queremos recordar nuestra naturaleza espiritual y despertar de un sueño de dolor. Más adelante reforzaré esa idea con ejemplos de mi vida y de algunos pacientes.

Desde la perspectiva espiritual, aquello en lo que hayas puesto tus anhelos y apegos será *usado* por el mundo espiritual para ayudarte a avanzar. El mundo espiritual nunca te quita nada, tus anhelos sirven para un propósito mayor, para tu despertar, para tu *RenaSer*. Todas tus necesidades en esta tierra serán transformadas, para que alcances a ver por encima de la ilusión. No necesitas preocuparte por cómo ni cuándo sucederán, ya estuviste de acuerdo con las instrucciones que se quedaron en la cabina de mando; déjalas cumplir con la ruta perfecta. Tú sólo prepárate mentalmente para tu vuelo con destino a un lugar seguro.

Las almas jóvenes prefieren ahorrarse experiencias que creen dolorosas

La edad cronológica es la menos exacta para entender el mundo espiritual, no es cuestión de años, éstos no reflejan la madurez del alma. Por eso podemos ver personas de sesenta años en un bar tratando de conquistar —lo que sea que se mueva—, bebiendo como quinceañeros —como cuando éstos todavía no comprendían las consecuencias de sus actos—, para intentar ser más felices. Beben mientras lo que añoran de verdad es dejar de sentir el vacío que no saben ni por dónde empezar a enfrentarlo o incluso saberlo explicar. Esa no será la mejor forma de hacerlo, ¿o sí? Sí, cuando no conocen una mejor manera, cuando no hay esa madurez que nos dan las experiencias para saber cómo hacerlo mejor. Entonces, para ellos *sí es la mejor manera.*

Libera el juicio. Incluso si una persona se suicida, recibirá grandes enseñanzas. Lo que tú sabes no puede ser impuesto a otro. El despertar siempre es un camino personal. Lo que eligen hacer para vivir, lo que alcanzan a comprender es lo que les nutrirá de información para su siguiente experiencia de vida. ¿Cómo podemos juzgar lo que es mejor desde el plano espiritual? No es un camino con una forma que aplique a todos, nunca he visto eso ni en la escuela ni en la casa, donde nos enseñen a *RenaSer.* Es un camino propio. Lo que sí puedes hacer es pedir ayuda y te serán asignados ayudantes, ángeles y maestros en tu camino, esto siempre es lo más amoroso que puedes vivir.

Las almas viejas se conocen por sus apetencias y sus actos

De nuevo, nada tiene que ver la edad. Podemos ver a personas muy jóvenes, pero muy adelantadas y maduras para sus años. Independientemente de los que tengan, lo importante son sus apetencias, la libertad, la justicia, la congruencia que buscan. Suelen interesarse por temas que resuelvan preguntas que le den significado a sus vidas. Los caracteriza su mansedumbre, su sensibilidad o su búsqueda del mundo espiritual.

Entonces, la necesidad por trascender no tiene que ver con la edad, sino con sus ganas de comprender. En todas sus edades, etapas y estaciones de la vida, así como decisiones, demuestran una marcada curiosidad. Eligen seguir y romper sus esquemas. Eligen carreras de servicio, como maestros, doctores, enfermeras, psicólogos, científicos, madres, padres, puestos con cargos sociales, o la que decidan la hacen de servicio y la viven así, para servir para ayudar. Pero también necesitan contacto con el mundo terrenal, experiencias empresariales relacionadas con el dinero; hijos o gente que dependa de ellos; asuntos legales, para no evitar el mundo, sino hacer sus prácticas en él y las trampas típicas del ego. Es decir, lo mejor no es necesariamente estar encerrados en un monasterio o asistir a cursos espirituales de todo tipo, eso también puede ser una evasiva para no aterrizar en su propia vida, por estar ayudando a otros. Necesitan practicar y crecer con las experiencias que les ofrece este mundo, ahí es donde se pone en práctica lo aprendido.

Por lo tanto, puedes elegir valorar cada una de tus experiencias. No las juzgues, todas te pueden ayudar a crecer. Están ahí esperando a que llegue tu momento. Tendrás esas experiencias que te regala la vida, ahí está tu salón de clases. El secreto es cómo entrenar la mente para vivir esas experiencias.

><><><><><><><><><><><><><><><><><><><><><><><><><><><><><><><><><>

Valora cada una de tus experiencias,
no las juzgues de antemano, todas son oportunidades
para ayudarte a crecer.

Almas viejas que vienen a hacer un repaso de vida, de vidas

Tal vez seas una de esas personas que, en una sola vida, viene a tener un gran coctel de experiencias, situaciones, tipos de relaciones, fracturas psicológicas, físicas o del corazón. ¡Ay, no, en serio! ¿No me lo puedo evitar? ¡Otra de éstas ya no! No, no funciona así, recuerda que no es castigo, sino elección.

Nadie pasa por ninguna situación sin haberla pedido. Y menos las almas que parece que están de paso, dispuestas a hacer todos los años escolares en una vida, la maestría de vidas en ese vehículo corporal. Esas almas han dado las suficientes vueltas a los mismos temas, por eso, para ellas sería muy lento ir de otra manera.

Los caracteriza su disposición, su altruismo, su vibración compasiva, las causas que apoyan, su habilidad para contactar con lo que para otros es invisible y su claridad mental. Su vida tiene el propósito de enseñar. Por lo tanto, las situaciones que atraviesan en su vida son indispensables, son herramientas para su despertar y para el de los demás.

Su vida estará rodeada de milagros constantes. Desde un punto de vista no religioso, provocan cambios de percepción en los que lo rodean, y su sensibilidad, intuición, conexión con el mundo espiritual y aprendizajes de vidas pasadas, lo guían como una brújula.

Se perfeccionan como maestros observadores para enseñar la diferencia entre el oasis y el desierto. Entonces, su vida no es un calvario, pues no elegirían vivirla así: comprenden que no es una tortura. Y ante los ojos de los demás serán distintos. También puede ser que después de enseñar lo suficiente, sigan etapas de gran paz y vidas muy tranquilas.

Las almas viejas en repaso de vidas están dispuestas a vivir todas esas experiencias, porque no son nuevas para ellos, serán retos porque están haciendo un ensayo para superar todas las circunstancias, como si fuera su examen final para graduarse. Servirán para todas las personas que los conozcan. Por lo tanto, su actitud es muy valiente, muy anecdótica. Se vuelven observadores de su vida y la trascienden. Su vibración de paz, fortaleza o alegría los caracteriza.

¿Cuál es tu actitud ante esas oportunidades?

A lo mejor te pesa, te duele pensarlo, pero tal vez ahora buscarás darle menos la vuelta a lo que ha de ser vivido, porque recuerda que nada sucede sin que lo hayas elegido. Entonces, observa si te da miedo vivir determinada experiencia. Eso será lo que estarás pidiendo vivir de alguna u otra manera, o por medio de alguna persona cercana, y no es por castigo o por karma, es porque, si no, no recordarías lo libre y poderoso que eres.

Tal vez crees que no pedirías tener muchas experiencias que, de antemano, llamarías desafortunadas, pero cuando las superas, te das cuenta de que te catapultarán y te ayudarán a que venzas tus más grandes miedos de vidas. Si eres de los que aún piensan: "¡No, no y no, con una o dos de estas malpasadas que ya he tenido, basta!" "¡No gracias, ya es más que suficiente!" "¡Qué deseo de experiencias, ni qué mi abuelita!" "¡Ni con chochos me aventaba a elegir algo similar!" "¡Qué ganas de aprender, ni qué chícharos!, esto jamás quiero volver a sentirlo, ni volver a pasar por algo similar" "¡Sabes qué, amor y paz!" "¿Dios, y si intervienes?"

Exactamente, no te das cuenta de que el amor siempre está velando por ti. Aunque hoy no lo recuerdes, lo entenderás. Sigue leyendo que, en este libro, te lo traduciré con mi propia experiencia. Precisamente, en esos capítulos dolorosos, algunos renuncian y reclaman con enojo a Dios y dejan de creer en Él. O todo lo contrario, se vuelven súper dogmáticos de alguna religión, alias súper fans, renuncian a algo, pagan su precio —lo que sea con tal de que les quiten ese dolor, esa culpa y el peso en sus vidas disminuya—. Lo cierto es que se desea contención. Son dos caras de la misma moneda, dos extremos en que no se ha comprendido la visión espiritual que sin sacrificio tienen para ti.

El ego dice: "Aprende a no moverte de más, a no abrir el corazón de más, a no confiar de más." Con eso, el ego te hace creer que será un mundo más seguro. A eso le llama la zona de seguridad, donde entre menos experiencias tengas, mejor. Recuerda mantenerte siempre a la defensiva. ¿Eso te hace sentir más seguro?

"Mejor no le muevo mucho a esto de las relaciones, esto de perder a los que amo, ¡mejor no arriesgarse, hay que evitar que entre cualquiera", "¿me escuchaste vida, no me haces ni una más?"

No hay camino equivocado, ni mejor ni peor, son todos perfectos, por que te dan la suma de experiencias que necesitas. Y no tienen por qué ser dolorosos para darte madurez, de hecho, también pueden ser muy amorosos. La gran diferencia radica en la forma en cómo las vivirás. Eso revela la etapa en el viaje espiritual en el que te encuentras. Tu renuencia, tu resistencia, el cómo superas los miedos, el deseo de hacer culpables a otros. En cambio, las elegirás por tu tremenda valentía, por el anhelo de querer deshacer los juicios. Eso hará la diferencia en tu camino.

Entre mayor es la comprensión, menor es el juicio.

Atrévete a vivir la experiencia con paz en tu corazón. Sí, incluso a pesar de que no sea fácil. Con todo el miedo, con las pocas pistas que puedes tener, aunque no sepas el resultado, ni a dónde te va a llevar, cuando digas, por encima de todo "quiero saber", "me voy a atrever a vivir la experiencia con la mayor conciencia posible", entonces eso te dará alas y volarás por encima de la tragedia.

En ese amanecer te darás cuenta de que valió la pena, de que hubo un propósito, de que la madurez viene de la mano de las vivencias. Te ayudarán a transformar todos tus juicios, por una aceptación total, por un gran respeto a ti mismo, y podrás reconocer tu propia luz, la que proviene de la sabiduría adquirida.

De manera que dos personas distintas pueden pasar por la misma desgracia o "tentación por drama", pero la forma en la que la abordarán y lo que harán con ella, puede ser radicalmente opuesto. Uno la transformará en un mayor conocimiento de sí mismo, saldrá de su ignorancia y aplicará ese aprendizaje para muchas situaciones más de su vida, también aprenderá a relacionarse de diferente manera con otros. ¿Por qué? Porque aprendió a cambiar su relación consigo mismo, la manera de verse y de percibir todo a su alrededor; superará sus temores y reconocerá sus logros internos. Así avanzará y no volverá a reaccionar igual, tal vez parecido, pero nunca igual. Toma práctica y entrenamiento mental, por eso, sin la práctica no se avanza. Cuando se entiende esto, empiezas a agradecer las constantes oportunidades y no deseas dejarlas pasar por nada. Eventualmente, te darás cuenta de que en las pequeñas o en las grandes situaciones, sucede lo mismo, es práctica. La práctica hace al maestro.

En cambio, el otro puede reforzar en su mente que "es un ataque personal". Eliminará amigos o colegas de su lista: "Es difícil estar bien", "los hombres son una basura". Dejará pasar la oportunidad y lo entenderá como una confirmación de "lo mal que está el mundo", "la racha planetaria en la que está"; "si no hubiera llegado ese presidente", "han sido ya varias, por qué tantas cosas malas", "se me hace que no soy yo, seguro es brujería", "la culpa es de mis papás, si tan sólo…" Se convence de la idea que ya tenía en mente, sin ver más allá de su *autoboicot*. ¿Dime en dónde estuvo Dios en esa elección de ideas?

Por lo mismo, requieres práctica, en vez de justificar las situaciones por otras circunstancias. Así eres más responsable de tu futuro y de tus ideas equivocadas, así te haces libre. Puedes alegrarte ante el misterio de tu vida, ya que nadie llega y nadie se va por buena o mala suerte, ni nos conocemos en "un mal momento", sólo son acuerdos previos. Ahora tienes más herramientas para sacar el mejor provecho. Lo que hará la diferencia es la conciencia con la que elegirás vivir. Puedes repetir:

Estoy consciente de la importancia de esta oportunidad de vida y elijo vivirla de la manera más amorosa posible.

La pregunta que nos lleva al siguiente escalón es: *¿A qué se debe en realidad lo que hoy interpreto como un problema?* La vida te va a ayudar a moverte, sólo así sucede la transformación, haciendo cambios en tu manera de pensar; moviéndote de ese falso lugar de seguridad y actuando en consecuencia con lo aprendido. ¿Qué es lo que más sucede en tu vida?

¿En qué ocupas más tu tiempo?

Si quieres identificar la etapa en la que te encuentras (que no es algo que deba preocuparte), analiza las actividades que más realizas y observa el tipo de procesos en los que te encuentras. Eso te ayudará para saber la respuesta. ¿En qué ocupas más tu tiempo?

Sin que le pongas capas de betún, sólo mira tu agenda y observa qué dice de ti, no maquilles nada. No ayuda querer hacerse el espiritual, tampoco te ayudas cuando dices: "¿Qué le tengo que ver a mi vida?" Eso se llama **resistencia**, como el avestruz que mete la cabeza al hoyo esperando que todo se haya resuelto cuando la saque.

Hay personas que dedican la mayor parte de su tiempo a trabajar, a resolver, su vida se sostiene alrededor de eso. Claro que eso no está mal ni bien, sólo habla de la etapa en la que se encuentran, en la que alcanzar algo material es prioridad. Lo digas o no, te resistas o no a verlo. ¿Inviertes tu vida en trabajar arduamente?, ¿en cargar en tus hombros?, ¿en resolver por otros?, ¿con dificultad para decir que no?, ¿a qué?

Según tu agenda, tu vida diaria, ¿qué haces?, ¿de qué depende tu felicidad y tu tranquilidad en el futuro? Desde luego el trabajo es primordial, lo cual evidentemente no está mal. El punto fino está en la razón que te motiva a trabajar o la razón por la cual no puedes parar. Algunas veces conocerás las respuestas, como éstas que parecen obvias: "Pues, porque tengo que pagar las colegiaturas", "nadie va a pagar mi renta", "si no trabajo, ¿cómo sobrevivo?", "porque si no, me vuelvo loco, sin hacer nada".

Tal vez, la que verdaderamente empuja, y está detrás, es el miedo o el deseo de cumplir un estándar, una meta o una imagen que te esfuerzas por lograr. Como el conejo que corre detrás de la zanahoria y nunca la alcanza, así se puede correr en la vida, persiguiendo zanahorias falsas. ¿Tú qué persigues? Piénsalo sin juicio, sin crítica. Pregúntate: ¿Qué estoy persiguiendo? ¿Qué anhelo?

Hoy elijo dejar de criticarme, elijo dejar de juzgarme, elijo observarme con amor, libero la exigencia y acepto toda la abundancia que viene con esta decisión.

El cielo: lugar en tu mente libre de juicios

Si te pidiera describirme tu cielo, ¿qué me dirías? Tic, toc, tic, toc, presiona el botón de pausa para que lo imagines. Pausa tantito. Cuando te hago esa pregunta, ¿qué llega a ti? ¿Cómo es tu cielo aquí en la tierra? ¿Cuál es ese ideal? ¿Qué imagen llega? ¿Te cuesta trabajo imaginarlo? ¿Cuáles son las estrellas? ¿Te ves en la playa? ¿Te ves haciendo deporte? ¿Te ves con tu familia? ¿Te ves trabajando? ¿Te alegra imaginarte acompañado o solo? ¿Qué te da paz?

¿Qué tal si cierras tus ojos y te preguntas? *Shhhhh*, sólo ciérralos y pregúntate: ¿en qué consiste mi cielo? ¿Qué pasó, qué sentiste? ¿Alguna noticia? ¿Qué necesitas hacer?

A veces no dedicamos tiempo suficiente para indagar en nuestros cielos diarios. ¿Hay algo que sea suficiente para llenar todo tu cielo? Entonces, *eso* es muy importante, ¿qué lo hace tan importante?, ¿qué te da? Cuando creemos que ya todo está razonablemente bien, cuando creemos que estamos en un cielo *razonable*, la vida te va a mostrar que no es suficiente, que eso puede y va a cambiar, si te aferras no entenderás que esto se llama: avanzar.

Tu *RenaSer* requiere transformación. No necesitan irse los que amas, aunque un día en la forma física los verás transformarse. Lo único que no podemos evitar es transformarnos. Con quien te casaste se transformará, tu hijo crecerá, tu hija, tu madre, todos se están transformando al igual que tú. La pregunta es ¿estás dormido mientras eso pasa? Además: ¿Dedicas tiempo e intención a tu transformación o todo lo contrario? ¿Prestas atención, dejas que suceda y lo vives con la mayor conciencia que puedes? Cuando aceptas esa transformación y contribuyes a ella, te acercas al cielo. Tu idea del cielo irá cambiando a medida que te vayas transformando.

Pasando del cielo a la necesaria etapa de inestabilidad

Después de que tu vida haya estado agitada (del verbo "ya pido tiempo, un descansito, por favor"), está bien tener paz por un tiempo. Y lo vas a tener antes de avanzar a la siguiente estación de la vida.

La siguiente etapa, tal y como las estaciones del año, es la primavera. Ésta consiste en aprender a lidiar con el mundo, lo que coincide también con la enseñanza de Carl Jung, Abraham Maslow o la que está en el libro *Un curso de milagros*. Tu primera etapa de vida sería como: "Queremos el mundo y nos aprendemos a mover en él." Te dedicas a lidiar con las necesidades y con lo que crees que el mundo te dará: reputación, éxito, seguridad financiera, una buena casa, un buen cuerpo, etcétera.

Llenas aún tu cielo con muchas cosas que crees que encontrarás en este mundo. Sí, todo es necesario, todo suma para el despertar, pero un día tu idea de ese lugar de paz no te lo dará nada de lo que añoras o de lo que te aferras en este mundo. Practicarás la paz hasta querer el cielo, libre de juicios y ataduras.

Con todo lo que has tenido o tienes, ¿te sientes viviendo en ese cielo?, ¿qué te falta? ¿Respuesta de avestruz?: "No sé y no sabría decirte." ¿Te lo preguntarás luego? Estoy segura de que has hecho muchas cosas para crear ese cielo aquí en la tierra, de manera consciente o inconsciente, cada persona tiene sus anhelos.

Esas formas y planes que has construido en tu imaginación, que has pensado para construir ese cielo, al menos, un cielo normal, con lo que tienen otros, aunque a veces resultó que querer eso acabó en dolor. Independientemente de lo que te hayas propuesto, la vida da giros para enseñarnos las grandes lecciones de amor y de lo que tiene verdadero valor.

Para aprender a diferenciar lo que tiene valor y lo que no, necesitarás vivir muchas experiencias. Sí, lo voy a enfatizar, requieres vivir muchas situaciones y experiencias para aprender a diferenciarlo, sobre todo mucha humildad para cambiar tu percepción por conocimiento. Por eso requieres de experiencias positivas y negativas, éxitos y fracasos, amor y desamor, incluso cuando te encuentras en un infierno de confusión y de desolación interior. Todo será importante para aprender a diferenciar y aprender a querer la paz por encima de todo.

¿Qué acepto y qué no?

¿Cómo lo sabrías si no has probado lo dulce y lo amargo? El truco que debes practicar es que en todas y cada una de las etapas voltees a verte constantemente, para entender qué necesitas, qué aceptas y, sobre todo, lo que ya no aceptas. Regresa a lo básico, como si fueras un niño. Porque, como vimos, la congruencia comienza por lo interno. Los demás te podrán ver desde el aparador, incluso los más cercanos a ti podrán comprenderte o no, pero, como escribí: el mundo espiritual, tus ángeles, o el Espíritu Santo —o como prefieras llamarlo—, el recuerdo de Dios, siempre es en ti, espera a que desees elegir de nuevo y te ayudará a tomar un nuevo rumbo, a que elijas el cielo mismo. Te guiarán hacia el escenario en tu propia vida, donde verás tus ideas equivocadas y serás más libre, por lo tanto, tendrás una felicidad real. En las primeras vueltas de la vida, todavía se confunde el oropel con el oro. (Cultura general por diez puntos. Oropel: lámina fina de latón que imita al oro, cosa de poco valor, pero que aparenta valer mucho.)

El Amor Incondicional te ayuda a cambiar la percepción de ti, incluso de lo que crees que te hace feliz. Ese es el verdadero milagro: verlo de diferente manera. Es lo más necesario porque donde antes había algo que te daba felicidad, tipo fiesta juvenil, "éxito basado hacia los ojos del exterior", a la que dabas tanto valor y tiempo en tu mente, te ayudaba experimentar la sensación de bienestar, de seguridad o de ilusión.

Pero llegarás a una etapa en la que puedes ver más allá de lo que deseas, más allá de lo que querías que sucediera; dejarás los simulacros sociales, los amores sin presencia real, y emprenderás una verdadera realización de manera más consciente. La felicidad desde el ego es tanto como vivir en un castillo de arena y pensar que es a prueba de agua.

Empezamos a recorrer esto en el primer capítulo, hablo de aquello que anhelabas —o anhelas— tanto, que hasta sufrías —o sufres— por tenerlo o por no obtenerlo. Después de mucha práctica, comprenderás a qué estás renunciando realmente, sabrás que lo único que pierdes y dejas atrás es el dolor que viene con la expectativa, con los apegos. Perderás aquello a lo que te aferrabas sin sentido, perderás la verdadera causa de la enfermedad y de la depresión. Pero en realidad no pierdes nada. En cambio, al darte cuenta de que no lo necesitas tanto como creías, ganarás infinita libertad. Sí, entendiste bien, cuando renuncies sin dolor a los castillos de arena en los que basas tu felicidad, llegará inmensa libertad.

Respira hondo, ¿vamos bien? Cuando los castillos de arena se caen, ajá, duele, *auch*, sí claro, *auch*, pero sólo mientras le das valor a lo que no lo tiene, lo que no es real y perdurable, como la comprensión tipo fortaleza de oro, es arena destinada a caer.

Lo que causa dolor es que sigas creyendo y buscando hacer castillos sólidos en el mundo de arena. Nadie se escapa de vivir estos procesos. Por lo mismo, puedes ocupar esas experiencias, para crecer en la comprensión y hacerla cada vez más sólida.

Después, en vez de temerlos, aprendes a agradecerlos y a bendecirlos, entiendes que, con cada situación dolorosa, tu cerebro aprende, tu mente se entrena, tu alma añora la verdad y no arenas movedizas. Entonces, lo que habrás de festejar es: qué alegría, qué bendición que ya habrá una parte de ti, que ya habrá recordado, porque no quiere más oropel ni más castillos de arena. Que no quiero, gracias, *next*.

¿Cómo le haces para llegar a ese punto?

Primera respuesta: necesitas vivir suficientes experiencias, hasta que ya quieras una mejor forma de vivir, una auténtica transformación y, sobre todo, paz. Vas aprendiendo y querrás salir del mundo de granitos de arena, que ya podrás ver lo que eran: pensamientos errados. ¿Cuántas experiencias necesitarás?, ¿tienes tiempo? Perfecto, porque vives en la eternidad fuera de la idea de ese cuerpo. Entonces, recuerda, no pienses en experiencias dolorosas de inmediato, no necesitan ser dolorosas; recuerda que puedes pedir ayuda a tus ángeles, a la Luz, al amor, para aprender a vivirlas de la manera más amorosa posible. Es tu elección, aunque a veces no entiendas que *necesario* también es *amoroso*.

Te entiendo y te acompaño, yo elegí vivir de nuevo en esta vida, muchas experiencias, que serían típicamente juzgadas como dolorosas, tanto física como psicológicamente, sirven para corroborar ser libre de todo ello, es un repaso de vidas. Aprendes a recuperarte cada vez más rápido, a observar los apegos y a soltarlos. Aprendes a observar el mundo de los castillos de arena: las apariencias, y sabes que tus intereses y anhelos se vuelven otros. Pero comprendes que con el tiempo esas ilusiones/alucinaciones, donde basas tu paz, han de caer y ¡está bien que caigan!, porque también aprendes a dejar de pelear por las formas y pones más atención al contenido. Nada impedirá que pases por las caídas, pero cada vez estarás más dispuesto a no querer lo falso por encima de lo verdadero.

Cuando haya pasado la experiencia más difícil, la de *crisis*, vendrá la no menos ardua etapa de *recuperación*. Dependerá de tener una práctica espiritual constante, de tu pronta o lenta recuperación, de tus ganas de comprender, de cuidar lo que ha llamado tu atención y del tiempo que se requiera para que haya movimiento otra vez; me refiero al movimiento de emociones, de la comunicación en tu cuerpo, del tema de misión de vida. Todos ellos son un conjunto de factores, recuerda, no juzgues, la crisis o la enfermedad también son un camino.

Todavía habito en esa isla de castillos, pero no es igual. Vine —y vendrás— a renunciar a esos apegos, dolores, retos, y aprenderás a seguir renunciando muchas veces en favor de la paz. Elige renunciar a ser Hércules, guerrero, sacerdote, enfermera, madre, consejero, rescatador, doctor, proveedor, terapeuta; eres invitado a soltar cualquier personaje. Elegirlo en conciencia es lo que te hará libre, porque más allá de un rol que cumples, sabrás quién eres, cuando no exista más ese rol.

Etapas para comprender las respuestas del mundo espiritual

Cuando el mundo espiritual te da respuestas, y tú no las comprendes, se debe a varios puntos. *Ellos* te darán la explicación de lo que causa el problema, por lo que tu comprensión depende mucho del tiempo transcurrido y tu conciencia:

1. El mundo espiritual te contesta la razón, la causa, el para qué

Reacción en ti: no entiendo, no creo, "ha de ser...", o ¿qué pasa, por qué no me responden para que suceda lo que quiero? Una cosa es que te expliquen y otra que quieras comprender. Pueden ser varias razones: tal vez no entiendas el por qué casi no has tenido experiencias para asimilar algo parecido; sería lógico que requieras más tiempo, estás aprendiendo; o bien, porque te hacen ver aspectos de ti, ¡que precisamente no quieres ver y menos cambiar!; o porque no coincide con lo que quieres escuchar: "Voy a seguir preguntando." En otras palabras, hasta que escuches la respuesta que coincida con la forma en que quieres ver las cosas. Una cosa es que te lo expliquen y otra es querer ver. Por eso pasa tiempo antes de que lo termines de comprender por completo, insisto: una cosa es que te lo expliquen, cuando aún estás con toda tu insistencia en que eso es lo que deseas, y estás en tu lucha personal, ofuscado o aferrado. Entre mayor resistencia, menor capacidad de entender.

Mensaje que mandas al universo: mi forma de verlo es la única posible, es el único resultado que me haría feliz. Ésa es la respuesta correcta esperada, lo que me gustaría que pasara, o que no pasara, y sólo eso, punto.

Respuesta del universo: Si sucediera exactamente eso, ¿qué aprenderías? Lo más probable es que te den la oportunidad de que veas que hay más opciones, te darán más experiencias de vida para ayudarte a madurar.

2. Pedir un mensaje cuando aún hay mucho enojo, frustración, resistencia a soltar ideas y a perdonar

3. La mejor etapa es cuando ya puedes comprender para qué sirve vivir esa experiencia. Para entonces tendrás sabiduría, serás el que comprende, el sabio. No el que espera a que sucedan puras cosas buenas, o sea, "cómo espero y quiero".

Momentito, atención con esto del "para qué"

Cuando te preguntas tanto el para qué en el momento de lo inesperado, en el momento de que ha pasado algo crítico, volvemos a la primera etapa. Por más que te expliquen, si la bomba ha estallado, es probable que no la puedas entender, no puedes. Primero, porque aún no ha acabado esa experiencia, sólo ha pasado el momento de crisis. Falta pasar hojas en esa historia, personajes nuevos que entrarán, oposiciones, reflexiones, todo forma parte, no sólo el instante más duro. Y dos, porque entre más trágica o dolorosa es la experiencia, más años de práctica estarás haciendo; se requiere asimilar y tiempo para que eso suceda.

Entre más fuerte es una experiencia, más días, meses y años te servirá, te traerá mensajes a lo largo del tiempo, en la medida que estés dispuesto a ver y en la medida que los siguientes personajes lleguen a tu vida como piezas del rompecabezas que debes armar. Todos cumplen su rol en perfecta medida. Aunado a esto, hay situaciones que se tardan años o vidas en comprender, así que no quieras correr. Te aseguro que no dejarás de sorprenderte si pones suficiente atención. No eres débil —o poco inteligente— por no comprender pronto el *para qué*, se requiere práctica y tiempo, después se irá develando.

Aún no eres la persona en la que te convertirás con esa experiencia para ser capaz de comprender de inmediato, porque, de hecho, lo importante no es que suceda rápido. La respuesta surge más o menos pronto, emerge de ti como un rayo que ilumina tu vida, potente, con una certeza que no causa dolor. En ese momento agradeces, no antes, porque esa gratitud será intelectual, no la de un corazón que sonríe con calma, sintiéndose bendecido y engrandecido.

Sonríe, pues te aseguro que cuando de verdad llegues a esa comprensión, sentirás una total gratitud con todos los involucrados. Tu aprendizaje tocará a todos, como ese rayo de luz que alumbra a tu paso. Alumbrará a tu pareja, a tus hijos, a todas tus relaciones, porque eres un corazón abierto del que emanan bendiciones.

No siempre perder es no ganar

Cuando pierdas, enfócate en lo que has ganado. Si cada uno a lo largo de nuestra vida hemos de soltar tantas veces, te darás cuenta de que tal vez pases por una etapa en la que empiezas creyendo que pierdes cosas materiales —se descompone el coche, te roban la computadora— incluso la salud, el peso ideal, una pareja; se pierden o se van esas cosas físicas; pero con este aprendizaje sabrás que en realidad no pierdes nada con el tiempo. Después pueden ser cosas más sutiles y las que parecen más difíciles, porque no son sólidas pero sí muy consistentes, repetitivas y aleccionadas en tu mente, las cuales, en tu ser profundo dormido, estás acostumbrado a desearlas en tu realidad familiar y social.

Ahora, luego de haber dado algunas vueltas, ya eres medio experto en esto. ¿Por qué no practicar con varias —o con muchas— de esas "pérdidas" e ideas arraigadas a la vez? No son pérdidas, son castillos de arena, ¿recuerdas? Si no recuerdas, no te preocupes. Primero, recuerda hoy una situación, a los meses o años otra vez; ¿para qué tardarnos tanto en juntarlas? Depende de cada alma, pueden ser muchas pruebas al mismo tiempo, de las que parezcan más difíciles, porque está trabajando con sus propios límites, no con los tuyos. Mantente valiente, que eso te ayudará a ver los apegos del mundo, tus castillos de arena y, a la vez, tu despertar personal.

Mi historia personal de desapego, dejemos que caigan los castillos de arena

Desde que mi vida había dado un giro tan drástico e importante cuando tenía 29 años, después de pasar por los desmayos, la imposibilidad de tener fuerza en mi cuerpo de manera total, esa parálisis temporal y la ceguera que iba y regresaba; era enorme la falta de una comprensión lógica, racional y la dificultad médica de encontrar la causa.

Elegí entonces viajar a mi interior, donde somos guiados. Y ahí, con suficiente silencio, escuchamos las respuestas. Cuando te encuentres en esos lugares difíciles mi sugerencia es *obsérvate*. Sé que hay duda, miedo o pánico, pero ante lo incontrolable dedica tiempo diario a observarte y a ser testigo de lo que ocurre en ti y no tanto allá afuera.

Entre más oscuro parezca el cuarto, cierra los ojos y te iluminará lo que hallarás en tu interior.

Observa tus emociones, intenta ver cómo te comportas ante el miedo. ¿Qué sale? Lo que sale de ti es con lo que convives en tu interior día tras día. Pregúntate qué es lo que te asusta más, *¿qué te da miedo perder?*, *¿qué te preocupa?*, ¿no llegar a tener qué? Es el momento perfecto para ser honesto contigo: ¿Qué voy a perder? El ego te dirá apanicado, "¡todo, tanto!" ¡Esto es serio!

¿Qué pasa si no lo tienes? ¿Estás seguro de que si no lo tienes, perderás? Tal vez perder no signifique *no ganar*. He pasado por esos lugares, te puedo compartir que las grandes enseñanzas han surgido también de esos dolorosos momentos en los que se requiere de gran desapego. Mi vida puede ser un lugar de entrenamiento intenso, todo lo que se requiera para despertar ¡es bienvenido!, de la manera más amorosa posible. El resultado de lo que es *ganar* dependerá de tu percepción y del entrenamiento mental que tengas. A lo mejor nadie te ha enseñado a ver de distinta manera esa situación, que hoy llamarías pérdida o dificultad.

Cuando me encontraba con esa parálisis y esa ceguera temporal, empecé a visitar una larga lista de doctores para comprender las razones, pero no todo se resuelve o se comprende con tomar unas pastillas o tener una cirugía. Con eso no ha sucedido la magia en nuestro interior, puede ser suficiente para salvarnos físicamente, pero no de nosotros mismos. Después de dedicar varios meses para comprender la razón, hice lo que necesitaba y no sólo lo que *debía* hacer, ya había dedicado tiempo a eso y no funcionó. La respuesta, entonces, estaba en otro lugar, así que, como escribí, fui a mi interior.

Además, la salud física no asegura la paz mental, esa también la trabajas. Sabemos que en ninguna tienda la venden. La paz sólo es posible en tu espacio interior, en cada uno de tus pensamientos, por eso, obsérvalos. Pregúntate: ¿Me alejan o me acercan a lo que quiero? ¿Quiero conflicto o paz? Todo se derivará de esa decisión.

El ego intentará que te quedes en la lona, rumiando en tu mente lo difícil, triste, injusto e innecesario que estés pasando: "¿Por qué tenía que ser así?", "¿no podría ser más fácil esto _____, que esto _____, (rellena los espacios).

¿Con quién crees que estás discutiendo? No tiene caso que pelees con tu propio ego. Eso sería debilitarte más aún, sería tanto como ver que te has equivocado y decidir golpearte cada vez que recuerdes tu error. Otra equivocación es lastimarte con la desaprobación a ti mismo; esto no te traerá los resultados sanos y amorosos que deseas. Sólo agregaría más resentimiento, más culpa, más dolor. "Ves qué tonta, volviste a caer en lo mismo", ése es el ego, ok, no te castigues, en vez de sentir compasión.

El Amor (así, en mayúsculas, porque es el amor divino) que no olvida a nadie, te invitará a moverte. No te tires y si no tienes fuerza para moverte, pide ayuda para empezar con los primeros pasos. Todos necesitamos ayuda, pedirla no te hace menos espiritual, ni menos interesante, ni menos inteligente, al contrario. Hay personas que me han dicho que si no logran resolverlo ellos mismos, se sienten estúpidos, por eso les cuesta tanto trabajo pedir ayuda. Es una idea equivocada del pasado; tal vez tú no lo hayas verbalizado así, en voz alta, pero tal vez así te sientes cuando no puedes resolver algo y continúas dándole vueltas y vueltas a lo mismo.

Obsérvate y no te repitas ideas que no sean amorosas hacia ti, eso no te ayudará ni lo hará más fácil. Nadie quiere ser infeliz, por más que el ego te diga que "ser feliz es algo difícil y cansado de intentar" o que "con ese hombre/suegra/jefe... es un caso", "que todas las mujeres son complicadas". Mira, dale una palmadita a ese señor ego, ciérrale el ojo, y sigue adelante, contéstale: "Voy a estar ocupado, ahí te encargo, porque nadie puede ser sano y feliz por mí." ¡Es como discutir con tus pensamientos equivocados!

Ese aparente problema de salud fue un gran encuentro conmigo, para cuestionarme de manera profunda, lo que tenía más valor en mi vida, lo que necesitaba dejar atrás, escuchar profundamente, y para aprender a aceptar lo que la existencia me traía. Incluí esa parte de mi vida en mi primer libro, *Una vida con ángeles*, ahí cuento de manera más amplia toda la historia de lo que me llevó a dar un gran giro en mi vida. Cómo sucedió, cómo seguí adelante y cómo preferí ser más congruente con lo que sentía en mi ser, que con todo lo que el mundo pudiera pensar, opinar o aferrarme a lo que decían mis títulos profesionales. Mi percepción, mi intuición, la aceptación de lo que vivía en ese momento, mi confianza, todo estaba alineado, en sintonía, así que me rendí a querer controlar y confié, sin saber a dónde me llevaría.

Esa decisión parecía emerger desde lo más profundo de mi ser. Una vez que la acepté, la congruencia —conmigo misma— y la salud regresaron, no hubo más desmayos y no perdí la vista ni una vez más. Todo mi mundo, interno y externo, regresó a su centro, al orden, y a sentirme en un camino muy bien guiado. Tiene sentido cuando ves hacia atrás y te das cuenta del salto cuántico que diste en tu vida, ¡cuando ves todo lo que cambió!

El tiempo pasa y se acomoda todo lo necesario para llevarte a la siguiente etapa. Así es este proceso, en medio de esta circunstancia de salud, aprendí a pasar tiempo conmigo, en silencio y con humildad para hacerme las preguntas poderosas que cambiarían mi vida radicalmente.

Esta etapa de inestabilidad me trajo el regalo de aceptar con conciencia dones y un nuevo rumbo de servicio. Elegí cuestionarme profundamente. Para esa etapa, terminé de forjar lo que se requería, el valioso diamante llamado misión de vida. Éste me mostraba un camino que estaba dispuesta a transitar. Sin embargo, los caminos no paran de llegar. Esos desmayos y esa total pérdida de fuerza me hicieron querer explorar lo que se necesitaba de mí. Me condujeron a una de mis vocaciones de vida. Decidí creer y aceptar talentos no reconocidos. ¿Ves cómo no es malo aquello que hoy no comprendes?

No necesitas pasar por una prueba así, aprovecha la receta. Hazte las siguientes preguntas:

Si fuera a perder mi vida, y con ella mis talentos,
¿qué me gustaría hacer con ellos antes de morir?
¿A qué me atrevería?

Hasta ese punto de mi vida había quedado de lado cualquier tema relacionado con la salud. Había renunciado a un trabajo por el que no sentía tanta vocación, que no me llamaba tanto; lo cambié por algo en lo que sentía un profundo y total llamado a hacer. Si actúas sin expectativas, no sabes a dónde llegarás, pero confías en que será un buen lugar. Sólo se siente bien.

Los resultados se vuelven seguros, no porque suceda lo que deseas, sino porque ahora tu confianza es mayor. El no saber se sentía bien, no había necesidad de querer controlar. Cuando una situación tan fuerte se sale de tus manos, eliges aprender que suceda lo que sea, lo único que podrás controlar y en lo que más quieres poner tu atención es en la calidad de tus pensamientos.

Entonces me dediqué de tiempo completo a dar las terapias. Esa temporada tuve años de estabilidad y de paz, que me dirigieron al siguiente escalón; sí, también la paz te lleva al próximo nivel. Al hacerse tan larga la lista de espera para las terapias (de año y medio), había sido guiada para dar un nuevo paso: dar cursos, hablar frente a más personas, ya no sólo terapia individual.

¿Es en serio? ¡Me daba pánico total, absoluta y rotundamente!

En ese entonces pensaba "¡No hay forma!", pero ya había aprendido algo de hacerse disponible y de la confianza a estar dispuesta, que significa que aprendes y lo eliges. Así que me dediqué a organizar cursos, y aunque me imaginaba que serían pequeños, pues en un principio se trataba de pacientes conocidos y amigos, las sorpresas surgieron. El lugar que rentaba siempre se llenaba, simplemente sucedía, era como "¡vamos, sólo tienes que pararte ahí, llegar al estrado y sucederá la magia, déjala suceder!"

Así sucedía una y otra vez. Los cursos surgieron como las terapias, me anunciaba como disponible y el lugar se llenaba. Podía percibir la sensación de que todos éramos llevados al mismo lugar. Sin que yo tuviera que hacer gran cosa de publicidad, íbamos los que queríamos y estábamos listos para aprender. "¡Sin preguntas, sólo asiste!", y algunos hicimos caso. Aunque era extraño, me sentía como una niña pequeña, superando al monstruo escénico del clóset, con un miedo tre-men-do, una y otra vez, cada que subía al escenario la magia sucedía, la confianza florecía.

Eso me motivó a cambiar los lugares donde impartía los cursos para que las personas cupieran. Me tomó un par de años vencer el pánico escénico, pero era como una cita para ir a correr, simplemente me paraba y lo hacía. Corregiría una idea equivocada de mí tarde o temprano. No te me pierdas, no creas que la transformación sucede por la exigencia o la constancia. Debo decir que fue el amor, que siempre es el amor. Dejé que el amor me transformara, era testigo de cómo transformaba a los asistentes.

Hablar en público puede parecer algo muy fácil o trivial; si me has visto impartiendo algún curso arriba de un escenario, lo hago como si fuera sencillo y no fuera necesario darle tanta importancia, pero significa mucho. Cada cosa que te ayude a superar una falsa imagen de ti será muy importante. Todo lo que te da miedo hacer o confrontar te atrapa en una imagen equivocada de ti.

Léeme diciéndote: "¡Pánico!", ¡y era justo eso! Oraba, sufría sólo por imaginarme en el escenario; me enfermaba del estómago por los nervios, corría al baño antes de iniciar mi intervención, pero confiaba y volvía a confiar, si había sido guiada, sería en el mayor beneficio de todos los involucrados, incluyéndome. Además, la guía de la voz de los ángeles me recordaba constantemente con esta frase quién era, lo cual se convirtió en un ejercicio previo a comenzar. Me recordaban:

Sólo ámalos.

¡Ey!, eso sí lo sabía hacer y no me costaba trabajo, así que puse la mira en eso, en lugar de creer de antemano que sería juzgada; puse mi intención sólo en el amor. Y el entusiasmo empezó a ser la consecuencia del amor, al ver sus transformaciones. Así tú, cada paso poco a poco, tortuga, tortuguita, tal vez, pero aprenderás a confiar en la guía que se abre, en lo que llega, de manera que se va haciendo evidente y confirmas que conocen tus talentos mejor que tú.

Aprendes a hacerte disponible, y vaya que al hacerlo de corazón ves suceder los milagros. Más medicina, *mijita*, ante mi pánico a ser vista y hablar en público, me dieron más oportunidades de superarme. Después, siguió la invitación a hacer mi propio programa de radio, así como constantes invitaciones a distintos programas de televisión y radio. "No te detengas, Tania, vienes a comunicar de muchas maneras, entonces sigue con tu misión." Actualmente, también conduzco la sección de "Conciencia y espiritualidad", en televisión nacional. Yo hacía mi mejor esfuerzo gustosa, al día de hoy claro que me encanta mi trabajo, sin duda, *ellos* saben mejor que nosotros dónde nos colocan.

Ves suceder las cosas frente a ti, cuando tu intuición y tu disposición se unen. Se crean grandes proyectos, grandes trabajos, no puedes evitar sorprenderte y, al mismo tiempo, sonríes porque sientes esa guía en tu interior. ¿Ahora qué sigue? Practica hacerte disponible, lo cual te hace ir por nuevos caminos. Eliges el miedo o eliges hacerte disponible. De nuevo, la vida contesta de muchas maneras, saben que no puedes parar de crecer, aunque no entiendas, ¿pero te haces disponible?

Ante eso, ¿de nuevo podrás elegir la paz? ¿De nuevo podrás confiar? ¿Qué tal si esta vez "pierdes" más que tu salud? Aprenderemos a ver en qué estamos basando realmente la paz, si en arenas movedizas o en un piso firme. Muy bien, más tarde en mi vida enfrenté la siguiente gran prueba personal.

Tendrás las herramientas que necesitas para avanzar a la siguiente etapa

Es muy importante mencionar este acontecimiento. El libro *Un curso de milagros* llegó a mí de la forma más hermosa, dos años después de estos episodios. En 2007, tenía 32 años (yo sé que parezco de 33, parece que fue ayer), daba sesiones privadas en ese entonces. Una mañana, sorpresivamente recibí en mi consultorio a mi primera cita, la que era, sin saberlo, mi primera mensajera del día. Una bella señora que, como suele ser, iba a la terapia espiritual con ángeles, para preguntar sobre las cuestiones que más le preocupaban. Dentro de toda la guía que recibió, hubo un momento que llamó mucho mi atención. Me escuché decirle:

"Dejaste de hacer el *Curso de milagros*, regresa a él y los problemas que te aquietan hoy se irán."

Sentí un gran escalofrío y mucha curiosidad. Hasta ese momento no conocía nada de lo que era el *Curso de milagros*. A ella le hizo mucho sentido, y me contestó: "Es cierto, lo he dejado totalmente, tienen razón, regresaré a hacer el curso. No sé ni por qué lo dejé si me hacía tanto bien."

Bien, ok, correcto, ¡qué alegría!, le hizo total sentido todo lo trabajado en la terapia. Lo trajeron a su atención en la sesión. Decía tener todas las respuestas que necesitaba para regresar a la paz, su gesto ya había cambiado por completo. De manera muy específica le habían recordado hacer algo que no sólo le gustaba, además le ayudaría a seguir en paz después de la sesión, mediante el estudio del curso. Nos despedimos afectuosamente y llegó mi siguiente cita.

En esa ocasión, era un muchacho muy joven, tendría cerca de 19 años. Tenía problemas de consumo de drogas y un panorama que parecía muy tormentoso y gris para su joven edad. Su madre le había pedido que fuera. Al estar ahí conmigo se abrió ante el nulo juicio que de mi parte le ofrecí, no tenía más que empatía y amor incondicional. Así que estando presente esa Energía Amorosa, el resultado de su terapia fue también conmovedor, y casi al final, antes de despedirnos, sucedió, me sorprendió decirle casi la misma frase que de nuevo me hacía sentir escalofríos simplemente al decirla:

"Empieza a hacer el *Curso de milagros*
y lo que hoy te roba la paz desaparecerá."

Realmente me sorprendió y me hizo tener aún más curiosidad. Segunda vez en mi día, ¡qué raro, ajá! Finalmente, llegaba mi tercera cita. Se trataba de un abogado maduro, con mucho mucho estrés, jornadas de trabajo muy pesadas, presiones, amenazas que lo habían hecho enfermar, incluso temía por su salud y la de los que más amaba. Ahí sus ángeles, símbolo del Amor Incondicional y eco de una sola Voz, retomaron el tema del *Curso* desde la primera sesión, y le preguntaron ¿por qué había dejado de hacer el *Curso de milagros*? "Que él sabía que hacía toda la diferencia hacer su trabajo, con o sin el curso", ante lo cual él me respondió afirmativamente

¿Es en serio? ¡Me sorprendí! Empezó a contarme acerca de su larga trayectoria de conocer el curso, de estudiarlo y me daba hasta el nombre, santo y seña de su maestro, que en ese entonces había muy pocos. Yo, por supuesto, estaba helada, ¿cuál podía ser la probabilidad de que en mis tres terapias, de manera continua y todas en el mismo día, se hubieran reunido las personas que sabían del curso o los invitaran a hacer lo mismo y ¿a todos ellos les hiciera sentido? Lo raro para mí en esta ocasión, no era saber las respuestas, era ¿por qué la misma respuesta?

La sesión había terminado, pero no me resistí a preguntarle antes de que se fuera. Esto era demasiado para creer que era una coincidencia. De nunca haberlo escuchado pasaba a oírlo tres veces el mismo día, incluso haberlo recomendado. ¿Recomendar tres veces lo mismo y sin conocer el dichoso curso?

"Explícame por favor", le dije, "¿Me puedes decir qué es el *Curso de milagros*? ¿Dónde dan ese curso?" Le conté lo sucedido y cómo en ese día me había pasado con las tres personas que había visto en terapia, una tras otra. Me respondió asombrado:

—¿Cómo?, ¿no sabes qué es el curso!? ¿Y me estás diciendo que lo tome?

—Pues sí, yo sólo entrego el mensaje —le dije sonriendo— ¡Pero estoy muy asombrada!, y me encantaría saber qué es eso, pues fue un mensaje repetitivo, y yo pongo atención cuando me repiten algo.

—¡No es un curso, es un libro!

Él tuvo la gentileza de explicarme qué era y toda su generalidad.

—¡Ahh, vaya, es un libro! ¡Ok, qué interesante! Muchas gracias, lo leeré entonces en algún momento.

Ajá sí, cómo no, en algún momento. Lo que no sospechaba es que, al día siguiente, entre una sesión y otra, recibí una llamada. Afortunadamente, aunque había quitado el sonido del celular, alcancé a ver cuándo llamaban. Era él precisamente, el mismo abogado del día anterior, preguntándome si tenía cinco minutos para verme en mi consultorio. Le expliqué que estaba por entrar a dar consulta, pero sólo si era muy breve. Sin problema es algo muy preciso. Él ya estaba afuera de mi puerta, ¡tocando el timbre!

—¿Qué pasa!? —le dije—. ¿Estás mal?

—Toma, nenita, evidentemente quieren que lo conozcas, así que ahora sabrás de lo que hablaban.

¡*Wow*, que rápido fue eso! Desde luego era *Un curso de milagros* dedicado por él y puesto sin mayor esfuerzo en mis manos. Llegaba como pedido a domicilio, sin recordar que en algún momento ya había hecho la llamada. Listo, envío recibido en la puerta de mi casa, ¡qué regalo! En ese momento no tenía ni idea la gran repercusión que tendría ese librito en mi vida. Ok, ¿por dónde se empieza esto?

Si has visto o conoces el libro, no es uno cuya lectura sea precisamente lo que llamarías ligera, el ego se va a resistir mucho a ese curso. Hay que leerlo completo y varias veces para no dejarse llevar por las primeras impresiones hechas a la ligera.

Suelen tomar conclusiones apresuradas o pensar que se parece —o es igual incluso— a algo que ya conocen, cuando para nada es así.

En ese momento, no entré de lleno a estudiarlo. Ya lo tenía a la mano, y como siempre explico, hay mensajes que sólo podrás entender pasado el tiempo. Aunque comencé a leerlo, me volcaría de lleno a él, un par de años después.

Sin duda, las terapias, la meditación, me mantenían conectada con lo divino, otro de los talentos que había negado desde niña, y ahora fluí de lo más normal, mi esencia y el mundo espiritual estaban en sintonía; estaba viviendo mi experiencia terrenal, y sí, con el deseo de escuchar, de comprender, de recordar. Cada paciente me traía joyas de comprensión y la forma correcta de ver cada situación.

La práctica, práctica, práctica, hace al maestro, y eso es lo que más necesitaba en esos años hermosos. En todos los casos me daba cuenta de que era como ir con los doctores. Llegaba con mis síntomas y ellos creían tener idea por dónde iba el problema. Pero, el problema nunca es el que creen, así lo aprendí una tras otra terapia, diario, una tras otra. Ahora lo enseño enfáticamente en mis diplomados, para que sus pacientes no confundan la causa con sus síntomas. Si supieran cuál es realmente su problema, ya lo hubieran resuelto, pero sólo ven la película y no al proyector.

*El problema nunca es el que creemos,
eso es sólo el efecto, no la causa.*

En estos casos, que no eran casos médicos, no llegaban y me decían "sabes qué, es mi hígado, creo que se siente culpable" o "platiqué con mi páncreas y ahorita no se está llevando bien con la señora insulina" o "mi clítoris está muy deprimido, dígale algo por favor que lo pueda animar". Bueno, en muchos casos sí, me hablaban de sus enfermedades y querían comprender la causa, sin que lo expresaran de esa manera, ellos iban por la cura que los regresara a sentirse felices.

Cuerpos enfermos muestran mentes con pensamientos enfermos o, para decirlo como es, simplemente, equivocados. La enfermedad también es un camino, un recurso de aprendizaje. Entonces, la temática no giraba en torno a hígados ni al páncreas, pero sí en cuanto a radiografías de baja autoestima, tristeza, ira, carencias materiales, formas de verse de manera equivocada y, en todos los casos, les enseñaban cómo regresar al amor, a una visión correcta de ellos mismos, medicina verdadera para regresar a tu verdadero ser.

Ahora comprendo por qué no me había volcado de lleno al curso, cuando lo recibí había mucha práctica amorosa en mi vida, día tras día dedicaba horas a resolver problemas desde la perspectiva espiritual. Eso también me llevó al siguiente paso. En las etapas de la vida, todo se acomoda. Cada etapa sabe cómo enseñarte más, cuándo es el momento ideal y en qué forma pondrás en práctica lo aprendido.

El tema es ése: lo tienes que poner en práctica para saber qué has aprendido. Necesitas querer la medicina en tu vida, lo cual no pasa cuando no sabes aún de qué estás enfermo. Así que, una forma de aprender es mostrarte los castillos de arena que crees tan sólidos. Te dolerá darte cuenta de que son de arena, cuando piensas que son a prueba de agua; sin embargo, es mejor saber que seguir en la amorosa mentira. Recibir medicina espiritual es salir de las mentiras que has confundido con lo real y las has llamado metas, abundancia, pareja o matrimonio, cuando no lo son.

Como te platiqué, la lista de espera para las terapias se había hecho de año y medio, así que hice caso a la guía que te mencioné. A pesar del pánico escénico, me decían: "*De uno en uno no vas a acabar.*"

La vida te muestra la dirección y el momento en que hay que dar el siguiente paso; saben que tendrás resistencia, aunque es inminente que algo está cambiando en ti, así como las circunstancias de la vida. Entre más te resistes, más retrasas tu felicidad, el nuevo cielo.

Era momento de subir el siguiente peldaño, así que comencé a dar los cursos y hablar de manera más pública sobre crecimiento espiritual y sobre lo que había aprendido dando terapias. Eso formó los ocho módulos que armé para traer esa conciencia práctica aplicada a la vida diaria. También es más fácil para las personas que toman los cursos desde otros países. Parecía facilitar todo para todos. Siempre que he hecho caso a la guía interior, resulta favorable para los involucrados, se simplifica, saben cómo hacerlo.

Al dar los cursos, algo curioso empezó a pasar. Al cabo del tiempo, la gente se acercaba a mí y me preguntaba si era maestra del *Curso de milagros*. Yo me asombraba, me daba cuenta de que, al parecer, ese librito me seguía. Les explicaba que de ninguna manera era maestra del curso, pero que sí tenía conocimiento de él. Así sucedía cada vez más, así que, de nuevo, la curiosidad y la guía me llevaron a dedicarme más fervientemente a estudiarlo y a practicarlo en conciencia.

No todos empiezan a leerlo en orden, suelen hojear partes interesantes, a no hacer las lecciones, pero lo más importante siempre es hacer la práctica. Fue entonces cuando comprendí por qué me preguntaban si era maestra del curso, parecía como si ya lo hubiera estudiado antes, y claro, la revelación se da para quien desea ser guiado. Lo que estudias lo sabes ya, porque el

4. La etapa de inestabilidad: mis juicios, tus juicios y los nuestros

recuerdo de Dios ya está en ti. Así que me parecía comprenderlo de manera guiada, como si fuera material que ya conociera, pero no en ese formato. Con las terapias y los ángeles es muy amoroso y sencillo, así que con las resistencias naturales y esperadas lo comencé y lo terminé. Quien diga que no cuesta trabajo hacerlo o no vea los efectos de él en su vida, no lo está haciendo realmente. El curso provoca situaciones en tu vida; en sí, no es el curso, sino lo que confrontas y recuerdas. De nuevo, nadie te lo manda, tú eliges y después olvidas.

Continué impartiendo los cursos (que hoy en día sigo haciendo) y adicionalmente, sin querer, terminé siendo alumna, o facilitadora del *Curso de milagros*. Esto también sucedió de una manera inesperada, y sin que pudiera decir *no*. Una buena noche, meditando y dando gracias antes de dormir, llegó a mí el mismo pensamiento repetitivo: "*Enseña acerca del curso.*"

No creía que pudiera hacer eso, no me parecía correcto, ya que al igual que cuando empecé a dar los cursos y sentía que no servía para hablar en público, no sólo daba ahora los cursos de "Anatomía energética y percepción" o como lo llamo "Espiritualidad y conciencia práctica"; para este momento, ya tenía el programa en el radio, me invitaban a distintos programas de tele. Fue imparable y, desde luego no planeado por mí, temido incluso. En todos los casos del radio y la tele, con hermosas historias donde no pude decir que no, era impresionante cómo sucedía —y sucede— todo hasta el día de hoy. Todo parecía seguir simplemente su curso, así que el libre albedrío tampoco jugaba un papel tan importante, sólo el momento en el que eliges aceptar.

Prueba de eso sucedió cuando, mientras oraba y daba las gracias, una noche llegó ese pensamiento repetitivo de enseñar acerca del curso de milagros. Llevaba meses recibiéndolo, pero sentía que debía estudiar más, no me sentía honesta si lo hacía, porque debía conocerlo unos años más. Siempre he sido estudiosa, qué le vamos a hacer, pero esa vez lo que hizo la diferencia fue que esa noche, ante la insistencia, se me ocurrió decir:

> "Bueno, si es lo que he de hacer, te pido que me des una señal tan clara y contundente, que no me pueda quedar duda alguna ni espacio para interpretar."

¡Perfecto, esto está entregado, ahora a dormir! Ajá, en cuanto terminé de decir eso y me disponía a acostarme, al mismo tiempo, se levantó como empujado de la cama el que era mi marido, para decirme un tanto alarmado por el siguiente olvido:

—Por cierto, ¡se me olvidó decirte antes, pero mañana das una clase de *Un curso de milagros*!

—¿Qué? ¿Qué acabas de decir? —¡imagínate mi gran sorpresa!

—Que mañana das una clase del *Curso del milagros*.

—Pero, ¿cómo puede ser eso?, ¡no he rentado ningún salón ni organizamos nada que tuviera que ver con eso! ¿Estás seguro de lo que hablas?

—Ah, pues, por eso te digo que se me olvidó. Es que varios de los alumnos que van a los cursos se acercaron a preguntarme si no les darías clases del curso, insistían en que hablabas de acuerdo con el material del curso y, bueno, ¡yo les dije que sí!

—Pero, ¿cómo?, ¿cuándo?, ¿a qué hora?

—Mañana en la noche, a las 7 p.m.

—¿Y en dónde?

—Van a venir a la casa.

—¿Cómo?

—Sólo son cinco o siete, es algo muy pequeño, ¿quieres que les diga que no vengan?

—Oh, por Dios.

¿Cómo iba a decir que no?, si acababa de pedir una señal clara y contundente, de tal manera que no quedara espacio a mi interpretación. ¿Acaso no había sido una perfecta señal? No, bueno, así ni quién diga que no. Casi me cae el libro en la cabeza, jajaja. Otra vez, ¡eso sí que fue rápido y otra vez a domicilio! "Si tú no lo organizas, nosotros ya lo hicimos", y de manera espectacular.

¿Cómo iba a decir que no?, si acababa de pedir contundencia y ya estaba la audiencia, la fecha y el lugar. De nuevo me dieron tiempo, pero con un límite amoroso, porque desde el mundo espiritual guían tu voz interior, pero ellos ya estaban seguros de lo que yo no, cuando estás listo para tomar acción. Y de la forma más amorosa que podía suceder, para que entendiera que no se trata de sufrirlo, sólo serían pocas personas para que venciera mi timidez.

Al día siguiente, daba mi primera clase, la cual pensé que les ayudaría con las dudas generales que tuvieran y listo, habría terminado y cumplido, pero por supuesto que ése no era el plan. Desde aquella sesión, cada semana se convirtió en la actividad de los jueves a las 7 p.m. por varios años. Primero tuve que buscar un salón, luego buscar uno más grande y luego daba la clase en línea, porque se conectaban personas de muchas partes distintas del mundo.

Con tal de que lo hiciera, me aventaron al escenario en paz. Esto era un asunto resuelto, pero fue hasta que me hice disponible que, de inmediato, sucedió lo que por misión de vida estaba destinado para mí. Así, de maneras muy similares y mágicas sucedieron las invitaciones para la radio y la tele, no las busqué nunca, pero surgieron de inmediato cuando me hice disponible, de verdad, los seres amorosos nunca me dejan de sorprender. Se trata de dejar que suceda, lo que nunca sabemos es qué es mejor para todos.

Y sí que iba a necesitar estudiar, repasar y enseñar el curso de milagros, porque la práctica diaria te lleva a la siguiente gran práctica. Ríndete a lo que llegue sin buscar la forma específica, de seguro es contestación a lo que pides sin saberlo y cruza todas las puertas que necesites cruzar. Estarás acompañada.

Qué te digo, por más que yo quería seguir en ese cuartito lindo y cómodo dando mis terapias, el Amor me movió para crecer. Aunque me digas que tu vida es ese cuartito lindo y cómodo —"no está tan mal"—, el Amor no olvida a nadie, tarde o temprano te mostrarán la dirección. No es la ansiedad de convertirte en maestro, terapeuta, cocinero, astronauta; hay un camino de circunstancias que tú eliges aceptar y vivir con todo tu amor, porque tu destino es crecer. Si aún no sabes de lo que te hablo, ya me entenderás.

Parecía que no me podía escapar de ser vista. Cuando te acercas a tu misión de vida, las cosas siguen su curso y tú no frenas la dirección. Entonces, no quieres parar de escuchar, no paras de pedir una guía, no paras de escoger lo que te hace feliz, y cuando algo ya no te hace tan feliz, no te olvides de escuchar.

Mi punto principal, no es decirte que *necesitas* estudiar el *Curso de milagros*, eso es elección propia, es recordarte que recorras esos caminos que de manera natural lleguen a ti; *querer* caminar es muy distinto a que alguien te diga que ya es tiempo de que lo hagas. Siempre te darán ayuda en la forma que se necesite y te lo mostrarán, en tiempo presente y en tiempo futuro —que es lo mismo—, porque la ayuda está latente.

◇◇

Te van a dar las herramientas que necesitas para el siguiente paso en tu vida.

Por más miedo que te dé ser congruente contigo mismo, que la culpa no te carcoma. No sirve hacerte menos o despreciar las oportunidades. Si no aceptas las herramientas que se te ofrecen y no le das la bienvenida a las personas que serán tus nuevos maestros (como lo expliqué en mi primer libro, los maestros amorosos, rasposos o tormentosos), sólo lo harás más difícil. Puede ser una agonía constante o puedes vivir el proceso, a pesar de tu lucha interna, confiando en que aprenderás a amarte. Aprender a ser feliz en tu vida es un proceso, pues no siempre tienes rosas en las manos. Ahí surge la práctica para regresar a la paz.

La mirilla por la que hoy ves, tarde o temprano se volverá ventana; el oropel, tarde o temprano, se deseará ver tan sólo como lo que es. Por encima de todo dolor, aceptarás que no es oro. Lo que no es real necesita caer, porque estarás en otra sintonía en tus pensamientos. Tu mente estará más entrenada, por lo tanto, todas tus relaciones mejorarán, las relaciones y lo que no está en esa vibración se acomodará, para dejar entrar una luz mayor, es decir, una mayor comprensión.

La necesaria etapa de la inestabilidad

El escenario de la película iba a empezar a cambiar, venían grandes cambios en muchos sentidos. En las relaciones se desarrolla la mayor práctica espiritual. Recuerda que ahí —en el "de dos en dos"— es donde está el gran salón de clases. Así entramos a la siguiente etapa.

Me casé en febrero de 2011 (eso podría dar pie a todo otro libro). Esta decisión puso las condiciones necesarias para que pudiera seguir creciendo. No te das cuenta cuando empieza la siguiente etapa, simplemente, con el tiempo, la etapa de paz se va transformando en una de inestabilidad.

No importa que sepas o no a dónde te llevará el tren, lo importante es que elijas subirte. Y a medida que las estaciones pasen, serás invitado a cuestionarte. Todos serán buenos resultados, pero hay épocas que serán como el tiempo de hacer lagartijas, te van a costar, pero te vas a ejercitar. Para entonces estarás listo, necesitas aprender a ver de otra manera, a confiar a otro nivel, no bastará con hacerte disponible.

Aprendiste a hacerte disponible, pero no sabrás para qué se requiere que lo estés. Es necesario un mayor conocimiento de ti, eso hará que te cuestiones si es lo que tiene más valor o habrá algo que tiene más valor y no lo alcanzas a ver.

Inician las pérdidas y con ellas tu posibilidad de madurar

Un año después, estábamos en casa de mi hermana y su esposo en la cena de Año Nuevo. Brindábamos alegremente con mi familia, todos estábamos sentados alrededor de la mesa, contentos de estar juntos. Con esa alegría, inesperadamente ¡sorpresa!, ¡mi hermana nos daba la noticia de su embarazo! Recuerdo la felicidad con la que todos brincamos, además no era la única, ¡yo les daba la misma sorpresa esa noche! ¡En serio!

Las fotos no se hicieron esperar. Los brindis, la comida hecha en casa, todo salpicaba dicha en esa fría y última noche de diciembre, cercanos a los menos veinte grados centígrados que, al mismo tiempo, era tan fría y tan cálida, por tanta felicidad y abrazos. No se hubiera podido dar ni planeándolo. Qué gran noche, la recuerdo con mucho cariño.

Nos fuimos a dormir con la ilusión familiar. Ya llegaba el primer día del año, y con él, lo que sería el comienzo de la inesperada pérdida de ese bebé. En mi libro *Tiempo de arcángeles*, te conté la extraordinaria forma cómo me enteré de que estaba embarazada, cómo viví ese encuentro mágico con mi hijo en meditación y cómo él mismo me lo comunicó. Bueno, ese año comenzaba con otra historia que, de manera inesperada, se daba esta "pérdida".

Pasamos de un pico tan alto de alegría, a uno de tristeza familiar, acompañados de momentos de estrés, porque como era el primer día del año, mi doctor nunca contestó. Un par de días en cama, sin mucho movimiento, esperando no perderlo, pero al final sucedió lo que sucedió. Perdí al bebé, él no siguió creciendo. No se puede cambiar lo que sucede, sólo puede modificarse su interpretación. Mantuve en mente que tuve la oportunidad de conocerlo y él no se veía triste, él sabía lo que pasaba, supe que él sabía lo que sucedería.

Con la práctica espiritual constante que había realizado, podría decirte que no lo sufrí de una manera desgarradora, pero sí lo viví. Recuerdo que me preguntaban si no estaba en negación, pero no, eso no me tumbó. Es más, hubo una especie de extraña sensación, por la forma en la que me enteré del embarazo, que me hacía sentir que había sido más la posibilidad de un encuentro y que entendería mejor la razón con el tiempo.

La forma como lo había visto en mi meditación, cómo me sonreía cuando sorprendida exclamé ante su respuesta: "¡Estoy embarazada!", "¡pensé que serías una niña!", se hizo un silencio porque con su mirada y sonrisa me decía que, en efecto, tampoco sería un niño, no nacería, pero sólo sonreía.

Tú qué preferirías: no conocer a una persona que te podría causar una gran impresión, si tan sólo fueras a estar un momento con ella, o conocerla, aunque se despidieran tan pronto. Yo preferí tener esa experiencia y no hacer de ello un recuerdo doloroso. Me sentí muy agradecida por haber tenido ese momento y aceptar que la vida continúa. Entre más pronto se da la aceptación y la comprensión, más pronto superas las pérdidas y las ves como oportunidades, como bendiciones que estuvieron en tu andar a tu alcance, y así más pronto avanzas.

Sin duda, hay encuentros mágicos, de esos que vienen a cambiarnos la vida. Hay personas destinadas a dejar su amor, sus polvos mágicos. Algunos se quedan para acompañarnos y otros nos dejarán su tesoro de la enseñanza, su amor en lo que parece a la distancia. Y en todos estos casos, siempre soy la primera en decir: no tengas pena de vivir tus duelos.

Antes de experimentar algo más intenso, tendrás tiempo, el que requieras, pero cuando llega la hora, pasa de nuevo el tren. En mi caso, pasó de nuevo un año para comenzar a darme cuenta de que estaba en camino uno de los retos más grandes en mi vida. Si creía que eso había sido una práctica de desapego, disfruta tu espera en la banca, hasta que llegue tu turno para el gran partido.

Un año después todo aparentaba estar en un mejor lugar. Haces lo que crees que es mejor y eliges avanzar. Cuando todo parecía que se encontraba bien, nuevas opciones volvieron a manifestarse. Tenía el trabajo que había elegido conscientemente, que me llenaba sobremanera; seguía impartiendo los cursos; mis padres estaban —y están hasta este momento— con vida; por fortuna, al igual que mis hermanos, estaba casada; tenía amigos muy queridos; en ese entonces tenía también dos perritas adoptadas (ahora son tres); era completamente vegana, es decir, me sentía bien con mi filosofía de vida y la forma de comer. Estaba en un lugar en el que me gustaba vivir, todo parecía caminar... bien. Y estaba en orden, pero ya me entenderás.

Los tratamientos comienzan

Al año siguiente decidimos que era un buen momento para iniciar un tratamiento *in vitro*. "No te apures, todo será utilizado para tu despertar", ¿recuerdas? Las *coincidencias* se acomodaron para que tomáramos esa decisión. Amigos cercanos habían ido a consultar a un doctor muy reconocido que había tenido buenos resultados con otros amigos de ellos, logrando, en todos los casos, los embarazos. El doctor y su *curriculum* parecían una total garantía. Ellos nos animaron a ir a conocerlo, "con una cita no se pierde nada, conozcan y vean si son candidatos o no". Sonaba bien. Hay veces que crees que sabes cuándo es el momento para cada cosa, está bien, eso hacemos, soñamos, anhelamos, pedimos, y la vida contestará que es el momento.

El primer encuentro con el doctor fue un éxito, parecía tener la sensibilidad que me gustaba, se manejaba muy profesional en todas sus explicaciones. Tenía que hacerme unos cuantos estudios y ver con detenimiento cómo me encontraba. Los exámenes resultaron tan bien que mencionó que no creía que el procedimiento *in vitro* fuera necesario. Haríamos un procedimiento de inseminación y muy probablemente eso funcionaría. Así suele intentarse en principio (y también por los costos). Ok, eso no funcionó. Pero, bueno, el *in vitro* era mucho más seguro y era la siguiente opción recomendada.

Así que empezó de nuevo. La preparación, "bienvenidos otra vez", ir al hospital, la larga lista de exámenes, algunos de ellos molestos y otro, en particular, sumamente doloroso (ahí es

cuando piensas, "por qué cosas tenemos que pasar las mujeres"), y mira que tengo un umbral del dolor alto. Luego empezaron las pastillas, las inyecciones en horas muy específicas, las
cuales me inyectaba en el área del vientre, como era lo indicado.

La cantidad de hormonas era cada vez mayor en mi cuerpo (y,
claro, con todas sus consecuencias). Es más fácil vivir una práctica de desapego, entre más sana y lúcida te encuentras, pero
cuando te levantan del suelo las hormonas, regresar a tu centro
requiere más de ti y de tu trabajo personal. Noticias: el *in vitro* no
volvió a funcionar. Con ese doctor se hicieron dos intentos, los
cuales resultaron negativos.

No había una razón médica clara por la cual no funcionara.
Las respuestas nuevamente no llegaban de esa manera, es decir,
no había ninguna condición médica, no había ni un solo estudio
que saliera mal, no había quistes, ¡nada! Me decían que no en-
contraban una razón por la cual no pudiera quedar embarazada,
al contrario, los comentarios eran: "Qué impresión, estás sanísi-
ma", "tus órganos parecen de alguien mucho más joven que tú".
El tipo de vida sana que he llevado me ayudaba a tener juventud
interna también y ninguna complicación de salud.

Una vez más no había explicación, pero sí una rara situación
sin que pudiera explicarse. Aparentemente, todo lo humano estaba bien, pero en el punto en el que debería empezar a crecer,
por alguna razón, no sucedía. Mucho tiempo después tuve una
respuesta que pudiera resultar lógica, tenía mucho tiempo de
sucedido esto, pero es posible que haya tenido que ver con el la-
boratorio del doctor, en el que se hacen las fertilizaciones.

Bueno, no funcionó, ahora lo cuento muy rápido, pero no lo
fue y emocionalmente menos. Con esa experiencia de vida ocurrió otra gran *diosidencia*, justo cuando no buscaba más.

Necesitas dejar entrar a los siguientes personajes en la historia

Casualmente, una noche, mientras impartía una clase semanal del *Curso de milagros*, llegaron dos personas nuevas, como era su primera vez, al final se acercaron a mí para agradecerme y decirme que querían ayudarme. Uno de ellos era el mánager de una artista famosa y muy linda. Me sugirieron que me tomara unas fotos, ellos conseguirían todo el equipo necesario para la sesión: fotógrafo, maquillista, iluminación, vestuario, todo. No tuve que forzar o hacer nada, más que fluir y decir sí. ¿Coincidencias? Dímelo tú, después de que leas esto.

Necesitas dar tiempo para que entren los nuevos personajes en tu historia, si no, ¿cómo te dan las respuestas?

Por entonces, esa mañana tomaba un vuelo de regreso de la ciudad de Monterrey, donde había ido a dar un curso, a la Ciudad de México. Aunque había dormido poco, del aeropuerto llegué directo a la sesión de fotos, a la hora que podían atenderme. Me presentaron a este famoso fotógrafo, que era sumamente escéptico, pero le habían platicado de mí, y como un favor había aceptado hacer la sesión.

Hubo un momento que tuvimos que hacer una pausa forzada debido a la luz. Las lámparas se habían apagado sin razón y ya no prendían. En lo que revisaban los focos, tuvimos un momento para conversar. Él se acercó a mí y una cosa fue llevando a la otra, hasta que con mesura me preguntó algo acerca de su familia. Le di las referencias que necesitaba y entonces se animó a hablarme de su padre, quien era el gran dolor en su corazón. Tenía cáncer, llevaba muchos años batallando entre la vida y la muerte, con constantes visitas a doctores y el tratamiento de quimioterapia.

Me preguntó si podría atenderlo en una terapia, a lo cual, por supuesto, accedí en reciprocidad al tiempo que me estaba dedicando. La luz de las lámparas regresó y pudimos terminar la sesión más tarde de lo que habíamos pensado. Se habían cumplido los propósitos que vendrían después de este encuentro, los cuales no nos imaginábamos. Ya había entrado en escena el personaje que necesitaba entrar, para el mayor beneficio de todos, aunque eso no es lo mismo que el final que desearías. Corte, siguiente escena de la película, acción.

La ventana en el tiempo para dar terapias acerca del desapego a la vida

¿Ves qué perfecto es el plan? Le di varias terapias a su padre. Se veía muy bien y dispuesto, me decían que mejoraba mucho su estado de ánimo, aunque en realidad ya era tiempo de conocer el propósito mayor de las terapias: me iba a tocar ayudarlo a bien morir.

Continuamos con las terapias y siempre iba tan animoso. Llegó la Navidad y con ella la "Conferencia navideña" que doy para cerrar el año dando gracias. Entre los asistentes estaba la esposa de mi paciente, a quien en plena conferencia le dije un mensaje canalizado de sus ángeles, le dijeron que: "*ya era el tiempo, has hecho todo lo que podías y más, el tiempo de descansar se acercaba.*"

Nadie lo esperábamos, ¡sus dos hijos y sus esposas también estaban ahí! Me hubiera encantado tener otro mensaje para ellos esa mañana. Él mismo me escuchó decirlo a su esposa y a sus hijos. No me cabe duda de que saben a quién y cuándo. Sin que levantaran la mano siquiera, sentí que llevaban mi atención hacia donde estaban sentados y las palabras que yo pronunciaba eran para ellos. Una vez acabada la conferencia, pasaron a saludarme detrás del escenario. A diferencia de lo que pudieras imaginar, la respuesta ante eso fue hermosa, amorosa, tanto de ella, su esposa, como la de él, el querido padre. Ella me abrazó con mucho amor, como si me conociera, y me agradeció el mensaje, como si lo hubiera esperado escuchar. Sus hijos me abrazaban, seguramente deseando que estuviera equivocada. Pero, de esas formas mágicas, me dijeron estar muy contentos y agradecidos. Es algo inexplicable para la razón, pero los vi salir en paz, mi ahora amigo fotógrafo, Allan Fis, incluso twitteó un mensaje hablando de la paz con la que salió ese día. Ellos son judíos, y como siempre he dicho, el amor, la gratitud, rompen toda barrera intelectual. Lo menciono porque la familia tuvo el gran detalle de invitarme a su casa, a acompañarlos en sus rituales una vez que él falleció. Una experiencia con mucho propósito, en el tiempo perfecto, como lo son los encuentros guiados. Sé que sus últimos meses él tuvo lo que necesitaba, con tiempo incluso de escribir cartas de despedida.

No tomes por sentado ningún encuentro, no sabes qué grandes regalos te traerán. En este caso, no sería el final deseado, pero esas terapias cambiaron su vida los últimos meses y su muerte. Como siempre he dicho, puedes morir, pero puedes hacerlo *sano*, con tu revisión de vida y sintiéndote en paz. Sin culpa, con menos miedo, con aceptación, con la paz en ti. Al inicio, me compartieron cómo los doctores les decían que era imposible que siguiera vivo, que no entendían cómo podía seguir, pero le faltaba el mejor regalo que querían darle, aquel en el que hacemos las paces con nosotros mismos y con los que amamos antes de irnos. Él tuvo tiempo de hacerlo, gracias a nuestro encuentro en tiempo perfecto.

Qué bendición, pero ¡espera!, aún hay más, eso no iba a ser lo único que resultaría increíble de este hermoso encuentro. No vas a creer lo que sigue, bueno, sé que sí. Siguiente escena, tomaba un vuelo a la ciudad de Chicago, para acompañar a alguien en otro proceso. Estaba en la sala de espera de un doctor, mientras esperábamos dos personas muy cercanas a mí y yo, la plática casual comenzó así:

—Oye, Tania, ¿y cómo te fue en tu sesión de fotos?

—Estuvo muy interesante –y le conté cómo me había llevado a conocer a su padre, este gran señor que la vida me había dado la oportunidad de conocer.

—¡Qué increíble! ¿Quién te tomó las fotos?

Le di el nombre y vi cómo se agrandaron sus ojos, parecía que le hubiera dicho algo asombroso.

—Bueno, sé que es muy bueno.

—¡Noooo, hablas en serio! Así que alguien llegó y te consiguió una cita con él, y su padre y... oh, por Dios –se volteó con su esposo y exaltada le preguntó:

—¡¿Escuchaste eso?! ¿Ya viste quién le tomó las fotos a Tania? ¿Y ya viste quién es la terapeuta que atendió a su papá? ¡Es Tania!

—¿Cómo? –yo no entendía nada. Sólo vi que él tomó su celular y le marcó a alguien. Entonces empezaron los:

—No, cómo crees.

—¿Es en serio?

—¿Cómo no me habías dicho que conocías a Tania?

—¡No sabía que era la persona que estaba viendo a tu papá!

—Jamás pensé que fuera alguien tan cercana a ti...

—¡No lo puedo creer!

Siguieron los "no lo puedo creer", "no iba ni a tomar la llamada, estaban fuera de México también, todo era... ¡qué coincidencias!"

—Ok —pregunté—, ¿con quién hablas?

Resulta que hablaba con el hermano del fotógrafo, que era uno de sus mejores amigos. ¡Éramos todos tan cercanos! ¡Estábamos a una persona de distancia de conocernos! Ellos habían sido amigos muy cercanos desde hacía años y nunca nos imaginamos conocernos los unos a los otros, de esas cosas curiosas que nunca son casualidades.

Nos conocimos en circunstancias tan particulares y en el momento adecuado, como tenía que ser. El hermano también comentó:

—Me alegra que así haya sido. Si no la hubiéramos visto como una amiga, alguien cercana, y no como tuvo que llegar, teníamos que conocerla de esa manera para que viera a mi papá como su terapeuta, fue lo mejor.

Y, sin duda, fue lo mejor, ya que no sabíamos que la misión de nuestro encuentro no había terminado todavía. Todo parece conectarse, la magia siempre se está revelando, sólo que hay personas más dispuestas a ver y se dan cuenta de que están en medio del proceso, del acto mágico; mientras que otras se dan cuenta al final, cuando les sorprenda el resultado. Pareciera imposible planearlo por nosotros mismos, es la parte mística que nos une, hacemos lazos de amor y todos tus encuentros, todos, tendrán sus propósitos.

Acto seguido, ya en la Ciudad de México, estaba cenando con ambos hermanos y con sus respectivas lindas esposas, en un pequeño y delicioso restaurante en la colonia Roma. Desde luego, la extraordinaria *coincidencia* fue tema riguroso en la velada y el cómo a veces damos vueltas en la vida, sin saber que estábamos tan cerca de conocernos y nunca sucedió, y al mismo tiempo destinados a conocernos, pero en el momento justo. A veces me imagino como si todo fuera una película y a nuestros ángeles sonriendo ante nuestra inocencia.

Todos los encuentros tienen un propósito mayor,
otros serán relaciones multipropósitos y otras personas
están destinadas a que siempre que se reúnan tendrán
encuentros significativos.

Y como los encuentros pueden tener más propósitos de los que nos imaginamos, no sólo se trataría de que tuviera la gran oportunidad de atender a su padre en su proceso de cierre de ciclo de vida y ayudarlo a bien morir. La cena transcurría sin esfuerzo alguno, al contrario, pasábamos de un tema de conversación a otro. Para mi sorpresa, la esposa de uno de ellos dominaba el tema de la inseminación *in vitro*, que salió a colación en la plática.

Sin estar muy segura cómo abordamos el tema, unos días después me llamó por teléfono para decirme que por pura *coincidencia* ella tenía una cita con el que, me aseguraba, era el mejor doctor en el mundo mundial para estos casos, él estaba en Estados Unidos. Y aquí viene la siguiente sorpresa: "Tania, no me parece una casualidad que te haya conocido en este momento. Te hablo para decirte que no voy a ocupar mi cita." Ella la había solicitado y planeado porque tenía mucha demanda, estaba en lista de espera desde ¡hace un año! y ahora decidía que no la iba a ocupar.

La vida nos llevó a conocernos por medio de su suegro, ahora fallecido, ya que sabíamos quiénes éramos y con amigos en común tan cercanos, que nos dio paso a lo siguiente con la confianza generada. Yo llegué en ese momento preciso, había estado sentada con la persona perfecta, en el momento perfecto. Al saber que mis intentos habían fallado, ella me llamaba para decirme que ¡me la donaba! Me cedía su lugar y me pedía que no la rechazara.

"¿Es en serio?, ¿puede ser esto casualidad?" ¡Cuánta generosidad! Era como un palacio en el que te abren las puertas y te dicen "es por acá, princesa, dale". Levantan el telón invisible, para que pases al siguiente corredor, nada más para indicarte "no te me distraigas, es por acá, reinita." Cuando has pasado a otra sala, es momento de poner tu atención en lo que está frente a ti, en lo que te llevará a los siguientes lugares inesperados. Así es la guía, llegaba sin esfuerzo y me la donaba, me pedía que la usara sin pensarlo dos veces, pues seguramente esta vez, sí resultaría. Insistía en que no podía dejar pasar esta oportunidad con ese médico.

Además, me dijo: "Te puedes quedar muy tranquila, ya que primero te hacen unos exámenes de todo lo que te puedas imaginar y ven si eres candidata para entrar al tratamiento, ya que él no te acepta como paciente tan fácilmente. Él publica los casos de éxito, los que resultan en embarazo, así es en Estados Unidos. Así que no te van a aceptar si no están muy seguros, él y su equipo, a menos que tus análisis les indiquen que hay una muy alta probabilidad de resultar embarazada. Puedes estar segura de que si te acepta es muy probable que tengas un resultado positivo." ¿Tú que hubieras hecho?

Cuando ya habían fallado los otros intentos, todo ese esfuerzo personal, emocional, económico, había tomado tiempo. Pero cuando la oportunidad llega de esa manera, parece que la vida te la está poniendo enfrente para tomarla, ¿cierto? En medio del regalo, pero sabiendo que venía de nuevo todo ese trabajo personal, la pregunta es ¿con qué te quedas en tu interior? ¿Con la duda, con la sorpresa de la sincronicidad?, ¿con el miedo?, ¿avanzas o te congelas? Llega el vagón del tren de la vida, se abre en tu estación. Sabes que tienes treinta segundos o menos para decidirte. Te pusieron un plazo, ya estaba la cita. La pregunta es, ¿te quedas ahí esperando a que decidan por ti? Las puertas del tren se están cerrando, ¿te vas a subir a ver a dónde te lleva?, ¿lo que sucede, lo que logras?, ¿o vas a dejar pasar ese tren?

La vida siempre nos da oportunidades, ¿cierto? Sí totalmente, pero no siempre para lo que crees. ¿De qué se trataba esta nueva oportunidad?, ¡y de manera tan inmediata!, ¿de tener un hijo anhelado, de formar una familia? ¿De tener la disciplina que se requiere? A pesar de que todo lo había llevado al pie de la letra, ¿sería cierto que el doctor eligió un procedimiento equivocado? Sólo lo vas a saber si te subes y ves a dónde te lleva.

Estoy segura de que, como mujer u hombre, no importa la situación de la que se trate, has estado en medio de una disyuntiva, unas decisiones más importantes que otras, y lo volverás a estar, ya sea para crecer o porque el ego siempre duda y cuando ha tomado una decisión regresará a estresarse, de cualquier otra manera, de todos modos creces. A diario tomamos muchas decisiones, pero tomaremos tres o cuatro que cambiarán nuestra vida de manera importante, tu rumbo, la dirección de ese viaje. ¿Qué hubieras decidido tú? ¿Quedarte con los intentos que habías hecho?, ¿o aceptar el regalo y esforzarte una vez más?

Te voy a compartir cómo el mundo espiritual me enseñó que "cuando estés entre dos opciones, la opción correcta será la tercera". La tercera opción es la que te muestra el mundo espiritual.

Hay un video en mi canal de Youtube con ese título ("Cuando estás entre dos opciones, la correcta es la tercera, no seas la rana", por si quieres una explicación con distintos ejemplos). La tercera opción es la que todavía no alcanzas a ver, no entiendes porque estás muy ocupado en la forma, por eso no sabes cómo interpretar lo que vives y por eso no sabes entre qué decides realmente. Estás siendo invitado a ver desde la torre más alta, para que descubras las diversas razones por las cuales esa persona y esa situación actuarán en tu mayor beneficio. La respuesta correcta, si decides esperar en la estación o subirte al tren, será inminente, la comprensión ha de llegar y te iluminará con toda su fuerza.

A pesar de todos tus miedos y de todo lo que creas que puede pasar, no te has dado cuenta, pero ya estás subido en ese tren, el tren de tu liberación. Así que dije: "Momento, ¡esperen, no cierren esas puertas, aquí voy de nuevo! ¡Voy a vivir la experiencia! Inhala y exhala, respira profundo." Y dije sí. "Estoy lista para ir a la siguiente estación."

5. Los retos que te transforman: no quiero aceptar el reto

Cascada de decisiones: ¿Cómo sabes si estás decidiendo bien?

Alguna vez has sentido ansiedad o presión ante la pregunta, ¿qué será mejor?, ¿debería ser un sí o un no?, ¿por qué no es tan fácil decidir en ciertos casos?, ¿espero o me muevo? O cuando vas más profundo al ¿qué quiero?, ¿qué es mejor para todos?

En mi caso, ¿hacemos un nuevo intento o lo dejamos por la paz?, ¿cuál es la medida para saber cuándo insistes o cuándo es ceguera?, ¿aunque el intento te lastime o no hacerlo también? Puedes verlo así o con la conciencia: cuándo hacerlo o vivirlo involucra una experiencia física demandante, dolorosa incluso, y eso implica tener mucho valor al aceptar vivir esa situación, con la certeza de que te llevará a lo mejor para tu despertar. ¿Has estado en un lugar así? Ya sé, a veces parece muy complejo decidir, pero sigue adelante, la pregunta no es si te tocaba vivir esa experiencia, sino ¿cómo la vivirás?, ¿qué aprenderás de ella? Sigue adelante, pues el río siempre va en dirección al mar.

A pesar de que el camino para tu liberación está sucediendo frente a ti, tendrás que hacer tu parte. Elige pasar por lo necesario para aceptar y comprender la respuesta que te lleva a la liberación. Nadie te puede dar el resumen de tu vida de antemano ni puede tomar la decisión de ser libre por ti. Nadie puede entregarte la píldora de la verdad, masticada y en un empaque listo para llevar, sin haber vertido tú mismo el contenido, algo así como: "Píldora: «Ahórrate-la-experiencia-y-brinca-de-año-sin-aprender», ¡pruébela ahora y despierte ya!" Aunque es un ejemplo, no funciona así. Poco a poco descubrirás quién eres y algunas veces lo tendrás que hacer de golpe.

Tu personaje querrá más de lo mismo, de lo que ya se ha alimentado a lo largo de la vida. Has sido entrenado por años, por vidas enteras. Por eso recibimos ayuda del mundo espiritual. En los tiempos de crisis, éstos constituyen grandes momentos para acelerar el crecimiento, grandes catalizadores que pueden ser muy útiles, si eliges cambiar de ideas.

La situación se presentará y frente a ti desfilarán todas las oportunidades, podrás observar y elegir mudarte de las ideas que te lastiman, por las que te harán *RenaSer*. Desde el punto de vista espiritual, toda situación, incluyendo las de crisis, están destinadas a *servir*, para que te cuestiones a un nivel muy profundo y rompas, como la ola en el mar, las cadenas invisibles que hoy te atan sin darte cuenta.

El mundo terrenal dice "consigue"

Si eres de los que una vez que se propone algo y lo decide va con toda su actitud, inteligencia y recursos: "Vamos, ¡manos a la obra!", entonces te darán esa experiencia cuantas veces sea necesaria y del tamaño que la necesites. ¡Sí, como no!, ¡vamos a lograrlo! Desde el punto de vista espiritual:

><><><><><><><><><><><><><><><><><><><><><><><><><><><><><><><><><><><><><><>

> *Mientras el mundo te dice "consigue",*
> *el espíritu te dice "valora".*

Volveré a mi historia. Estaba próxima la hora del ¡manos a la obra!, la experiencia que puedes dejar pasar o aceptas de verdad, por dolorosa e innecesaria que pudiera parecer vivirla. Sabía que pasaría por aquella experiencia en la que te dispones a saber la revelación qué está por venir, al elegir vivirla. Ahí viene.

Cuando estás a punto de cambiar algo importante en tu vida, todo parecerá que se junta, el peso, el estrés, las situaciones, la ansiedad, pues estás a punto de catapultar, de saltar más allá de lo que te imaginas a través de esa vivencia. Te transportará a ser la persona que eres, cada vez más, y a quien estás destinado a ser. Por eso necesitas muchas experiencias. Paciencia, querido, paciencia, tu luz es demasiada, eso aún no lo alcanzas a ver.

Continúa el constante "consigue" del mundo terrenal

Muy bien, aquí vamos de nuevo: "¿Qué hay que preparar?, ¿cómo se ordena esto? Uno aprende a preparar, ordenar, conseguir mejor con la práctica. ¿Tenemos que comprar todos esos medicamentos? Establecer horarios, muy bien; citas con los doctores, análisis constantes, ¿qué más? Somos niños inocentes jugando a ser adultos. Ahora, las metas son distintas y necesarias las mismas prácticas de desapego.

La buena noticia es que, si eres alguien que persigue sus ideales, también tienes la fuerza para superar a lo que te aferras. En mi caso, no me imaginaba lo que venía, pero grandes esfuerzos y renuncias me llevarían a lugares insospechados. "¿Estás segura de que podrás?", cuestiona el ego. Lo importante es que te des cuenta del porqué decides lo que harás.

No es lo mismo elegir cuando te sientes bien, que cuando tienes todos los elementos para sentirte triste, cansado, enojado o todas las anteriores juntas. ¿Cómo te manejas cuando hay frustración? ¿Con qué conciencia elegirás en medio del dolor? Ya veremos, porque la vida te dará muchas oportunidades para querer emprender un trabajo interior.

El cansancio de nuevos intentos

Comenzó el nuevo tratamiento *in vitro*. Era una excelente candidata, sí, "mantén eso en mente": tiempos, alarmas, precisión, todos los cuidados. La esperanza se abrigaba de nuevo. La tensión se acumulaba, al igual que las incontrolables hormonas, ¡qué miedo!

Comenzaron el proceso de estimulación con las inyecciones. Las molestias crecían al mismo tiempo que lo hacía mi peso día tras día, sin que pudiera hacer algo para evitarlo. Algo que no consideré es que con los intentos anteriores mi cuerpo había estado muy estimulado. Había recibido grandes cantidades de medicamentos. El sobrepeso era evidente y este tratamiento empezaba más fuerte que los anteriores.

Adicionalmente, a medida que se acercaba el día para viajar y continuar con la estimulación en la clínica en Estados Unidos, los doctores me informaron que trabajaban en conjunto sobre mi caso, que mis niveles no les gustaban, así que para asegurar que fuera un éxito, preferían incrementar las dosis del coctel que me daban. Traducido al español, eso era una jungla de hormonas y de cambios para mi metabolismo; a pesar de esto, los doctores me decían que emocional y físicamente iba muy bien, "ok, doc, ¡ustedes son los expertos!"

Llegó el día de hacer el viaje. El momento de la verdad estaba a la puerta. Teníamos que elevar los niveles, para ayudar a crecer lo más posible los óvulos y ver que resultaran de la mejor calidad. Instalada allá, diario me monitoreaban mediante estudios de sangre. Todos los días mi rutina mañanera era ir a los estudios de sangre y mantener la esperanza de que se dieran esos niveles. Es curioso cómo en nuestra mente se quedan grabados actos que parecen tan cotidianos o simples, pero están llenos de compasión.

Al ir atrás lo que más recuerdo es un día que, al tener muy morado mi brazo por las inyecciones, la enfermera quiso tratar el otro para ayudarme, pero mis venas son muy delgadas y no solía funcionar más que las venas de un brazo. No obstante, quiso intentar, pero no funcionó. Mientras la enfermera lo intentaba, yo me repetía: "¡Vamos, esto está por terminar, vamos Tania, esto no es nada, aguanta!" A esas alturas, después de tantos meses de medicamentos, estaba cansada. Lloraba en silencio, parecía un camino muy solitario. Es difícil que alguien lo pueda entender si no ha vivido algún tema médico o similar.

Al mismo tiempo, sucedían más cosas que pueden parecer triviales o necesarias, cuando las cosas están por cambiar y el espíritu las sabe utilizar. Un día tuve que salir a comprarme más ropa, una falda u otro pantalón, ¡porque ya no cabía!, ¡todo me apretaba! Veía mi cuerpo y no podía controlar mi peso, pero sobre todo no paraba de dolerme constantemente. De ninguna manera estaba cómoda. "Pero esto pasará y habrá valido la pena", me repetía.

¿Has estado ahí? ¿Si no duele, no sirve? ¿Cuáles son tus metas? ¿Es tan distinto? "No, todos están dispuestos a hacer un gran esfuerzo." ¿Entre mayor el esfuerzo, mayor el beneficio? El mundo te dice: "Consíguelo, vale la pena." Por eso toma vidas. Aférrate a algo y te hará sufrir.

El caso del embarazo es muy particular para una enseñanza espiritual, tanto para hombres como para mujeres. En el caso de las mujeres que desean embarazarse, no importa si son o no eficientes, qué inteligentes sean, dónde estudiaron, qué estrategias siguen, cuántos recursos ocupen, además de ser un tema médico, es un camino espiritual de enseñanza, paciencia y desapego.

No importa que hagas todo perfectamente bien, al pie de la letra, cuántas ganas le eches, es una misión. Sucede lo que es mejor para ti, no importa cuánto lo desees. A cada quien le llega en su forma, la forma con la que crecerá más, la que mejor funciona para todos es algo místico. Lo entiendas hoy o no, esa decisión del embarazo tiene más ingredientes de los que se alcanzan a comprender, porque nos lleva a unas primeras reflexiones: ¿Cuál es la forma a la que hoy te aferras? ¿En qué ámbito pones tanto esfuerzo o te sacrificas más? ¿Qué esperas qué suceda? ¿Qué te enseñó el mundo a desear?

Cuando tengas el poderoso: ¡Basta, no más!

Estaba a un par de días para que me hicieran la extracción, después vendría la fertilización, para posteriormente colocarlos en mi útero, esperando que se implantaran y que, al menos, uno siguiera creciendo. "Aquí vamos, a una de las últimas revisiones." La clínica estaba muy cerca del hotel donde nos quedábamos, así tenía que ser por el constante monitoreo que se requería, por la toma de sangre a diario y además por cómo habían subido las dosis. Querían monitorearme hasta saber cuándo sería el momento ideal para retirar los óvulos, si es que llegaban a los resultados esperados. Si no, el doctor me explicó que era posible que no hicieran la extracción, por lo que todo habría sido en vano; todo, ni siquiera podría hacer el intento de ver si funcionaban.

Llegó el día. Salimos del hotel con mil cosas en mente. Podría parecer un momento emocionante, pero en vez de eso había mucho silencio y molestias físicas. Era la última revisión, en la que nos dirían si teníamos los niveles adecuados para hacerlo y si nuestro encuentro siguiente sería en el quirófano. Esa mañana, era tanto el dolor, que me costó muchísimo trabajo caminar, "¡oh, por Dios!, ¿esto es normal?" La pregunta y el dolor fueron más que suficientes, había llegado ese momento. Me detuve en la banqueta, guardé silencio y le dije a mi esposo: "No puedo más, hasta aquí llegué."

Su cara fue de gran sorpresa. Yo tengo un umbral del dolor muy alto y no acostumbro a quejarme, pero esa vez lo decía con lágrimas escurriendo por mi cara, las que afirmaban que, a pesar de todo el esfuerzo, no podía dar un paso más.

—Me duele mucho.

—¿Cómo? Pero, Tania, estamos a unos metros, falta una cuadra, ¡mira dónde estamos!

—Sí, ya sé, es el camino de todos los días, sé perfecto dónde estoy.

—Pues, anda, inténtalo, ya no falta nada. Es absurdo tomar un taxi por una cuadra —me insistió.

Sentí mucha tristeza e impotencia, sabía lo mucho que me dolía, que no podía, mi cuerpo estaba gritando de dolor y así había estado por muchos meses, pero ese dolor ya no me dejaba ni caminar. Estoy acostumbrada a dar mi mayor esfuerzo, para mí fue muy raro cuando tuve que aceptar que hasta ahí había llegado, por muy cerca que estuviera la clínica.

Contesté con un firme y cansado: "No, ya no puedo dar un paso más, ni uno solo."

Él insistió un poco más, hasta que no hubo otra opción, me imagino que por el dolor que mostraba y mi renuencia a dar un paso más. Aunque parecía absurdo, pedimos un taxi para avanzar unos metros de distancia, pero era lo que tenía que hacer y que decir. Subir y bajar del taxi me costó trabajo, pero caminar más, hubiera sido una tortura.

La traducción del mundo espiritual para ti. Por más triste que esto parezca, algo *extraordinario* acababa de suceder. Había tocado mi "basta, no más". Y ese no es igual al de nadie más, la experiencia tiene que dártelo. No es negociable.

Lo que para otros puede pasar mucho antes o mucho después no es válido, si no es en tu tiempo, de hecho, no sirve si sigues el tiempo y los límites mentales, emocionales y psicológicos de los demás. Porque ellos no tienen tu historia, no tienen tu pasado, no tienen tu futuro, no tienen tus miedos, no tienen tus razones, no viven en tu castillo de arena y tampoco tienen tu —mucha o poca— práctica espiritual. Tu "basta, no más" tiene que ser *completamente* tuyo, si no, no tendrás la fuerza para actuar y la vas a requerir para hacer los cambios profundos, que están destinados a impulsarte.

En mí está impresa la historia de todas las mujeres que han estado antes de mi presencia física —en ti también lo están—, soy un libro de sus historias. El que una mente lo comprenda y pueda explicarlo forma parte de su misión de vida. No hay víctimas y yo no planeaba ser la mía.

Estaba en el punto de quiebre, después de eso, te rompes y llegas a tu "basta, no más". Prepárate, lo digo con calma, porque viene una etapa espiritual que podrá parecer un desierto. Inhala y exhala. Te voy a adelantar lo más importante que sucede ahí: *magia*.

El encuentro con la causa del dolor

Continuemos con el relato. Por fin llegamos: elevador, registro, sala de espera. Ahí estábamos ("uf, por fin puedo tomar asiento de nuevo"). El doctor asistente apareció y nos llamó a su cubículo para comunicarnos si haríamos la extracción, lo cual parecía lo más importante. Debido a lo que acababa de suceder, lo primero que hice al ver al doctor fue informarle que algo raro estaba pasando, que me dolía mucho al caminar.

—¿Algo está mal?, ¿estoy exagerando?, ¿por qué me duele tanto?"

El doctor, con cara de amplio conocimiento, me miró y me hizo esta pregunta:

—Tania, ¿sabes de qué tamaño son tus ovarios?

—Mmm, pues no, doctor, no sabría darle una medida exacta.

—Tania, mira, para que entiendas lo que te está pasando, tus ovarios miden como el tamaño de la uña del dedo gordo de tu mano aproximadamente y ahorita el tamaño de cada uno de tus ovarios es del tamaño de una pelota de tenis. ¡Por supuesto que te va a doler hasta para caminar y sin caminar! Es totalmente lógico que te sientas mal, sé que te sientes muy incómoda, es de esperarse, claro que no es una exageración, pero tranquila, ya estamos por acabar.

¿Cómo dijo? La pregunta no es cómo iba a aguantar el resto, si no ¿cómo había podido ya aguantar tanto sin parar, sin saber que era lógico que me sintiera mal? Tenía derecho a expresar mi dolor sin que fuera considerado una exageración, ante un tratamiento tan agresivo. A veces no nos damos cuenta de que, por ser tan fuertes, nos excedemos en las dosis de dolor que debemos tolerar. Crecí viendo que era normal esforzarse y aguantarse, así que sin darme cuenta repetí inconscientemente lo que aprendí como normal. ¿Tú qué repites? ¿Por qué te toca escuchar eso?

El día llegó por fin. Se hizo la transferencia de los embriones con los óvulos fecundados. La tarea siguiente era esperar a ver si se implantaban y seguían creciendo. Mi hermana y mi cuñado habían tenido el gesto súper amoroso de haber viajado y estar ese día en la clínica; estaban ahí dándome ánimos para entrar a la parte final del tratamiento, en la que además tomas decisiones importantes, como saber cuántos embriones transferir, uno, dos o tres, pudiendo resultar gemelos o trillizos, todo basado siempre en la recomendación del doctor. Ellos estuvieron conmigo antes y después de salir de la sala, me dieron su amor y apoyo. Recuerdo muy bien la sensación del abrazo de mi hermana, cuando se acercó a mí mientras estaba recostada en la camilla. Es impresionante cómo las palabras se ven tan limitadas ante el amor que las personas nos hacen sentir, sabía cuánto deseaba que funcionara para mí.

La vibración de una persona que te ama siempre te llenará más que las palabras que pueda decirte.

Sólo restaba esperar, hacer los análisis de sangre finales, con lo que sabríamos por fin si ese nuevo tratamiento había funcionado. Más o menos en dos semanas tendríamos el resultado con la noticia positiva o negativa, tal como una prueba de embarazo. Nos enviarían los resultados por correo electrónico, esas fueron las instrucciones. Ahora era cuestión de quitarme esa bata, vestirme e irme pronto a casa. Parecía que no había nada más que hacer, habíamos acabado.

Mmm, ¿qué pasa? Tenía emociones encontradas: el descanso de terminar, pero sentía una ausencia de mí. Algo muy raro. No es como cuando acabas el partido, para el cual te preparaste tanto tiempo y sabes el marcador final; en esta experiencia no había esa certeza, pero ésa no era mi incomodidad. La felicidad no tiene que ver con la forma que adopte el resultado, sino con qué sabes, con el resultado que podrás ser feliz. Es un tema de confianza. Me sentía como proyectada, fuera de mí, como cuando ves una película en el cine, pero sabes que nada de lo que se transmite por la pantalla es realidad, es una invención, mas está sucediendo. Así era mi sentir, solamente que me tocaba estar proyectada en esa película. Además, estaba demasiado callada, mi intuición estaba alerta y no había razón para estarlo. Cuando me siento así, algo está por suceder en la película.

Me fui a los vestidores. Tengo grabada la imagen de llegar al casillero para ir por mis cosas, sacar la ropa, el celular, los tenis y cualquier otra prenda que hubiera dejado. Saqué todo, pero no me vestí, sólo me senté en la banquita de madera que estaba ahí, en silencio, tratando de asimilar. No quería moverme, me di un momento para sentirme, para estar conmigo, no tenía prisa por cambiarme, sentía una angustia rara.

Se suponía que debía estar feliz, porque ya había acabado, había hecho lo posible, pero eso no estaba brotando naturalmente. Al estar ahí sola y darme cuenta de que la sensación no se iba, la observé sin juzgarla. Ya conocía lo que era el dolor del cuerpo y las sensaciones del tratamiento, vaya que lo conocía, los intentos continuos habían sido más que suficientes para conocer el dolor, así que no, no era eso.

Cerré los ojos e inhalé profundo. ¿Has estado despierto sin ruido en la madrugada? Esa es mi hora favorita. Me sentí como cuando es de madrugada, todo está tranquilo y puedes percibir la presencia del silencio amoroso abrazándote. Fue cuando me sentí acompañada de nuevo. De manera natural, como si fuera a hablar con mi amigo del casillero de a lado, pregunté en voz alta, en un tono de cansancio total, vamos, cómo cuando quieres saber la respuesta directo y sin rodeos, directo pregunté: "¿Esto va a funcionar?"

¿Alguna vez te has hecho una pregunta así? Solté la pregunta casi sin pensarlo, luego sentí el impulso de ponerme de pie para comenzar a cambiarme. Sin embargo, al moverme cayó mi celular y, al instante, ¡la pantalla se estrellaba en pedazos! No creas que una grieta o una cubierta cuarteada, ¡no!, ¡esto parecía como si se hubiera caído de un quinto piso!, y no desde una banca a unos cuantos centímetros. ¿Cómo era posible tal daño?, si tenía puesto un estuche protector *anticaídas*, de esos que te aseguran que no les pasará nada. En otras ocasiones, se me había caído de mesas más altas o, al menos, estando de pie, sin que pasara nada, pero en esta ocasión, la menos lógica, la protección no sirvió para nada (eso pensaría uno cuando no conoce el resto de la historia), algo rarísimo; parecía como si lo hubiera golpeado fuertemente contra algo.

No lo quise tomar como una señal que me sugestionara, no quería que nada afectara más mi estado emocional. Lo observé y le puse atención, mas no dejé que me alterara, aún así no dejó de sorprenderme, me cuestionaba: ¿Por qué así de grave? Si es que acaso eso fuera un no, pues con la caída hubiera sido suficiente, esto era demasiado para un simple *no*.

Ahora comprendo que, en efecto, *sabían mejor que yo*. Porque si eso era una contestación, esa hubiera sido la respuesta más precisa. Yo había dicho "basta, suficiente, no más", y con esa pantalla estrellada resumían lo que venía para mí. En efecto, la respuesta correcta a la pregunta no era un *no*, la respuesta a lo que venía sería como lanzarme de un quinto piso.

Regresemos a lo importante, que es el "¡basta, suficiente, no más!"

¿Cuándo fue la última vez que dijiste un contundente ¡basta!? ¿A qué o a quién le dijiste *basta*?, ¿a ti mismo?, ¿ya te pusiste el límite necesario? Hasta que lo dices así de fuerte y claro ¡no más!, y lo sientes con toda su fuerza, empiezas a tomar mejores decisiones en pro de tu salud emocional, física y mental. El límite lo tiene cada uno, pero cuando lo has cruzado, sólo tú sabrás cuando "suficiente es realmente suficiente", entonces es momento de detenerte y decir: "Mi respuesta es *no*." Maravilloso momento: abrirás las puertas al *sí*.

El sano, amoroso y poderoso ¡no!

¿Cuál es tu problema con el no? Para algunas personas es lo contrario, el *no* es de sus palabras favoritas, lo hacen casi golpeando con él; a un *no* con enojo aún le falta trabajo. El *no* sirve, y muchísimo;

el negativo es muy útil, todo depende de cómo lo uses. El único ingrediente necesario para que se vuelva positivo se llama: conciencia. Por eso es muy importante aprender y enseñar, además de los "sí, por favor" y los "sí, gracias", los "no, de ninguna manera" y los "ey, no te equivoques", porque si te dejo avanzar, creerías que la que está muy confundida soy yo. Así que mi respuesta más amorosa para ti es un *no*.

Diremos los *sí* muchas veces en la vida, ojalá muchas más que los *no*, pero los *no* que digas desde lo profundo te impulsarán fuertemente. Los *no* muy bien pensados y sentidos empoderan, porque vienen desde el amor propio y nos ayudan a crecer y a subir la autoestima, ya que al decirlos estás eligiendo no lastimarte más.

En vez de eso, retomas el único camino que quieres transitar, la avenida llamada: "De aquí en adelante me respeto como nadie, esquina con amor propio." "Gracias, ésa es la única parada donde te encuentro." Al encontrarte con el poderoso *no*, tendrás la fuerza para romper patrones de toda una vida, patrones familiares. Muchas veces, no aprendemos a cuidar mejor de nosotros porque no nos enseñaron a conocer y a expresar nuestras necesidades; a decir *sí* cuando te alegrabas, y los *no*, sin vergüenza alguna; no sabemos que eso tan sencillo es muy importante.

◇◇

Momento de reflexión:
¿De quién aprendiste que tus necesidades
no eran tan importantes como las de otros?
¿De quién aprendiste que era bueno
que expresaras tus emociones, quién te enseñó?

Estás a tiempo. Cuando dices "no puedo más", genuinamente ni un solo paso más, con esa misma determinación se moverá todo a tu alrededor. Decir *¡basta!* te trasladará con esa misma energía, para invitarte a que signifique un "¡ya me quiero dejar ayudar!" No sólo se trata de decir *no*, se trata de decir *sí* a algo más, a lo que te va a dar salud. Eso sí tendrá efectos.

Cuando des un *basta* definitivo ante el dolor o el abuso, habrás dado el acuse de "recibido y entendido" al universo, de que ya has tenido suficiente y no quieres más dolor. Ahora estará en ti la esencia del merezco y habrás enviado la señal que deseas algo mejor. Eso es lo que nadie puede hacer por ti. Envía fuerte y clara la señal, necesitas ser el primero en darte tu lugar, sentir amor y respeto total hacia ti.

Los resultados

En la mitad de lo que parecía un día cualquiera, no tuve que esperar tanto. El correo electrónico llegó con la noticia, vi cuando entró a la bandeja de entrada en el instante que llegó. Uf, cerré los ojos y, mientras inhalaba, puse mi atención primero en que la respuesta que estuviera ahí sabía, afirmaba y aceptaba que sería lo mejor para mí. La respuesta ya está, punto. Y de antemano ya estaba en mi plan de vida. Así que era momento de leer y conocer lo que la vida tenía para mí. Después de abrirlo y saber la respuesta, el vacío que sentí fue algo muy similar al momento de estar en la clínica, sólo que se extendió. Desde luego era un claro y contundente *no*.

Me quedé en silencio. Mientras leía esas líneas, esperaba por otra razón, sentada en otra banca, ahora en la Ciudad de México. Ahí, en el silencio, escurrieron algunas lágrimas, no quería hablar, no quería comentar y, como siempre cuando estoy pasando por un proceso, necesitaba tener un tiempo conmigo a solas.

Para el día que nos dieron la cita para hacer la transferencia (el día del celular roto), faltaban exactamente tres días para mi cumpleaños 39 (¡cuántos tres!). Me acabo de dar cuenta de que la hora estipulada para hacer el procedimiento, la transferencia, fue a las 12:30. Si ponemos más atención, hay más números tres. ¿Sabes que he repetido ver eso como una señal? Como un símbolo de su presencia y cariño. Para quien desea tomarlo como una señal, vivimos en un mundo de símbolos, el amor lo hace para que sepas que no estás solo. Recuérdalo: los ángeles siempre hablan en tres, tres veces lo dirán hasta que lo veas.

Ahí comenzaba el fin de un ciclo. Había comenzado con los procedimientos aproximadamente en agosto y acababa diez meses después, con las hormonas de lo que hubieran sido tres embarazos continuos en ese tiempo, un embarazo triple, que resultaría en esa triple cantidad de luz. Sí que estuve ocupada. Ajá, eso creía yo, "usted no va a parar de aprender, señorita, porque puede con eso y con más". ¿En serio? Ya había dicho el contundente "no, basta", y eso significa que tenemos que llegar a la causa del dolor y detenerlo por completo. Ahí no acababa el poder del Amor.

Lo que no alcanzas a ver lo vas descubriendo a medida que bajas tu resistencia a querer *saber*, pero para ello se requiere humildad. Sin duda, se requiere mucho trabajo personal para querer verte a ti mismo, más allá de lo que ves en el espejo. ¿Hasta dónde podrás ver? Dependerá de qué valoras más, si la ilusión (alucinación) o la verdad. El problema es que no sabes cuándo estás atrapado dentro del alucine; por eso vives situaciones en las que lo que crees importante y real, te lo cuestionarás. Llegaremos a ese punto, no te preocupes, así que primero hablemos del alucine.

Tal vez las que piensas como opciones, los pros y los contras, no son más que pedazos de cereal azucarados en la misma caja de cartón. Por bien que luzcan o sepan súper ricas esas opciones, siguen sin ser alimento nutritivo, no deberían de ser opciones. Pero es hasta que nos enseñan que hay mejores elecciones, cuando las quieres. Si pides que te las muestren, lo serán, el milagro sucede cuando quieres la comida real, lo sano. A veces, es hasta que te sientes muy mal o estás tan intoxicado, cuando empiezas a querer lo sano; pero a veces necesitas llegar a ese punto de intoxicación, para empezar a preguntarte: "¿No habrá algo mejor?" Empiezas a cuestionar tus decisiones: "¿Habrá alguna forma mejor?" Simplemente, sabes que no puedes más, entonces pides ayuda y lo dejas suceder. El mundo espiritual te sostiene, porque entendemos tu ceguera. Con cada paso nos acercaremos más a la comprensión. El último paso, con su dosis de buena voluntad, lo darán por ti una vez que ya sea el momento.

Pregunta del millón: ¿Por qué el mundo espiritual, sus ángeles, el universo, Dios mismo no evitaron los procedimientos *in vitro* y, al contrario, por qué lo facilitaron tanto, si iba a ser un resultado negativo? Además, ¿con todas las consecuencias físicas y emocionales que traerían? ¿No están para ayudar todo el tiempo?

Respuesta espiritual traducida: ¿Quién dice que eso no fue cuidar de mí? El amor siempre es amor, no cambia de forma y no se ausenta de repente, mucho menos en decisiones tan importantes. Tan cuidan de ti que, el punto es, ¡hasta cuándo no sabes qué es lo mejor! El no quedar embarazada sería el mejor resultado posible para lo que seguía en mi vida, pero eso no lo veía entonces.

En ese momento, no lo comprendes porque la ayuda del mundo espiritual no se mide por la forma que toma el resultado, ¿es ayuda sólo si sucede lo que tú quieres y si no, no? Y qué pasa si después cambias de opinión, y les dices, ¿cómo no hiciste que pasara lo contrario, si tú deberías saberlo mejor que yo? Por fortuna, Dios no tiene que ver con nuestra *percepción* de lo que es mejor.

El tercer procedimiento *in vitro* fue el más importante, el más agresivo, pero si no hubiera sido así, tal vez no hubiera llegado al poderoso *basta*. Es como si el universo dijera: "¿Por Dios, cuándo se va a quebrar esta niña? ¿Cuánto va a aguantar? ¿Cuándo va a rendirse para que la podamos transformar en lo que sigue?"

Mientras no sientas que requieres un cambio, ¿cómo te lo pueden dar?, ¿cómo aceptarías tu transformación, si todo parece ir bien? En mi caso, esos once meses eran el principio de muchos cambios más, de muchos descubrimientos, para replantear mi proyecto de vida.

Si te duele, tiene que ver con dolor físico. Para mí venía toda la parte de descubrimientos y cambios drásticos. No nades más en pantanos y arenas movedizas. Ahí estaba, en la orilla del precipicio, pero lista para saltar. Puedes quedarte en el intento o dejar *RenaSer* a la gran mujer que eres y serás. Recuerda, para que ocurra tu transformación tienes que quererlo, y mucho.

Tienen que saber que tu *no* significa un *no*

Voy a resumir mucho lo que sigue en mi historia. Me interesa utilizar este ejemplo para que no leas teoría escrita. Cada quien tendrá su dolor más grande, su tropezón, su caída sin paracaídas, sus pequeños o mayores dolores, que se pueden convertir en el escalón, en parte de su colección de joyas de sabiduría.

No sólo te escribo para decirte que lo puedes superar, sino para decirte que tienes permiso de ser otra u otro, completamente. Puedes comportarte distinto, puedes relacionarte de distinta manera, puedes vivir de otra manera. Tienes todo el permiso de ser raro ante los demás, pero satisfecho ante ti y sumamente orgulloso de tu vida. Date ese permiso y estarás empezando el camino de ser tu mejor versión.

Esto se relaciona con lo que te comentaba en los primeros capítulos de este libro: entender esa palabrita, *congruencia*. Ser congruente tiene que ver contigo más que con lo que entiendan o juzgan los demás; tiene que ver con lo que para ti hace sentido. *RenaSer* es no traicionarte a ti mismo.

Esa y todas las más grandes revolcadas de olas te invitarán a cuestionarte lo que es congruente en tu vida. Están destinadas a hacer un parteaguas en tu historia, te ayudarán a que te des cuenta de que aún puede haber una mayor congruencia, una mayor felicidad, un mayor amor, una felicidad más real: el ver por encima de toda ilusión. Ahora dependerá de qué quieras más: si más congruencia o más de lo mismo.

No quiero más de lo mismo

En cuanto a mi salud emocional, a los cuatro meses de terminar los tratamientos, decidí separarme de mi esposo y, meses después, eso concluiría en un divorcio. Era tiempo. En cuanto a mi salud, físicamente, recuperarme me iba a costar años, al igual que corregir mi metabolismo pues había sido demasiado para mi cuerpo. Requiere tiempo y energía saber qué rumbo quieres tomar, y dejar de manera repentina lo que había sido mi vida, en la forma que la conocía, implicaría esfuerzos. Todo cambió rápidamente después de tomar la decisión. Lo podía ver en dos formas. La primera: lo que más necesitaba observar fue que salí de ahí con una autoestima muy baja y deseando que el mismo cielo me recibiera, "sí, ¿disculpe, cómo hago una cita para estar hoy mismo ahí?", pero:

◇◇◇

Uno no se muere: *RenaSe.*

O la otra manera de verlo era porque precisamente en el fondo *mi realidad es ser amor*. La autoestima te empuja a salir adelante y a aceptar los esfuerzos y la recuperación que viene, así, renuncias al dolor y te mueves de ahí. Ambas cosas te pueden aplicar; el que sientas dolor temporalmente no significa que tu esencia deje de ser amor, eso es imposible, te comportes como te comportes, eso es otra cosa. Ahora pongamos atención a lo que se ve de fuera. El camino me llevó a no tener hijos, pero con lo que hormonalmente hubieran sido tres embarazos continuos, uno tras otro y sin descanso. ¿Te imaginas eso? Y no era todo. Al acumularse en el cuerpo tantas hormonas, provocan grandes desajustes en varias áreas, pero a una no se lo explican. Creía que estaba perdiendo la memoria, no podía recordar cómo se llamaban las cosas, hasta que encontré la causa, pensé que eran principios de Alzheimer, ¡oh, no querida!, se llaman hormonas, ellas controlan el mundo.

Por otro lado, pensé que estaba perdiendo el oído, pues me costaba mucho trabajo entender bien lo que me decían (esto sucede también por las hormonas), por ser el oído, también perdía el equilibrio, hasta que encontré la razón. Visité más doctores de mi larga lista, por fortuna me lograron ajustar de nuevo. También se generaron cambios muy fuertes en mi metabolismo; según la endocrinóloga, tantas hormonas me habían puesto al límite de enfermar de diabetes. Todas esas hormonas en el cuerpo se convirtieron en grasa y, por lo tanto, con los tratamientos tan agresivos y continuos, en especial el último que fue el más agresivo, subí mucho de peso sin controlarlo, sin importar lo que comiera o hiciera. Era importantísimo y necesario que bajara esos niveles de grasa, lo más pronto posible.

◇◇

Vive la experiencia de un cuerpo, acepta que es tu vehículo con amor, antes de negarlo como tu realidad.

Traducción de enseñanza espiritual: "No eres tu cuerpo, no eres tus emociones, no eres los pensamientos que crees que tienes, ¿entonces quién eres?"

Momento, detente: antes de negarlo, primero acéptalo como tu vehículo con amor, si no puedes tratarte, aceptarte, cuidarte con amor, no podrás *RenaSer*. Serán palabras, frases, imposiciones tal vez, ego espiritualizado. Acepta el dolor que sientes como un niño lo haría; la diferencia es que un niño reacciona ante el dolor sin filtros y tú te permites sentirlo, expresarlo para transformarte.

Comienzas el camino de recuperarte, un camino cuesta arriba

Así comenzó un largo camino para recuperar por completo mi salud integral. Un viaje a la conciencia, porque requiere mucha auto-observación. Cuando todo esto aparentemente no funcionó, estaba demasiado adolorida, cansada; mi cuerpo gritaba por equilibrio. Algunas personas sólo veían kilos de más, la falta de hijos y un divorcio, más que decisiones y actos de respeto, fortaleza y amor.

¿En qué pondrías tu atención? Cada uno ve lo que alcanza a ver. Te explico. Se vuelve un camino virtuoso buscar tu salud, porque si alcanzas a ver lo que estás aceptando es *amor* en todas sus formas de expresión. De hecho, tú eres esa expresión de amor transformándose. Se requiere más que ser un *coach*, se requiere que te vuelvas un radical experto en lo que es amoroso para ti.

"Acepto amor en todas sus formas de expresión.
Yo soy amor en transformación constante,
acepto mi transformación también en la forma de salud."

Mi sanación comenzó. ¿Cómo?

Todos mis castillos de arena comenzaron a caer como ídolos falsos. ¡Qué terrible! Sí, ¡qué maravilla!, también. Si no es amor real, ¿por qué insistir en que el oropel sea oro? Podrás tener seguridad, la casita, la relación de oropel, pero sigue sin ser oro, por más fino que sea el latón. Tú te mereces más, te mereces el cielo mismo y lo puedes tener, pero, insisto, tienes que querer moverte, tener la determinación de querer el amor incondicional, en vez de lo cómodo, en vez de lo aceptable, en vez de lo conocido (aunque sea dolor). "Eso es más fácil y lo puedo manejar mejor." Dice el ego: "Qué terror hacer cambios y lo que puedan pensar los demás." En otras palabras: "No crezcas."

La guía

Ya que tenía por delante ese reto por reconstruirme, ¿con qué fuerza enfrentaba todo lo que venía? Mi reto (como de costumbre) no era poca cosa. Al mismo tiempo tenía que trabajar en el mundo de lo físico, lo terrenal, casa, raíces, mi sustento, lo legal y corporal. Lo emocional, lo energético, ¿con qué guía en este viaje espiritual? ¿Cómo hacerlo cuando has dejado todo en la cancha?

Estaba exhausta y comenzaba otro nuevo lento y doloroso proceso: el de la recuperación. No tenía ni idea de todo lo que tendría que sanar, pero no necesitaba saberlo, lo que más necesitaba era enfocarme en tener la paciencia y dejar que el Amor me mostrara el camino, el cincel con el que me moldearían, los sanadores que entrarían a la película, los doctores de lo físico y del alma que se acercarían. El amor se encargará de tejerte de nuevo, hilo por hilo de luz.

Pedí la guía que tanto necesitaba. A mi mente llegó una frase clave para sanar todo. Esta frase me la repetían constantemente en los momentos más difíciles:

"Voltea a verte, sé tu propia madre."

Nada más y nada menos era esa la tarea. ¿Qué es ser tu madre? Desde luego es cuidarte, atenderte, mimarte, pero es amarte desde el conocimiento de ti mismo. Es aprender qué necesitas, en el momento que lo necesitas y también qué debes excluir. Seas hombre o mujer, necesitas ser luz en toda su expresión, para dar a luz a quien quieres ser, a la persona que anhelas convertirte. Eso no sucede con prisa, todo tiene su momento, ver tu segundo nacimiento toma vidas.

No saber ser tu madre es como no saber tu propósito de vida. El amor te moldea y cada vez aprendes a poner menos resistencia. Acepta que te ayuden a quitar los bloqueos poco a poco, así descubrirás la versión más sana de ti. Y cuando creas que la has encontrado, te volverán a mostrar que aún gateas y te darán más cucharadas de amor, hasta que un día sólo aceptes por alimento el amor y sólo así podrás verte y tratarte con amor.

Si eres guerrera/guerrero
de los que no se dan por vencid@s

Es una etapa del camino espiritual, muy honrada, muy honrosa, pero en determinado momento tampoco la querrás más. Aprenderás que hay otras maneras con menos sufrimiento, donde se trata más de lo que apoyas con toda tu intención, en lugar de a lo que te aferras por sacar adelante.

Las metas cambian con la madurez. Ya no quieres pelear ni discutir con lo que sale mal, pero no dejas de tener voz y voto, tu libre albedrío sigue contando, y mucho. Esto es bueno para elegir *RenaSer*, ésa es la decisión, sólo depende de ti. Con la ayuda del mundo espiritual te verás al espejo: donde antes había dudas, heridas, incertidumbre, lágrimas, podrás ver más que un hombre o una mujer, verás confianza acompañada de sabiduría.

Si la decepción ha sido ya tu compañera, te recuerdo la enseñanza: ¿Cómo evitas que una gota se seque? Lanzándola al mar. Así recordará su origen, a dónde pertenece en realidad. No puedes no formar parte del amor, no eres una gota aislada en el desierto, eres el mar contenido en una gota. Estando sola no se sentirá como el mar, que es su origen, rugiendo con toda su fuerza y revolcando todo obstáculo. Tienes que desear regresar a formar parte del mar y sentir toda su fuerza dentro de ti mismo.

Qué hermosa es tu naturaleza, no puedes ser algo distinto al amor, sólo necesitas querer recordar quién eres. Eres ese océano de amor, esa fuerza imparable, en la que necesitas sumergirte y rendirte de nuevo para comprender que, aunque gota, el universo del mar está en ti.

Muchas veces, en vez de hacer eso, tratamos de arreglar las cosas por su apariencia y no las atacamos desde la causa. Entender la causa es como despertar un día y descubrirte diferente;

como si la medicina hubiera entrado a tu cuerpo enfermo mientras dormías y amanecieras sano. Con la dicha de seguir teniendo un corazón de niño, sólo que ahora *sabes* más.

El viejo sabio espera viéndote desde la puerta y te dice "entraré, te daré medicina, sólo hasta que esté seguro, que el niño seguirá ahí, ya que el adulto confía todavía más en su inteligencia". El sabio aguarda tranquilo, no quiere que pierdas lo más preciado: tu corazón de niño, el que con confianza sabe a dónde pertenece, más allá de su inteligencia.

Para sanar, serás invitado a soltar a tu personaje, así tendrás que ir por arriba de la arrogancia, para no aferrarte a tus heridas ni a lo que crees que sabes. No podrás ser el adulto, tendrás que ir como el niño ante el que sabe, aunque lo que encuentres sea lo que más duela psicológicamente y lo menos lógico es que nos aferremos a lo que nos hace daño, pero así lo hacemos, les decimos a esas heridas: "Pásenle, tomen el lugar que quieran y pónganse cómodas." Y se quedan ahí, como si fueran invisibles, dirigiendo todo desde el alto mando de control. No las soltamos, al contrario, dejamos que nos guíen, que controlen nuestros actos y nuestras palabras sin darnos cuenta.

¿Ey, tú, qué tanto crees actuar desde las heridas y la desconfianza? ¿Qué efecto tienen en nuestras vidas? Precisamente por invisibles, se vuelven más peligrosas, porque no te permiten ver cómo llegaste a crear ese problema. Pide la guía, recuerda que no puedes solucionar el problema desde el mismo estado emocional y mental que lo creaste; necesitamos algo que nos lleve a lo alto y desde ahí anidemos, nos sostengan y nos lleven a la respuesta.

Momento, ¿que no está todo mal aquí?

¿Maestra espiritual con todo esto? ¿No siempre les va bien y ni se despeinan? ¿No están en un estado permanente de OM? ¿No está mal que no haya tenido hijos? ¿Será? ¿Y si el mundo espiritual conoce mejor que tú lo que viene? ¿Y si eso te ayuda a recordar que puedes ser feliz sin importar las circunstancias de vida? ¿No te haría más libre?

Libre es aquel que no se aferra a nada de este mundo. El ego dice que eres completo cuando tienes hijos o estás casada, o lo que sea que te haga ver más normal. Pero "ser normal" no es lo que buscas como fin último; tú vienes a romper tus propios esquemas, vienes a ser libre de ti, de tus ideas equivocadas.

En lo personal, en vez de verlo como algo negativo, me siento profundamente agradecida, pues precisamente por esto, y muchas situaciones más, hoy me puedo ver distinta al espejo. No soy la que era y cada día continúo aprendiendo a amarme mejor. Pongo mucha atención a las señales de amor que la vida me da. Siempre es una historia de amor para quien sabe ver y es una historia de amor porque muestra lo que más necesitas observar para crecer, te guía hacia lo que necesitas abrazar o soltar.

No es malo es poderoso

Esta experiencia me permitió conocer más de mis límites. Eso es poderosísimo. Si no los conoces, no sabes dónde comienzan tus *sí* o tus *no*. No sabes cuándo es momento de acelerar o cuándo de descansar; cuándo es momento de decir me caso, me separo o me divorcio. Para avanzar en la vida, para sanar, para crecer espiritualmente necesitas aprender a poner límites sanos, claros y amorosos. Estos se vuelven un abrazo de contención. Para el ego, son separación porque los piensa de una manera egoísta. Y desde el punto de vista espiritual, lo puedes ver como un acto de amor. "Esto no es amoroso, aprenderé a poner un punto final a la situación que he elegido para lastimarme."

No somos un proyecto terminado, somos aprendizaje constante, estrellas en crecimiento destinadas como una supernova a estallar. Cuando explotes, toda tu luz servirá a otros; ese conocimiento se extenderá en forma de bendiciones hacia los demás. Es tu destino ser luz-conocimiento para otros. No temas conocer tus límites. Te aseguro que tendrás muchas oportunidades para conocer lo sanadores y amorosos que son. Quédate ahí, resiste y verás la explosión milagrosa en la que te convertirás.

Conclusión

Creía que tenía una vida lo suficientemente buena y mucho más que eso, pero Dios, el universo, ese amor perfecto que conoce la verdadera esencia, sabía que no era lo suficientemente libre.

Trabajo para ser libre, si vivo todo lo que vivo es para ser más libre. Espero, deseo, que mi proceso te ayude en tu camino. Ese Amor Perfecto no podría dejar su obra incompleta para alguien que pide ver por encima de todo. Fue lo suficientemente amoroso para que esa gota fuera lanzada de nuevo al mar.

Necesitaba vivir las experiencias más dolorosas, sólo para darme cuenta de que ya no estaba más en la necesidad de nada. Ya no sufro por tenerlo o por no tenerlo, ya no soy la ola, soy la gota que ha regresado al mar.

Pregúntate qué obtuviste con cada etapa

Así como me pasó cuando cumplí treinta años, la inexplicable ceguera y la pérdida de la fuerza de mi cuerpo llegaban sin aviso, logré darle el giro que me llevó a ti, a cambiar mi vida hacia lo que parecía más congruente en ese momento. Me recuperé pero venía la tormenta emocional más grande, sumada con un nuevo reto físico. Eso no se planea, sino que sucede, porque es el momento de mayor madurez. Tú crees que lo tienes todo o que estás bien, pero viene la siguiente etapa donde te podrás dar cuenta de lo que has aprendido hasta el momento. Y que estás listo para el siguiente nivel.

Deseo que comprendas, con lo que te he compartido y te contaré a lo largo del libro, que mi amor incondicional por ti está siendo más grande que mi miedo. Que te servirá para reconstruirte y para que entiendas que los grandes maestros espirituales no son los que repiten lo que leen en los libros, ni los que nos curan con las profecías, es su congruencia, es su resiliencia, es que eligieron el amor, en vez del miedo, que están más allá de cualquier rencor. Por encima de la experiencia más ácida, dolorosa o humillante, eligen recordar quiénes son.

6. Eres águila que renace: dejar tu personaje... uy, qué miedo

"¿Cómo podrías renacer sin antes haber quedado reducido a ceniza?"
NIETZSCHE

Había puesto en marcha la actividad sanadora de poner nuevos límites, mis poderosos "basta, no más". En realidad, tú eliges los límites, son para ti. De manera más razonada, siempre tienes los "hasta cuando", quieres poner atención a tus necesidades y también a tus necedades. Cuando no pones los límites necesarios, el universo te ayudará poniéndote un límite para que te voltees a ver con mayor amor. Esa experiencia no es buena ni mala, es una acción amorosa.

Con el tiempo entiendes y agradeces a todos aquellos involucrados que, sin saberlo, se vuelven maestros-practicantes que te ayudan a repasar, practicar y confirmar de manera constante tu decisión de mantenerte con mayor salud mental, emocional y, por consecuencia, física.

Tú pones un límite a alguien cuando en conciencia deseas frenar el malestar que causa una situación. Tú colocas un límite cuando ya no quieres más dolor, mentiras, incertidumbre o maltrato. Aprecias los límites cuando sabes que te permitirán crecer como persona en cualquier área donde los dibujes. Es la forma en la que se entiende cuándo delinear los "hasta dónde sí y hasta dónde no". Es la base indispensable para lograr relaciones amorosas y respetuosas.

Desde luego que, si los demás no tienen esta conciencia ni tu contexto para comprender nuevas situaciones, ellos verán con sus propios ojos, sin mucha información y no desde lo que tú comprendes. Con tus nuevas reglas del juego, entenderán tu posición, el valor que das a cada cosa, así comunicas la visión que tienes desde el lugar donde hoy te encuentras. Es válido.

Los límites que pongas te ayudarán a mantenerte sano, a mostrar lo que es más importante para ti y a repasar constantemente cuáles son tus prioridades.

Hay algunos más observadores y compasivos que comprenderán y no insistirán. Sin embargo, para otras personas, el que pongas límites les puede resultar muy frustrante. ¿Cómo de pronto empiezas a hacer cosas distintas? No están acostumbrados a escuchar que no darás un extra en cierta dirección. Tal vez tu nueva manera de hacer las cosas no les gusta o simplemente no va de acuerdo con sus tiempos y sus intereses. Incluso hay relaciones que no continúan porque ya no pueden ser a expensas de ti. Aún no comprenden que un nivel de energía alto, tu balance, tu salud, tu felicidad, tu abundancia personal, es lo mejor que les puedes dar para crear más.

El amor con el que cuidas de ti es el amor con el que puedes cuidar. La compasión que brindas a los demás es la que muchas veces necesitamos para nosotros mismos. Para los que te aman es claro, saben que es necesario, prudente y amoroso cuidar de ti. En este ir y venir se aprende cuándo es momento de qué, a renovar las prioridades y esta convivencia es una práctica espiritual necesaria en el mundo, llena de tolerancia, de respeto y de amor entre los unos y los otros.

Tus actos reflejan tu nivel de conciencia. Por lo tanto, cada uno ve con sus binoculares las acciones de los otros. Algunos buscarán entender y otros aprovecharán para juzgar. Llegará un momento en tu vida en el que serás invitado a cuestionarte si permanecerás pasivo ante los cambios que sabes que requieres hacer o si te quedarás sin hacer nada ante maltratos psicológicos o físicos personales. Si vas a quedarte igual ante aquello en dónde no te sientes pleno o en vez de eso te atreverás a tomar lo que llamo las "decisiones radicalmente amorosas" (DRAs).

Lo importante es que cambien los pensamientos equivocados, de esta manera cambiarán las emociones tóxicas que resultan, como la ansiedad, el estrés, la tristeza, el enojo. Es decir, lo más necesario es que cambie el contenido de tu mente y no drásticamente la forma. Si sólo das portazos sin saber cómo contribuyes o fomentas tus problemas, solamente cambiarás de maestro-practicante en turno y el mundo seguirá siendo el mismo lugar que te decepciona, desespera o acelera. Ahora, si te observas y necesitas cambiar la forma, sientes que es mejor, al menos por ese momento, cambiar de ciudad, de casa, terminar relaciones, cambiar de trabajo, etcétera, ¡será una consecuencia evidente de ver de manera más sana tu vida!

No empieces dando portazos, haciendo reclamos, sin observar cómo contribuiste también al problema o al malentendido. Entonces, ¿en qué actitudes necesitas ponerte un límite sanador? Permite que sucedan estos cambios con ese objetivo en mente, ¿qué es lo más amoroso, respetuoso y consciente que puedes hacer en tu vida y para la de los que te rodean?

Otra clase de límites, los más difíciles son los que te harán volar

Otra cuestión es, además de poner tus límites sanos, claros y amorosos, marcar tus poderosos "basta, no más", aunque resulte doloroso, difícil y cuestionado. Observa si en tu corazón sientes o sabes que no hacerlo sería todavía más doloroso, inconsciente, irresponsable o enfermizo a la larga. Por lo tanto, a veces lo más difícil y lo más correcto por hacer, es lo mismo. Así es como sucede con un alcohólico, dejar de tomar es lo más difícil para él y, al mismo tiempo, es lo más correcto. Entonces, te pregunto ¿por qué te toca escuchar esto?

◇◇

¿Qué tienes que dejar de hacer por más difícil que parezca?
¿Qué tienes que empezar a hacer?
¿Cómo hacerte más responsable de tu salud
emocional, mental y física?

Sin esa energía, no renaces. Si empezar a poner límites es lo más difícil que tienes, imagina cómo sería tu futuro, personal, de relaciones, de trabajo, si no eres más responsable. No dejes que el ego te engañe en este punto. Lo que tú haces contribuye y suma a una dinámica que no es sana, en vez de que digas: "¡Ves cómo tengo razón, y ahora, a quien no le guste mi manera de hacer las cosas está fuera de mi vida!" "¡Renuncio a este trabajo, me exigen mucho!" "¡No quiero que me digan qué hacer, entonces a quien me diga cómo hacerlo le pongo el límite de ignorarlo! Si no quiere hacer las cosas a mi manera, se puede ir por un tubo. Es a mi manera o sabe dónde está la puerta."

Puedes decir: "Tal vez esa persona me imponga cosas o me quiera manipular, pero esta vez yo observaré, ¿por qué respondo ante eso de esta manera, será que el problema lo estoy repitiendo con este nuevo personaje y que tengo un patrón de atraer lo mismo? Entiendo que, si es alguien muy tóxico para mí, tengo la opción de no querer a personas así en mi vida. Empezaré a cambiar el patrón con los límites sanos, claros y amorosos que necesito para mí." "En vez de renunciar a este trabajo, agradezco que me den nuevos retos en mi vida, si no crezco y no encuentro la forma de hacer un liderazgo comprometido con mis talentos, sólo aprenderé a comunicar de manera más clara mis necesidades para no proyectar mi enojo personal a quienes no las conocen."

Estaba decidida a hacer caso a la guía del Amor, aunque de todos modos sabía que sería lo más difícil. Pero mantente ahí, tus decisiones te van a acercar a un escenario de vida radicalmente más amoroso con el tiempo o de manera inmediata. Bienvenidos sean los límites sanos, claros y amorosos. ¿Dónde los necesitas poner?

Una cosa es leer acerca de los límites y otra es hacerlos suceder

A veces las decisiones más difíciles son lo más correctas, significa que será lo más sanador, comprometido y amoroso que puedes hacer por ti. Eso te lleva a actuar en consecuencia para poner los límites necesarios. ¿Va a costar trabajo? Sí, y brutalmente en algunos casos, pero lo vas a lograr. ¿Cómo lo sé? Porque ya estuve ahí, sé lo que cuesta, sé cómo lograrlo.

La historia que te seguiré compartiendo es un ejemplo, para que veas que también puedes, que una vez que entiendes lo que mereces, lo que quieres y lo que necesitas, y la diferencia entre ellos, el universo hará el resto. Te seguirá dando lo que necesitas, sólo que ahora lo comprenderás mejor y con menor resistencia, no estás solo en esto. De entrada, cuentas conmigo, ya recorrí el camino para contártelo.

En el siguiente capítulo veremos la importancia de creer que mereces siempre algo mejor y, si no es así, por más equivocado que estés en ese departamento, debes sentir que sí mereces, esto hará toda la diferencia, si no te crees merecedor, todo se puede volver devastador. Así que, mientras tanto, sigamos explicando la etapa en la vida en la que puedes empezar a comprender: "lo que yo creí que quería en mi vida", para pasar al "y ahora me doy cuenta de que necesito". Lo que crees que quieres puede ser un gran distractor, te puede hacer que ocupes mucha energía, pero regresarás a poner los pies bien en la tierra y la mirada en el cielo. De nuevo estarás listo para ser realmente feliz y dar servicio. Así que, si se trata de lo más difícil, déjame contarte algo más.

La peli de terror

Por lo pronto, toda esta situación de película transcurría en mi vida. Trabajaba de día, dando lo mejor de mí, además reordenaba la forma en la que funcionaba la oficina. Buscaba un nuevo lugar donde vivir (haz que funcione ese nuevo lugar con todas sus nuevas logísticas), lidiaba con el duelo de no haber logrado el esfuerzo de tener hijos (con toda intención no digo, "no *poder* tener hijos" porque no creo que *no* pudiera, creo que era lo mejor que necesitaba suceder), además veía asuntos legales necesarios por mi divorcio (límite claro, sano y amoroso). También iba a los distintos doctores en el orden que fueron traídos y con mis propios conocimientos (regresaba a la salud, que es tu estado natural de ser), lidiaba con el sobrepeso para no volverme diabética por el exceso de hormonas del tratamiento. La lista sigue, ¿tienes tiempo? Y, bueno, lloraba en silencio o fuertemente, algunas veces por las noches, parecía que las noches eran el momento más desocupado (así llegaría una tarea extra por las noches, pero eso te lo platico más adelante).

En ocasiones, parecía demasiado por sostener, por sacar adelante, sobre todo al inicio que estaba con los nervios alterados por tener que realizar tantas cosas de manera inmediata. Todo parecía urgente, necesario de atender y de detener. Se requería de mucha fuerza y energía.

Sabía que no iba a actuar por impulso, por la prisa de querer resolver; no iba a dejar que el ego me contara su versión de quién soy o que ganara en momentos con la guardia baja; o, peor aún, con lo que parecía un *knock out* en el *ring*. Estaba decidida a no traicionarme, sabía que todo eso que parecía frustrante iba a pasar y a terminar un día, pero en el ínter, estaba dispuesta a ser la mejor alumna. En cada paso que diera, no se trataba de "lo malo" que sucedía o lo que no sucedió, estaba segura de que se trataba de algo mayor y estaba dispuesta a correr y terminar la carrera.

En mi caso, por alguna razón, los "pasos de bebé" en cuanto a situaciones por superar no parecen ser lo mío, ¿para qué repasar la tabla del uno, si podemos hacer ecuaciones que nos lleven a la luna o a otros mundos? De uno en uno, problemas chiquitos, me tomaría muchas vidas y si me preguntas... mmm, no hay necesidad, ya lo he hecho, mejor de una vez. ¿Para qué tener un reto difícil de superar a la vez, si podía llegar todo junto, cierto? Así fue, ¿sabes por qué?

No creo que las cosas malas llegan, ni que Dios aprieta lo suficiente, pero no ahorca. Claro que no, dejemos en paz a Dios, ni manda cosas malas, ni aprieta, ni ahorca. En nuestra ignorancia del ser, somos quienes nos creamos situaciones que, al resolver, nos harán sentir muy bien. Depende del reto, no sólo sentir bien, sino saldremos más que empoderados y mucho más educados. Creo que tienes el conjunto de cosas que necesitas vivir para crecer, si eso es lo que llega. Entonces, estás listo para construir con eso la nueva mejor versión de ti mismo.

Por primera vez empecé a escuchar que mis problemas eran, no sólo "por ser tan sensible", sino también por ser "tan ingenua". El mundo espiritual me mostraba distinto, porque tiene distintos conceptos. No se debía a eso, entonces, ¿por qué habría de ver con otros ojos, si los del mundo espiritual me mostraban un camino, mientras que los de los otros, una cárcel de eterna decepción?

¿Tú a quién escuchas para regresar a la paz?

Eso significaba una cosa muy importante: podía llevar las reglas bajo las cuales juega el mundo y entonces deprimirme, amargarme, destruirme por tener la razón, convencerme de que era una víctima. Tenía todo para eso, pero en cambio había sucedido algo muy hermoso, casi un milagro para algunos: estaba a salvo.

El corazón de niña seguía intacto, mi confianza seguía intacta, mi decisión de ver el mundo con ojos de amor seguía intacta, sólo que ahora el adulto necesitaba tomar decisiones responsables hacia la paz. No se trata únicamente de lo que sabes y te sucede; se trata de lo que harás con lo que sabes; te subirás de nuevo al *ring* y veremos en qué lo conviertes. ¿Qué será para ti lo que llamas "victoria"?

No sirve comprender el perdón a nivel intelectual, de librito, que pasaste las páginas y te sabes los conceptos. Eso es bueno, leer y saber, pero es una victoria lograrlo, es *la victoria*. Si no, aunque sea el capítulo del libro más ilustre o espiritual, sigue siendo un perdón de papel.

La verdadera tarea comienza cuando eliges aprenderlo en serio, cuando tienes razones poderosas para odiar y, en cambio, consigues ver por encima de la ilusión. ¿Cuál puede ser la razón para guardar resentimientos? Algunos se pierden en el odio por una infidelidad, otras por fraudes, otros por extorsiones; tendrás muchas razones para odiar, quien no se abra a aceptar la posibilidad, no lo trascenderá.

La experiencia te puede llevar a pasar del miedo al enojo, a tener una nueva visión de tu vida. En mi historia, no iba a ser la victima de las circunstancias. En cambio, y con el tiempo, elegí volverme más poderosa desde mi propia perspectiva. Lo importante es que tú te sientas más poderoso cada día y eso sólo lo sabes tú. Así que cuando estés en ese *ring*, el reto no será quién golpea más duro ni quién le da la espalda al otro; tiene que ver con el milagro de convertir ese *ring* en un *nido*.

No te harás más fuerte dando golpes. Cuando te des cuenta de que no sientes ni la más mínima apetencia de defenderte, sabrás que el que está enfrente no es tu enemigo, es el que acordó subir al *ring* contigo. Y mientras el ego dice, "destrúyelo, ódialo", o por muy bajito que parezca, "guárdale resentimiento"; tú, por dentro, con el tiempo, dirás: "*Gracias*, porque me has ayudado a recordar mi poder, pues hoy puedo ver que no lograste quitarme nada, he ganado todo."

El tiempo servirá para que elijas hacer esa transformación en ti, eso no sucede en el primer *round*. No tengas prisa, no quieras ganar por *knock out* a tu adicción o a tu dolor, se requiere de entrenamiento diario. ¡A darle!

Del duelo a la poderosa guía

Como estaba aún reciente, y sabía que era un momento de duelo, no quería que ninguna emoción o tristeza se quedara atrapada, escondida o no me diera permiso de llorar ante todas las últimas sorpresas y cambios que estaba teniendo en mi vida. Me daba permiso de contactar con todo lo que dolía, antes de querer apresurarme o exigirme estar bien. Eso no es permitir un duelo. Por más que quiera uno adelantar, no se puede si no es vivido de manera profunda, y entre más profundo llegues, mayor sanación tendrás.

Todas las mañanas, tenía una nueva rutina: me despertaba como siempre, dando gracias por el día que iba a tener, porque sabía que era una nueva oportunidad e iba a ser perfecto para lo que necesitaba vivir. Frente a mi cama había colocado un cuadro de Jesús, amado maestro, de tal manera que, al despertar, era lo primero y lo último que veía antes de cerrar los ojos. Le pedía que me enseñara a amarme, que me enseñara a ser mi propia madre, que me ayudara para que mi idea limitada no fuera la única respuesta, sino su visión, la del amor más alto para esta situación. Le pedía ante la frase que había recibido en meditación:

>>"*Enséñame cómo amarme, enséñame a ser mi propia madre, enséñame cómo me amas tú.*"

Por las noches pedía que su mirada me guardara, mientras creía que iba a dormir. Al despertar, de nuevo le pedía que guiara todas mis decisiones desde el amor, por más difíciles y confrontadoras que parecieran para ese día. Ésa era la medicina diaria para mi ser. Regresas tu enfoque a un lugar de humildad, de amor, y entonces podía comenzar mi día.

Como dije, eso toma tiempo, sí. Pasé cerca de dos años resolviendo pendientes y logrando ajustes para lo que sería mi nueva vida. Cuando digo ajustes, no me refiero sólo a lo más inmediato, como conseguir un nuevo lugar donde vivir y situaciones de trabajo. Tampoco a los temas de salud o al sobrepeso, cada reto tiene su momento para resolverse. Por más que queramos solucionar todo al mismo tiempo, nos marcan las prioridades y no pasamos de una tímida recuperación a volverte certeza en tu vida, de la noche a la mañana. No es ésa la meta del mundo espiritual, es mucho más grande. Hablamos de un cambio profundo y auténtico, de tu *Rena-Ser*. Por eso, las respuestas seguirán llegando.

<><><><><><><><><><><><><><><><><><><><><><><><><><><><><><><><><><>

> No pelees contra nada, eso te debilitará, se trata de lo que apoyas con tu energía, y todos los cambios que abraces pensando en tu beneficio, se volverán importantes oportunidades.

Resolver un problema es más que eso.
¿*Un nuevo lugar* donde vivir o un nido?

Más que un problema, puedes verlo como una oportunidad. Es un ejercicio de creatividad. La creatividad proviene de tu energía femenina, como la intuición, o tu sexto sentido. Una madre siente esa guía, tu energía femenina se deja dirigir más fácilmente (aunque sea hombre, tiene esa energía femenina y masculina), intuitivamente busca un lugar ideal para construir su nido y toma tiempo prepararlo para que resulte el lugar donde darás a luz o te conviertas en la mejor versión de ti mismo. Por ello es fructífero dedicarle tiempo.

Encontrar un nuevo lugar donde vivir me tomó más tiempo del que hubiera pensado. Creía que con tanta oferta sería más sencillo, pero no fue así. Cuando ya íbamos a cerrar un trato, pasaba algo por lo cual los vendedores tenían que retractarse. ¿Es malo que algo no se dé? ¿Los ángeles no estaban ahí? Por supuesto, no hay otra forma, claro que sí estaban y estarán siempre para todos. Nuestra ignorancia no tiene que ver con el plan para despertar, es sólo que hay tiempos que son necesarios que se cumplan.

Por ejemplo, no se trata de las opciones que hay, yo no andaba buscando opciones, se trata de entender la diferencia entre lo que mereces, lo que quieres y lo que necesitas, ¿recuerdas? El mundo espiritual conoce esa diferencia. Hasta que estés listo para entenderlo, ellos cuidarán de ti, a pesar de ti y de la poca visión que exista en el momento. Cuando comprendes lo que es mejor para ti, ambos estarán de acuerdo más rápido; pero ese tiempo es sumamente valioso, porque aprenderás a diferenciar cada vez mejor. Tú crees saber qué es lo que quieres y el mundo espiritual te mostrará lo que necesitas, hasta que quieras verlo y aceptarlo. La comprensión requiere tiempo. Entonces, repito, no es malo que no pase, es poderoso.

◇◇◇

Traducción espiritual:

Déjanos guiarte, hacer un verdadero nido toma tiempo y para que puedas dar a luz al que ya habita en ti en silencio, se requiere ir de rama en rama, o sea, poco a poco, paciencia, si lo que quieres es lo mejor para ti.

En realidad, a medida que va pasando el tiempo,
¿te das cuenta de cómo es el mensaje que se repite?
Lo que no sucede es por muy buenas razones, las mejores.
Aunque sólo alcances a ver hoy lo que no está sucediendo,
hay toda una maquinaria milagrosa moviendo constantemente lo que tú todavía no alcanzas a ver, pero rama por
rama se está construyendo y habrán de encontrarse, con
las circunstancias adecuadas en el momento perfecto.

Es verdad, en mi historia llegó algo mejor después de dejar ir sin apego. ¿Qué es lo que lo hace mejor? No me refiero nada más a condiciones físicas, sino que en cada paso del tiempo practicas y, cada vez más, sabes mejor lo que quieres y lo que necesitas de manera conjunta, de acuerdo con la persona en la que te estás convirtiendo.

Cuando creíste que ya sabías quién eras, lo que querías y lo que necesitabas, ¡zas! Te dicen "dame permiso de mostrarte lo que nosotros conocemos de ti". ¿Crees estar abierto? Depende del grado en que lo estés, te mostrarán; pero si realmente lo estás, las crisis o los cambios personales y permisos son necesarios para que puedas ver más allá de lo que hasta ahora te conoces.

Ahora tu nido, tu hogar, no será sólo tu lugar físico, no sólo es tu casa, necesita ser el lugar donde anidas, donde te conviertes cuando hay enfermedad en salud, donde puedes descansar y recuperarte. Es muy importante que tu casa sea tu nido. Asentada en un nuevo lugar, estaban las condiciones propicias para la siguiente hazaña. ¿Qué es preparar el nido de transformación?

El *RenaSer* del águila

Preparar el nido espiritual tiene que ver con prepararte a ti para tu *RenaSer*. No sólo se trata de una casa o un departamento que perfeccionar, aquí tú eres el recipiente, tú eres el que se contiene, el que se limita y, por lo tanto, el que se tiene que liberar a sí mismo. No te confundas, algunos son expertos en verse bien, que no es lo mismo que ser libre de una autoimagen. Precisamente, para liberarte de ti, necesitas desprenderte de todo, del personaje y de lo que puede ser peso muerto para tus alas.

No podrás volar más alto con todas las historias que cargas. Necesitas soltar, dejar ir, así tendrás ayuda desde lo más alto. Prepárate para que sucedan los cambios. Después de todos los cambios, el mundo espiritual sabía el verdadero "dar a luz" y la maternidad a la que se referían. En mi caso, el que no tuviera hijos no significaba que no fuera a dar a luz.

Una noche estaba lista para dormir, acababa de meditar y de orar. Hacía tiempo que había pasado lo peor de la tormenta en mi película, la situación de crisis había quedado atrás, incluso para este momento había tenido oportunidad de nuevas parejas, un nuevo lugar. Afortunadamente, los efectos secundarios de los tratamientos hormonales iban superándose poco a poco, al igual que sus consecuencias. El sobrepeso fue lo más lento, pero punto y a parte de todo eso, en mi interior sabía que las cosas no terminaban de acomodarse. Me sentía en una pausa, en una de esas silenciosas en las que estoy convencida de que es mejor escuchar, que planear.

Ya había pensado y actuado lo suficiente, no porque ya no llueva significa que estás en la eterna primavera. Algo importante faltaba y sabía que no tenía que ver más con lo de allá afuera por resolver. Por más pendientes que hubiera, esa noche me dirigí al

Amor. Le pedí vehemente una señal que pudiera entender del paso que seguía. Había avanzado mucho y en muchas áreas al mismo tiempo, eso era importante. Me daba amor en la forma de reconocimiento a mí misma, porque sólo uno mismo sabe lo que cuesta sacar adelante las cosas. Sin embargo, sabía que algo faltaba, que esto no había terminado. No se sentía así. Humildemente, estaba lista para escuchar y seguir aprendiendo.

Terminé de meditar y de orar, me dejé caer en la cama. ¡Mañana será otro día!, este proceso de dedicar a cuidarme y aprender a ser mi madre sí que toma tiempo, pero porque esa energía femenina, tanto en hombres como en mujeres, es muy poderosa. Una buena madre sabe hasta qué compañías son las más amorosas para sus hijos y cómo cuidarlos. Justamente, la señal que esperaba no tardó en llegar. Una vez que estás listo y abierto a las posibilidades, el mundo espiritual no tarda en contestar. De hecho, la respuesta ya está lista para cuando hagas la pregunta, puedes contestar de inmediato.

Aunque ya había dejado mi celular cargando, me sentí muy atraída a ir por él. Al levantarlo vi un *tweet*. Quise leerlo, lo que "por casualidad", ay ajá, o *dioscidencia*, llegaba. No era de ninguna persona que siguiera, pero se cruzó. Hablaba del águila real y lo que sucede cuando llegan a cumplir los cuarenta años que, otra vez por "coincidencia" es cuando toda esta crisis había explotado. A los treinta y nueve, decidí cerrar esos ciclos importantes en mi vida y empecé a tomar las decisiones radicalmente amorosas. A los cuarenta, ya era esa águila que construía su nuevo nido.

Ese *tweet* era una descripción de la decisión que tenía que tomar el águila para *RenaSer*. Yo sentí como si me hubieran hablado a mí, me conecté profundamente con lo que decía, sin duda, me llamó mucho la atención. Acababa de orar, de pedir una señal clara, precisa y maciza, contundente, de tal manera que no me quedara duda. ¿Esto tendrá que ver con la señal que pedí? Ya lo veremos, pues pedí que no me quedara duda y el mundo espiritual contesta de manera clara, amorosa y contundente.

¿En serio quieres una señal clara y contundente? Qué bueno porque el amor sólo sabe actuar así... y más cuando se acerca tu cumpleaños

Al siguiente día por la mañana, tenía varias citas. Dentro de ellas, un pendientito que pareciera el menos importante por hacer, pero que no podía dejarlo por la proximidad de un evento. Tenía que ir al sastre. Tenía una conferencia en una semana y, por "coincidencia", caía un día antes de mi cumpleaños. Yo no la hubiera organizado en esa fecha, pero había sido una invitación por parte de la cadena en donde se transmite mi programa de radio, así que fue la fecha que acordaron.

Sin embargo, sé que siempre me pasan cosas muy importantes cercanas a la fecha de mi nueva vuelta alrededor del sol, así que una vez cerca, pongo mucha atención, porque sé que las personas que estén en esos momentos serán muy significativas. Entran a la película unos meses antes de la fecha y ¡zas!, llegan a hacer su magia, al igual que aquellos sucesos que pasan cercanos al cumpleaños, sé que serán muy significativos o, incluso, realmente mágicos, de esos que te sacan un "no-in-ven-tes-no-me-lo-es-pe-ra-ba-qué-im-pre-sión", así. Es más, el siguiente es un ejemplo radicalmente amoroso, que te dará una idea de por qué aprendí a poner atención a lo que sucede cercano a mi cumpleaños, resume la importancia de lo que te comparto.

Aquí va, te tengo noticias: mi primer libro se escribió en medio de esta crisis, ¿inimaginable? Yo no pensaba escribirlo, pero sentí ese llamado en mi corazón. Saben que haré caso a la guía, con la confianza de una niña que ama con todas sus fuerzas, así que, si ese amor va a tomar la forma de un libro, por mi parte nada me detendrá una vez que acepto.

Así que, cuando pregunté a mis ángeles acerca de si debía escribir un libro en ese momento, que parecía el no ideal, de nuevo ellos supieron mejor cuando es mejor para qué, respecto a lo que quieres, no quieres, lo que necesitas y ya no. El mundo espiritual ya me había estado preparando casi un año antes, con pensamientos repetitivos sobre escribir un libro. Pero cuando algo es importante que suceda, y no sólo un anhelo, quedará muy claro. Si tiene que suceder, observa cómo llegará frente a ti la oportunidad para que lo hagas suceder.

En mi caso, saben que esto pasaría en el momento en el que yo creería que es lo último que debía hacer, ¿cómo en un tiempo en el que me sentiría vulnerable?, ¡vamos a ver, nunca había escrito un libro y me lo piden ahora! ¿No pueden esperar a que arregle todo este mundo de cosas primero? Así pensamos nosotros, pero así hacen los milagros ellos. Hacen que te superes a ti mismo, saben cuál es el milagro que más necesitas.

La forma en la que sucedió fue magia pura, sin buscar ni forzar nada, como debe ser. Ahí estaba un buen día frente a una mujer, alta directiva, a la que no conocía, ni ella a mí, nunca nos habíamos visto antes, pero, por intermediación de un amigo, el cual me había pedido una terapia urgente, terminé viéndola a ella. Al terminar la sesión de mi amigo, fui impulsada por la Voz —mis ángeles—, a comentarle que llevaba tiempo con el deseo de escribir un libro, a lo que él me respondió que él me agradecería mucho si accedía a ver a una amiga que estaba muy mal, con un problema y que seguramente yo podría ayudarla. Ella estaba en el mundo editorial, pero me advirtió que era muy escéptica, que no esperara nada, no me dio muchos detalles, pero tal vez era el encuentro que ambas necesitábamos. "Si ella accede", le dije, "habrá dado el primer paso para sanar y yo daré el siguiente".

"No se trata de forzar, será un gusto si la puedo ayudar. La veré en la cafetería, no iré a su oficina, porque eso no le servirá, necesito que esté en un espacio neutral para recibir su terapia; ella necesita querer la sesión, si no, avísame, porque significa que no es el momento."

Él me confirmó que sí quería verme y que le parecía muy bien vernos en esa cafetería tan cercana a su lugar de trabajo. Accedí a ir, por hacer un favor a mi amigo, por la intención de ayudar a esta mujer, me estaba haciendo disponible para lo que fuera lo mejor. Ahí tendría clara la respuesta, en caso de ser el momento adecuado. Unos días después de esa terapia, ahí estaba, frente a ella, en la mesa de una cafetería. Después de presentarnos brevemente, me contó de su gran preocupación en ese momento, a lo cual le di el mensaje y la descripción de lo que yo recibía que resolvería el problema para ella y para todos los involucrados. Sin esperarlo, de manera impresionante, estaba viendo llorar a una mujer, sumamente escéptica, que parecía un tanto dura, pero con mucha fortaleza interior, la cual, de antemano, me había advertido que no creía en nada de esto, "pero sé que mi amigo no te hubiera recomendado". "Pero ¿cómo puede hacer tanto sentido lo que me dices? Hace todo el sentido del mundo y ahora entiendo lo que tengo que hacer." Me agradeció, limpió sus lágrimas, como recuperándose, y terminó diciéndome: "¡Ahora entiendo, claro que tú tienes que escribir un libro! ¿Quieres escribir un libro no?"

Y antes de que pudiera contestar, ella se paró de la mesa, un tanto ofuscada, de prisa y me dijo: "Muy bien, mañana tendremos una junta con todo el equipo, trae a la reunión todo el material que tengas." Se despidió rápidamente y se fue. ¡Momento! Ahora me quedaba con mi cara número 54 de sorpresa, y un "¡¿Cómo dijo?!" Ese fue el único momento en el que me estresé, ¡para mí es mucho más fácil comprender la perspectiva espiritual y comunicar sus mensajes, que escribir un libro!

Entonces, mientras ella regresaba a su oficina que estaba arriba de esa cafetería, yo me quedé con la boca abierta, sin tiempo para decirle: "¡Oiga, disculpe, no, un detalle yo no tengo nada escrito!, ¡creo que podemos dejar ese libro para el próximo año!..." ¡No tuve ni oportunidad de decirlo, simplemente es como si ya lo hubiera dado como un hecho!

Imagínate la escena, al día siguiente me presenté a la junta (yo y mis galletas favoritas). No tenía papeles de trabajo, pero les ofrecí lo mejor que tenía en cambio, chocolate, sí, en esas galletas, bueno, qué mejor que una dulce junta.

—Tania, cuéntanos del libro que estás escribiendo...

—¿Cómo? Eh, yo... –empecé a describir el libro que llevaban meses guiándome en mis pensamientos, no tenía nada escrito, pero tenía mi vida entera, que era el ejemplo de lo que hablaba. Hice una pausa, comenté que había otra propuesta, una segunda idea del libro que podría escribir. La mencioné porque me daba pena que el primero tratara o incluyera aspectos de mi vida. La verdad no pensé que a nadie le interesara. El segundo era desde la perspectiva de lo que la gente me pedía mucho, por las terapias y los cursos. Pero en la reunión se interesaban más por la primera opción. Yo les contaba más experiencias de mi vida (que era el libro para el cual recibí guía).

—Ajá, comprendemos –me decía la alta directiva (que resultó ser una gran mujer que siempre me trató excelentemente). Entonces, hizo la única pregunta de ese día a su equipo editorial:

—Levante la mano quién opina que Tania debe escribir primero este libro que incluye sus experiencias de vida. Y quién opina
que el otro libro.

Hubiera sido la siguiente pregunta, pero la votación fue uná-
nime, todos votaron a favor del que relataba experiencias de mi
vida, sin saber que era el libro que mis ángeles llevaban casi un
año pidiéndome que escribiera. Ya sabes, qué coincidencia, ¿no?

Volteó conmigo y me preguntó:

—¿Qué título le pondrías? ¿Sabes?

—Sí —contesté. Llevaban tiempo con esos pensamientos, así
que sabía perfecto cómo debía titularse–. Ese libro se llama *Una
vida con ángeles*.

—Muy bien, nos gusta —la votación se cerró y la única pregunta que me hicieron después de decidir eso fue:

—Muy bien, ¿cuándo crees que puedes entregarlo? ¿Crees
que en seis meses lo tengas listo? ¡Por lo visto lo dominas totalmente...!

—¡¿Cómo dijo?! Bueno, podemos ver... claro.

Mi pensamiento: "¡¿Oh, por Dios, en qué momento pasó
esto!? ¿Así y ya?, Tania: tienes tu siguiente misión imposible, si
decides aceptarla, y si no, no te preocupes, no te vamos a des-
truir." ¿Cómo?, ¡¿pero si ya estaba en medio de una misión personal y me dan más?! Hay personas que buscan ser publicados
mucho tiempo sin conseguirlo y a mí me lo encargaban como si
ya fuera una escritora confiable y consagrada, muy seguros,
¿acaso estas lindas personas de la editorial estaban viendo algo
que yo no?, ¿y así de un día para otro? ¡Qué plan, así de fuerte
sucede algo cuando tiene que ser, entre más grande sea la misión, de manera más contundente será! No hay lugar para sospe-
chas, se siente o a pesar de tu resistencia, será evidente. ¿Qué se
traen entre manos, bueno, entre alas?

Cuando crees que es momento de algo, tal vez la vida te conteste que *no*; cuando crees que no es momento de otra cosa, la vida te dice que *sí*. ¿Qué hacer entonces?

Respuesta del mundo espiritual:
sigue el camino que es guiado, el camino de menor
resistencia, ése será el más bendecido.

¿Te das cuenta de cómo siempre te muestran el camino? Hasta ese momento entraron a mi película de vida las personas que me habían pedido escribir mi primer libro. Antes no. Cómo es posible que después de todos esos meses preparándome con esos pensamientos repetitivos acerca del libro, yo creía que no era el momento. Llega esta crisis en mi vida, que pareciera ser muy inoportuna, y de un día para otro, el plazo había llegado. Estaba en una junta con cinco expertos en la materia. Les tenía que dar una respuesta, tomar la decisión y comunicarla al día siguiente. ¿Cómo saber lo que sería mejor para ese momento tan complicado? No iba a decir que sí, para no cumplir; es más responsable decir "no puedo" en un inicio, que aceptar para no cumplir. Así que por más evidente que pareciera, pregunté y su respuesta fue de nuevo clara, contundente y amorosa:

"Este libro será tu medicina y, al compartirlo,
será medicina para otros."
Arcángel Miguel

Esa fue mi contestación. ¿Hubieras elegido ignorarla? A mí me pareció impresionante cómo esa frase aplicaba para mí, también para el que leyera el libro le serviría como su medicina, y le ayudaría a otros. Siempre hay que crear luz para todos los involucrados. ¡Qué brillante contestación! Sin sospechar el impacto que tendría ese libro después, lo importante es que querían que lo escribiera, porque me ayudaría a recordar cómo había sido capaz de superar los grandes momentos de incertidumbre ante la pérdida de la vista de manera temporal y la falta de fuerza en mi cuerpo, por esos episodios que pasé diez años antes.

Tenía un camino aprendido acerca del manejo de la incertidumbre. Sí había tenido la fortaleza y la paciencia para superar eso que duró siete meses, entonces sin que yo lo sospechara, me ayudarían a recordar que podía sacar adelante la situación de ese momento, lo que una década después exactamente sucedía. A veces la vida sabe cómo hacer eso, darte el reto que necesitas, el reto que te hará recordar tu poder, sólo que no sabes cuál de todos, en mi caso, el de *reinventarme*.

Con gran asombro empecé a escribir mi primer libro. Ahí compartí la frase que me habían dado, la puse como epígrafe después del índice, por ser lo primero que en realidad me habían canalizado. Quedó plasmado lo que con cada página me ayudaría a recordar mi poder, ese libro fue mi medicina. Me la daban diario, ya que escribía todas las noches para cumplir en tiempo el plazo, de siete de la noche a las tres de la madrugada o más, en algunas ocasiones, hasta que los pajaritos me recordaban que debía dormir un poco. Las cosas por resolver me esperaban a la mañana siguiente (ok, ya era la mañana), aún así, estaba teniendo una dosis de la mejor medicina.

Una vida con ángeles se publicó en marzo del 2015, un mes antes de mi cumpleaños número cuarenta, justo un mes después. En el mes de mi cumpleaños, quedó organizada la presentación en una rueda de prensa con distintos medios, donde minutos antes de salir, el jefe editorial de Penguin Random House, mi querido David García (quien había votado también en esa junta galletosa), con gran sonrisa, me daba la noticia de que mi libro ¡ya era un *best seller*!, y no sólo eso, que estaba en el número uno de ventas, en iBooks y en Amazon.

Otra vez mi cara 54 de sorpresa fue: "¿Cómo dijo?, ¿pero, cómo, si apenas lo voy a presentar?" No entendía, todavía ni lo anunciaba, sí pero ya llevaba un mes vendiéndose en las librerías físicas y digitales y, por alguna razón desconocida por mí, se había vendido. Entonces, pensé, "ah, debe ser muy común que esto suceda", que el libro sea novedad y por lo mismo se haga *best seller*. Sonreí con mucho gusto, aunque aún ¡no dimensionaba lo que era!

Fue cuando mi querido amigo Yordi Rosado, que iba a presentarme en la rueda de prensa, me explicó porque él tenía mucha más experiencia:

—Taniecita (así me dice) ¡no, no sabes lo que es eso, es una buenísima noticia!, ¡creo que no sabes lo que eso significa, eso es muy difícil que suceda! ¡Hay autores a los que nunca les pasa eso!, ¡deja tú que lleguen a ser número uno de ventas, nunca llegan a ser *best sellers*, nunca venden tantos libros! ¡Aquí están sucediendo las dos cosas y apenas lo vas a presentar oficialmente! ¿Sí te das cuenta?

En ese momento me sentí fuera del planeta, todo parecía suceder por su luz propia y yo sólo ponía mi dosis de buena voluntad. *Wow*!, ok, me queda claro que saben lo que hacen y yo sigo siendo una niña a la que no dejan de sorprender. ¡Qué admiración ante el plan!

El libro se publicaba nueve meses después de que había elegido divorciarme. Sin darme cuenta, era el tiempo que pasé en proceso escribiendo el libro y luego se volvió un *best seller*. Había dado a luz, no como yo quería, pero sí con lo que más necesitaba, todo en su conjunto, y ahora, "el bebé" venía en la forma de libro, *Una vida con ángeles* había nacido.

¿Crees que la invitación a escribirlo haya llegado por casualidad en lo que parecía el peor momento? ¿Ves cómo el mundo espiritual sí sabe lo que necesitas? Nosotros podemos dudarlo y cuestionarlo, pero al final sucede lo que más necesitamos para sanar, para nuestro despertar, para comprender lo que es más amoroso. Así que puedes tomar esto como una muestra, como un testimonio de vida, como un ejemplo de lo que puedes lograr en medio de tus peores batallas. Lo que haces es que no te rindes y preguntas con humildad todos los días, hasta comprender la dirección, hasta comprender lo que se requiere de ti, lo que es más importante para cada etapa. El camino te será mostrado y, sin duda, te traerá retos y regalos.

¿Te das cuenta? Si hubiera quedado embarazada, ese libro no existiría en ese momento, mis madrugadas hubieran sido para otro bebé, pero todo es perfecto, en efecto, di a luz. Su plan no es pequeño, aún lo que me faltaba por recibir y por dar. Ahora, dos años después de todo esto, estaba por llegar mi cumpleaños de nuevo y como comencé mi relato, ves, ¡por supuesto que estaba poniendo atención!

El águila llega al nido

Regresemos a la parte donde comencé, cuando pedí ayuda al mundo espiritual, de manera clara, precisa y maciza, para seguir adelante con mi vida de la mejor manera. Pedí ayuda y fue cuando me sentí atraída a ir por mi celular. Lo primero que vi fue un mensaje por Twitter con el que sentí una muy profunda conexión, lo cual pedí que fuera confirmado sin que quedara espacio para mi interpretación. Punto y seguido, al día siguiente estaba en el sastre. Ahora que ha quedado claro, porque el tema de la cercanía del cumpleaños es muy importante, te recuerdo que faltaba una semana para que impartiera esa conferencia un día antes de mi cumpleaños. Ok, todos atentos.

El plan era que iba a recoger unas prendas en el sastre y nos iríamos de inmediato. Pero, oh sorpresa, la camioneta ya no prendió. No prendía nada, se había acabado la batería. Por lo que no me quedó más que llamar por ayuda y esperar. ¿Recuerdas lo que había pasado la noche anterior, antes de irme a dormir? Ese *tweet* que hablaba de las águilas y que me hizo sentir que me hablaban directamente. La persona que lo había enviado, sí, esa actriz, bueno, pues ahora esa precisa mujer, ¡sorprendentemente estaba tocando a mi ventana! Así como lo lees, súper casual. En cuanto la vi, dije "¡no puede ser!" Ella estaba tocando sin ninguna timidez, porque mientras caminaba por la banqueta se dio cuenta de que mi camioneta no se movía, creyó que estaba estacionada en una importante avenida de la zona de Polanco. Muy prudente, ella le pedía a la persona que estaba al volante, don Nacho, que se quitara de ahí.

—Oiga, muévase, ¡aquí no puede quedarse parado!

Yo decidí abrir la puerta y le expliqué la situación.

—No podemos, se nos quedó parado el coche, pero ya pedí ayuda, está en camino y nos moveremos en cuanto podamos.

—¡Ah! Me parece muy bien, pero al menos podrías poner las intermitentes –me dijo.

—Sí, claro, ¡me encantaría! Pero no tengo batería, no prenden las luces ni nada.

—Claro, tienes razón, es cierto —vi su cara, ella comprendió que no estaba ahí porque quisiera provocar tráfico o estuviera esperando algo, no podía moverme, punto, así es.

—Ok, bueno, ¡pues espero que tu ayuda llegue rápido!

—Sí, gracias por detenerte —le dije.

Y las dos nos despedimos amablemente.

¡Ella jamás se imaginó que había sido la última persona a la que había leído una noche antes! No tenía ni idea de que ella me confirmaba la *batiseñal* de la noche anterior. Por supuesto que cuando me subí al coche, emocionada fui a buscar el mensaje de la noche anterior. ¿Cuál era la probabilidad de encontrarme con esa mujer al siguiente día? ¿Que ella tocara en la ventana, como si el universo entero me dijera, toc, toc, toc, recuerdas que ayer mismo nos pediste una señal clara que no pudieras perder ni interpretar acerca del siguiente paso a dar?

Ella no tenía idea de la conexión que había tenido anoche con su mensaje y ahora esta conexión la llevaba directo a mi puerta y a tener una conversación con ella. Más aún para que me quedara súper claro, que no era coincidencia, luego que se marchó, la ayuda llegó y en diez minutos estaba fuera de ahí. El encuentro sólo pudo suceder en esa pequeña ventana de tiempo, casualmente se descomponía la batería en tiempo, para lograr conocernos, y me remarcaran poner atención al mensaje de la noche anterior retuiteado por ella. No tienes nunca una petición sin contestar, incluso toda crisis es parte de lo que traerá la solución, sólo te muestran lo que necesitas, generalmente lo entiendes cuando ya estás abierto a recibir. En esa ventana de tiempo, ella pasaba por coincidencia por ahí y yo sabía que lo más importante de nuestro encuentro no era hablar de la batería o las intermitentes, porque no hubo ni un solo coche al que estorbé, todo lo importante estaba siendo dicho, la señal había sido confirmada.

La decisión que las águilas deben tomar cuando llegan a los cuarenta

El mensaje relataba la decisión más difícil que las águilas tienen que tomar cuando llegan a los cuarenta años. Sus alas ya están viejas, pesadas, sus garras ya han crecido y no pueden tomar bien a sus presas, y su pico ha crecido tanto que apunta peligrosamente a la dirección de su corazón. El águila tiene que tomar la difícil decisión de renovarse o morir.

Tiene que tomar la decisión de vivir algunos años más así o subir a lo alto, construir un nido en el que estará vulnerable todo el tiempo y resistir. Busca construir un nido cerca de una pared o una montaña, en donde estrellará su pico hasta que esté hecho pedazos y pueda caer o se lo pueda arrancar, dejándolo imposibilitado para comer. Su ayuno durará lo suficiente hasta que un nuevo pico haya crecido, con el cual arrancará cada una de sus viejas garras, hasta esperar que salgan unas nuevas, para seguir con cada una de sus plumas y quedar vulnerable como nunca. Sin comer, sin tener garras para cazar o defenderse y sin volar por ninguna razón, sólo puede confiar que no será devorada, su intuición le dice que todo volverá a crecer y necesita confiar en que estará bien en el nido que preparó en lo alto. Si se atreve a hacer esto, el águila podrá vivir por cuarenta años más, sin embargo, no puede escapar de ese doloroso momento necesario para renovarse.

El mensaje estaba claro: había preguntado qué seguía, qué faltaba, qué necesitaba hacer. Esa era la respuesta. No decían que sería fácil, no decían que sería rápido, tampoco que fuera a resolver de inmediato. ¿Qué significa estrellarte el pico?, ¿cuáles son las garras que arrancarías de tajo?

Las heridas no muestran que sean pocas ni muchas, es necesario que les pongas atención y las sanes, que es tiempo de cada pluma —extensión de ti— que evite que vueles alto, que sanes todo lo que pese, toda culpa, todo resentimiento, todo lo que te haga una persona más pesada. Hay que soltar, dejar de ser quien crees que eres, para permitir que lo nuevo crezca en ti, sabiendo que serás cuidado desde lo alto. Este proceso no sucede si te aferras a tu inteligencia, pues será un momento de vulnerabilidad, de sentirte desnudo ante las circunstancias. Será mucho más fácil si confías en esa fuerza e inteligencia que hace que las cosas nazcan y renazcan.

Mientras te comparto este mensaje, sentí la curiosidad súbita de buscar el significado del águila como símbolo. De acuerdo con el diccionario de los símbolos de Jean Chevalier y Alain Gheerbrant, el águila es considerada como "la reina de las aves", la cual corona el simbolismo como "reina de los ángeles, y de estados espirituales superiores" y "reina de los cielos" para los chamanes. ¡Así o más sorprendente! Siempre he dicho que los mensajes son más de los que alcanzas a ver en el momento.

No sólo dieron su mensaje con cualquier hermosa ave, tenía que ser con la "reina de los ángeles", para remarcar de quién viene y en lo que te vas a convertir: en un ave reina renovada, no menos que eso. Entiendo por qué usaron esa ave real para entregar su mensaje, sólo en esos altos estados espirituales es cuando puede suceder la transformación. Logras diferenciar lo real de lo que no lo es, tu corazón puro entra en contacto con la verdad y no lo ves igual.

¿Necesitas más? El águila es el ave capaz de ver directamente al sol. Para mí fue la señal que había pedido, la agradecía, porque era clara, precisa y maciza. Ahora que yo ya tenía el nido, seguía quedarme sola en él y aceptar lo que llegara, arrancar todo lo que no fuera amoroso. Eso es ponerse límites.

Si te fijas, la diferencia estaba en que uno mismo tiene que elegir esos límites desgarradores y respetarlos. Nadie puede arrancártelos y renovarse por ti. En lo más doloroso puedes pedir ayuda, aunque te sorprenda, lo más importante sucederá en tu interior. Estarás desplumado, tal vez sentirás que te mueres de hambre de amor, de ser escuchado, pero necesitas escucharte y hacer lo necesario para ser guiado a ser, arrancar cada garra, es decir, todo juicio.

Los tiempos para arrancar de tajo o seguir igual hasta morir

¿Por qué había llegado este mensaje en ese momento? ¿Por qué no tres años antes cuando parecía que todo había fallado? ¿Por qué tiene que pasar tiempo? Número uno, porque primero te dan lo que más necesitas, aunque sea *una crisis*. A mí me habían dado lo que necesitaba, la medicina más importante fue mi libro, eso había ayudado increíblemente con mi sanación emocional, física y mental.

Dos años después, vendría una sanación más profunda, una que parecía optativa, la de *RenaSer*. Antes llega la etapa de comprender muchas cosas y tomar decisiones, elegir los primeros límites, los poderosos "basta, no más". En mi experiencia, era más radical, porque era tiempo de las decisiones que parecen más sutiles, invisibles a los demás, las que tienen que ver con tu interior.

Es la etapa para arrancar ese pico, esas garras y esas plumas en cada ala. Te pregunto, ¿en tus procesos ya comprendiste qué tendrías que dejar, arrancar, permitir sanar? Sí es así, estás listo para actuar en consecuencia y pasar a lo que sigue. Una profunda sanación implica una verdadera desintoxicación, hasta de lo que no sabes que te hace daño y lo eliges.

Las decisiones radicales

¿Qué es lo que nunca crees que harías?, ¿qué sería? No me refiero a robar, matar, ni a un acto premeditado contra otro. No me refiero a eso. ¿Qué rompería tus esquemas? Lo que no te darías permiso de hacer, porque ante los demás te haría ver como raro o irresponsable, poco inteligente. ¿Qué sería lo peor? O, al revés, ¿qué te atreverías a hacer, cuando estás en una etapa en la que lo que más deseas es sanar? Aunque fuera igual de raro. Tal vez necesites estar solo para averiguarlo. Yo necesitaba estar sola, necesitaba irme, como cuando medité por días seguidos sin parar. Creía que ésa era la metodología, pero esta vez tomaría más que eso. Porque, en una primera etapa, tal vez baste con el profundo silencio, pero en ésta, el mensaje habla de la acción que se requiere. Se necesitaban las decisiones radicales amorosas (D.R.A.s), pero agregándole que atreverte resultará ferozmente incómodo, ¿más?

A una decisión radicalmente amorosa, se le sumaba que es atrevido renunciar y hacer lo ferozmente incómodo. Sabemos que al final será lo más amoroso. Esas son las decisiones importantes que se necesitan tomar. No bastará con una, no basta con el pico, necesitarás seguir con más decisiones radicales para que en realidad suceda tu *RenaSer*. Necesitas estar en ese compromiso de principio a fin. No es una decisión lo que hará la diferencia, es el conjunto de ellas de manera consistente y hasta el final. Lo importante es que no confundas radical, con el sin amor. Al contrario, ésa es la base, elijes que sea radicalmente amoroso. Tal como una madre lo haría por un hijo sin dudarlo.

◇◇◇

Tarea espiritual:
¿Qué es lo más radicalmente sano que podrías hacer por ti en este momento?
¿Qué sería lo más difícil y lo más amoroso que podrías hacer por ti?
¿Cuáles otras decisiones radicales podrías sumar a tu esfuerzo inicial?

Dedica tiempo a encontrar tus respuestas, eso será muy poderoso y te ayudará a crecer en tu autoestima y en tu empoderamiento. Será en realidad un esfuerzo que habrá valido la pena, porque sabes que lo hiciste por darte tu lugar, por dedicar tiempo a conocer tu valor. Es una muestra de respeto para ti, y para todo lo que representas donde estás.

Por mi parte, para actuar, tomé una decisión sobre decisiones radicales, algunas podrían empezar de inmediato, otras sólo podría tener un plan o el sueño, pero dedicaría tiempo a nutrirlos y, desde luego, a nutrirme. No me iba a quedar incompleta, ese pico, esas garras y esas plumas necesitaban tiempo para romperse y crecer. Por lo tanto, anuncié que dejaba de trabajar por un tiempo y, como el águila, continuaría con mi transformación.

Tenía suficiente por digerir de lo que habían sido mis dos últimos años. En términos de relaciones, no sólo de pareja, de trabajo, me podía dar cuenta de que algo estaba cambiando. Estaba creciendo en mí ese ser empoderado, aunque no supiera explicarlo en palabras, había un nuevo impulso y ciclos por cerrar a otro nivel, ya era tiempo.

Era como regresar a esa época cuando me quedaba sin fuerzas y perdía la vista temporalmente. No sabía la dirección que seguía, pero recuerda lo que te dice el sabio, "te daré la medicina siempre y cuando esté seguro que el niño seguirá ahí". Estaba lista para quedarme en mi nido y reconstruirme en silencio, sin nada que fuera más importante afuera. Mi universo de tiempo estaba concentrado en arrancarme una a una esas heridas y lamerlas. El pico, lo que comunicaría, mis garras, lo que alcanzaría, mis plumas, aceptar mi rol en el nuevo plan para volar. Estás lista, porque al siguiente escenario, si llevas peso no lo lograrás; necesitas ir muy ligero, aunque tome tiempo, querrás dejar de cargar. Es por eso que primero te desgarras a ti mismo, así nadie te desgarrará. Sólo juega a quién eliges de ahora en adelante. Y la culpa, los autoengaños y todos los fantasmas que una mente no quiere ver tomarán su lugar en el vuelo del águila; no son enemigos reales, estarás tú solo con tu pasado. Lo que has creído tus proezas, lo que crees que tiene valor, todo te acompañará. Hasta que estés listo empezará este viaje, hasta que en lo alto te encomiendes y digas: "Esto no es una pared, esto no es un paredón, es mi salvación, vamos a estrellarnos", te renovarás más allá de lo físico.

Nuestra parte adulta quiere certezas, quiere controlar lo que sigue, pero no se puede, no puedes controlar tu despertar, no puedes dirigir tu más grande milagro, tu big bang. Para que esta explosión ocurriera, el universo tuvo que ser imperfecto, no algo perfecto en esta tierra. Precisamente, los científicos explican que esas asimetrías en el universo fueron las que hicieron que en un inicio se originara nuestra existencia y después la fuerza de gravedad se encargó del resto.

¿Crees que dimensionaste bien la relevancia de lo que te acabo de decir? De manera literal, en el mundo terrenal, no hay tal cosa como perfección; puedes caer y sentir que tocas fondo una y varias veces más. La pregunta no es si vas a caer o si en algún momento dolerá, sino ¿cómo renazco de las cenizas? Cuando vuelvo a reconstruirme, ¿qué dejo?, ¿qué sigue siendo parte de mí y de mi vida?

~~~~~~

¿En qué necesito esforzarme y en qué ya no?

La vida nos da retos, sin importar cómo hayas comenzado tu vida, no importa los obstáculos que hayas tenido, siguen siendo circunstancias temporales. Pero de nuevo llegan los retos y hoy puedes verlo como la gran oportunidad para descubrir quién eres de nuevo. A veces no nos superamos, hasta que llegan esos grandiosos retos, que parece que complican o destrozan todo, pero mantente, regresa a hacer tu nido.

Pregunta del millón. ¿Por qué hay personas que parece que en su vida nunca pasa nada tan malo y su vida es muy buena? ¿Están protegidos y la mía es muy mala porque a mí sí que me pasan cosas?

Respuesta del mundo espiritual. Los retos más difíciles se superan revisando las ideas que tienes de ti. Sólo es una idea y, por lo tanto, dedica tiempo a observarla y a transformarla. Aprenderás a ver cuáles son las ideas sobre ti, que no muestran al ser que realmente eres o el que puedes llegar a ser, explotando todo tu potencial.

Bienvenido al mundo de lo invisible, confía en esa fuerza que no se ve, pero que te estará mostrando lo que has de arrancar, limpiar; qué juicios, cuáles heridas, y lo que es importante de soltar. Esa fuerza invisible que conecta todo y a todos te ayudará a sanar; esa fuerza lo hará estallar y pasarás de ser esa águila desnuda y vulnerable al águila real, al águila aguda y lista para muchos años más. Nunca dejaste de ser el águila.

La autoestima no tiene que ver con volverte una persona diferente, más delgada, más hermosa, según los estándares de los demás. Es aceptar tu naturaleza por más rara que parezca y extender tus alas de manera auténtica. Tendrás la fuerza para hacer lo necesario, para arrancar y generar tus nuevas alas, prepárate para volar alto, pues en ti sucederá esa explosión, ese big bang.

Mis conclusiones de cumpleaños
Las enseñanzas del águila:

1. No te traiciones.
2. No juegues a hacerte pequeño, sólo porque a alguien le da miedo que crezcas.
3. Revisa los actos de amor y de respeto diario que haces por ti.
4. Revisa los anhelos y deseos en tu corazón.
5. Pregúntate a menudo si seguirías haciendo lo mismo si te estuvieras muriendo.

¿Por qué te tocó leer esto?

7. Creerte poca cosa cuenta... y cuenta mucho. Reto: el puente por cruzar

"Tienes permiso de ser diferente
de la persona que eras hace cinco minutos."
ALLAN WATS

¿Qué te llevó a tener una pobre imagen de ti? Si eres de los que me contestarías de inmediato: "¿Yo?, ¡no, cómo crees, yo no!" o: "¡Yo ya estoy muy trabajado!" Déjame recordarte que una gran trampa del ego consiste en asegurarte que *sabes* cuando en realidad no. ¿Cuántas veces has estado seguro de que tenías razón, sólo para darte cuenta después que no? Hasta el líder más visionario que me nombres en esta tierra tuvo su proceso para convertirse en una mejor versión de sí mismo, para eso tuvo que *desaprender* lo que creía que eran las respuestas correctas, y así encontrar mejores respuestas a su vida.

Ghandi, Buda, María Teresa de Ávila, Juana de Arco, ¿lo quieres en términos más terrenales? Oprah Winfrey, Steve Jobs, Jack Ma. Los grandes pensadores, maestros o líderes no nacieron siéndolo, tuvieron sus momentos de decepción, de fracaso, de cárcel incluso, los corrieron de sus propias empresas, pero eligieron rehacer su camino y nada los detuvo para seguir adelante. Tal vez lograron su meta en vida o tal vez ni la vieron completarse, pero lo importante es que *la transformación* va sucediendo al ritmo que la puedes ir aceptando. Los retos irán cambiando de forma, recuerda, si el viento gira la vela, es tiempo de replantearte la ruta. Toda embarcación sabe que le conviene girar la vela, hacia donde el viento indica.

> La transformación va sucediendo al ritmo
> que la puedes ir aceptando.

En el camino de conseguir lo que llamas tus metas o sueños, encontrarás personas y situaciones que te ayudarán con tu transformación como si fueran enviados. Tal vez te sirva mantener en mente que la meta terrenal que me digas no se equipara con la gran meta del *despertar*. ¿Cuál dirías que es tu gran sueño? ¿Te levantas emocionado? Recuerda que todo lo que anheles será usado por el mundo espiritual en tu mayor beneficio, todo aquello en lo que has puesto tus expectativas para encontrar la anhelada y brillosita felicidad. Pon atención, ¿a qué le estás apostando para tener esa anhelada felicidad? ¿Ya vas en automático?

¿Mi felicidad es...?
De esos raros casos que casi no suceden

Vamos a ver un ejemplo de los que casi casi ni me preguntan. De los casos de amor, de esos que me van a dar la brillosita y sabrosa felicidad. Digamos que lo que tú más quieres en el mundo mundial es encontrar al gran amor de tu vida. "Uf, sí, Tania, por favor, sí" (si no es tu caso, sólo rellena con tu propio ejemplo).

Significa que eso me hará feliz porque de-me-nos-es-ta-re-mos-jun-tos-pa-ra-siem-pre-al-in-fi-ni-to-y-más-allá, ¡ultra sí, qué maratónica emoción!, y te pones a decretar, haces toda tu súper lista de cualidades que debe tener, pero resulta que no llega el famoso hombre indicado.

Lo que no te das cuenta, con todo y tu tablero mágico de visualización, es que de nuevo le estás repitiendo al universo, "ése es el *truco de magia* que necesito que suceda" para ser real y completamente feliz. ¡Ahhh!, pero siempre puede haber algo más en el menú, ¿cierto?, "bueno, y además cuando ya me case voy a ser una mujer completa y realizada", ¿algo más? "bueno, y ya después si se puede me puede mandar un hijo o dos, ¡ya!, con hijos estaré ¡más realizada!", "en nombre sea de Dios, porfis, ya tienes mi plan, ok, gracias".

Muy bien, puede ser que así suceda, pero lo que es seguro es que si sucede o sucedió así, es porque *es la forma* en la que tú haces más tu práctica espiritual, es lo que contribuye realmente a tu realización. Ya que mediante eso es la forma en la que más aprenderás; en el camino de buscarlo, tendrás lo que más necesitas observar de ti. Eso será lo más conveniente y amoroso para ti. No hay *un* solo *truco de magia* que te dé la felicidad, pero a través de lo que te aferres te ayudarán en tu crecimiento espiritual.

◇◇◇

Tendrás lo que más te sirve y en el momento que sirva más.

¿Qué onda con los genios?
¿La inteligencia vence a la pobre imagen?

¿Qué pasa con esas mentes brillantes súper evolucionadas y súper visionarias? "Nombre, Tania, ellos no necesitan ni decretar, todas las puertas se les abren", "con su inteligencia se vuelven millonetas y consiguen todo lo que quieren", "¿seguro? ¿Si sabes que no, por qué será que confías tanto en tu inteligencia?" Sin duda, te enseñaron que la inteligencia es aplaudida, porque es lo que te han enseñado que hace a los hombres exitosos; se premia al de mejores calificaciones que no necesariamente es el que tendrá más paz. Nos hacen creer que con eso tendrá asegurada su independencia económica o se le augura un buen futuro. Seguramente, hay algo más que tiene un efecto determinante en el resultado; hay un ingrediente que falta en esta receta y es un tremendo ingrediente que, aunque poseas el IQ más alto del planeta entero y de otras galaxias vecinas, el resultado de tu futuro suele cambiar drásticamente si existe ese *ingrediente adicional*.

¿Así afecta la pobre imagen?

El maltrato no es amor. Por alguna razón, si relacionaste el maltrato con amor, entonces has vivido dinámicas en las que eran normal ciertas contestaciones, ocupaciones, roles o situaciones donde había abuso. Los "tú te callas", los "pues ya te dije", los "muévete, era para ayer", los "puedes o no puedes", a los que van subiendo de tono el "ve y cámbiate, así no te saco", como si uno fuera perro que lo sacan a pasear, a muchas otras frases que parecen sin importancia, "lo haces porque lo digo yo", anulan tu poder desde niño, en vez de enseñarte a usarlo.

También están los que pueden llamar insultos chiquitos, los "qué idiota eres", "pues así me trataron a mí, tampoco exageres, no es para que te sientas mal por eso", los "qué exagerado de veras, sólo por eso te quedas sin cenar", o todavía más sutil, repítele varias veces a un niño que es tonto, mientras crece; así de sencillo y eso basta para crearle una profunda inseguridad.

Puede ser porque viste en tu casa que podían gritarse, pero después sentarse a comer en la mesa como si nada pasara. No pasa nada, no son golpes físicos, así que esa violencia muchas veces se hace menos, ni siquiera la consideran violencia doméstica. Si aprendiste que una persona, fuera el padre o la madre, tenía derecho a gritar para que los demás obedecieran, es muy probable que también hayas aprendido que el que grita más fuerte gana y te dedicas a aprender a gritar para "ganar" en la vida, o a huir de los que gritan y de los problemas. Haces lo necesario para que no te griten, para no sentir ese dolor. Son relaciones en las que el uso del poder de algún miembro de la familia estaba claro a quién correspondía y se abusaba de ese poder; entonces, aprendiste a salvarte. Las malas contestaciones se vuelven *normales* en casa. Una parte de ti comprende que es *normal* y entonces empiezas a buscar *eso* para hacer tu *hogar*.

En terapia, he visto a mujeres que aceptan tener conductas sexuales que no les gustan, pero las aceptan con tal de *no perder* a su esposo o *al hombre de su vida*. Si actuaran así porque les agrada, sería maravilloso; pero hacer cosas o permitirlas sin que te gusten, habla del miedo a repetir algo que no te gustó, que es no sentirse amada.

De ahí los consejos súper sabios, "tú no le busques porque le encuentras", "mi esposa es muy inteligente, es medio ciega", "tú haz de cuenta que no sabes", o "hazte la mensa" porque si no "te dejan", ni que fueras un peluche fuera de temporada. Ve hacia atrás y observa si fue normal que un hombre/mujer no estuvo en tu vida de la manera amorosa que te hubiera gustado, antes de justificarlos, con frases como "que vaya a hacer sus cosas y yo espero amor cuando ya tenga tiempo, cuando ya pueda y en la forma en que pueda darlo". ¿Te digo algo? Eso no es amor, es maltrato. Seremos una sociedad mucho más evolucionada cuando recordemos y aprendamos que eso no es amor.

Tal vez no hubo gritos, pero sí indiferencia. Aprendiste a ser ignorado en las decisiones, abandonado constantemente; si así fue, buscarás situaciones en las que repitas lo que no comprendiste, sobre todo de las personas que más amaste. ¿Puedes relacionar esto con alguna experiencia o varias que hayas tenido? Me refiero a las de cualquier tipo, no sólo las sexuales. Si aceptas cualquiera de éstas, quiere decir que tienes más miedo a estar sola, que engañada. Pero el amor quiere mostrarte una mejor versión para ti.

Somos esponjitas, lo que le des el día que sienta que la aprietan, lo que le hayas dado a esa esponjita es lo que saldrá. Si le diste muestras de amor constantes, si le diste seguridad, si le enseñaste a confiar en sus propias decisiones, si le enseñaste que tenía poder y a usarlo, así se comportará y buscará relacionarse con personas cuyo trato sea como el que recibió en casa. Por eso, si no sabes que estabas enojado, triste, que ya te sentías traicionado, ¿cómo no ibas a reproducir lo mismo que viste en un pasado? No sabías que estabas "enfermo", por eso te relacionaste con enfermos, lo que resulta en situaciones dolorosas. Te desconectan del ser que en realidad eres, porque *eres amor*. No podemos vivir desconectados del amor por mucho tiempo.

Desde este momento puedes empezar a repetir:

><><><><><><><><><><><><><><><><><><><><><><><><><><><><><><><><><><

> *Hoy elijo vincularme conmigo desde el amor,*
> *para vincularme con otro ser desde el amor.*

El Amor Incondicional te ayudará en este viaje de la conciencia, para que en vez de repetir en automático el pasado, transformes la forma en la que percibiste el amor. Te sentirás como el ser que eres en realidad. Todas las ocasiones en las que te sentiste chiquito, impotente o aplastado, en vez de repetirlas de manera inconsciente con tus parejas o en situaciones dolorosas, puedes pedir ayuda a la Voz del Amor que nos guía.

Es sencillo, "eso **no** soy yo", "ésa es una versión muy chiquita de mí". Dedica tiempo para rectificar: ¿Qué pasó?, ¿por qué te diste ese valor? Si te das cuenta de que uniste *amor-dolor*, dedica tiempo para reconstruirte. Si sientes que vales la mitad o un cuarto, así te tratarán.

RenaSer tiene que ver con recordar tus capacidades, el amor que mereces y que es tiempo de cultivar en ti. Sí se puede. Si estás dispuesto a dedicar tu vida a ello, en vez de boicotearte o destruirte sin darte cuenta, sanarás y tendrás relaciones sanas, con trabajos estables, amistades profundas, interesadas en tu felicidad, y hasta inspirarás a otros, aunque no sea tu propósito principal. Una vez que te des cuenta de que el amor es tu estado natural de ser, el amor se mostrará en tu vida de infinitas maneras.

><><><><><><><><><><><><><><><><><><><><><><><><><><><><><><><><><><

> *Te dejo ser libre de mi necesidad*
> *y elijo ser libre de necesitarte.*

Caso de una paciente anónima

Este es el caso de una mujer que llamaré Paulina. Cuando la conocí, tenía recurrentes problemas de salud. En el tema de pareja, por más que hacía, tampoco parecía avanzar como a ella le gustaría. En ocasiones, parecía que todo iba a estar muy bien, se relacionaba con hombres buenos y lindos, pero algo pasaba, que la luna de miel o el compromiso se terminaba.

En una ocasión me confió que llevaba días con un cansancio profundo, con constantes y fuertes dolores de cabeza, migrañas. Empezó a tener problemas digestivos, a sentirse inapetente, vomitaba todo lo que comía, pero no se había hecho los exámenes que había mandado el médico. Al escucharla, parecían círculos viciosos repetitivos. Se quejaba de sus molestias de salud y de pareja, pero no hacía algo concreto por avanzar.

Cuando conversó conmigo, tenía nuevamente una de esas malas rachas entre salud y pareja. Esto le había provocado problemas en su trabajo también. Varias veces pedía disculpas por sus problemas de salud. Debido a su inestabilidad emocional, le costaba trabajo poner atención, se distraía muy fácilmente y, por lo tanto, no daba los resultados requeridos. Tampoco sabía comunicar adecuadamente su situación, lo cual le afectaba no sólo en el tema laboral, sino en el de pareja que, para ese momento, me decía estar muy mal.

Según lo que me explicó, su pareja tenía una fijación por tener las cosas de determinada manera, las cuidaba muchísimo, era perfeccionista y, en general, esperaba que los demás estuvieran disponibles para atenderlo. Revisaba y observaba todo el tiempo si había alguna mancha en la pared o algo que tuviera un desperfecto en la casa, señalaba cualquier error, lo cual causaba mucha frustración a ambos. El problema no era que él cuidara sus cosas, sino el grado en el que lo hacía. Esto los llevaba a la intolerancia y a una dinámica de señalamientos y reproches, en la que entraban por ser tan distintos en esos temas de atención, cuidado por la casa y sentido de responsabilidad.

Las preguntas que me hizo cuando nos vimos fueron: ¿Qué tengo que atender de mi salud? Quería saber qué tenía y cómo lo solucionaría. Además: "¿Qué pasa con mi pareja?", "¿por qué no podemos estar bien?" Estaban en muy mal momento y, según ella, todo parecía ser por cosas muy triviales. ¿Cómo es posible que no podamos superar estas situaciones y altibajos? Su pareja cada vez que se molestaba con ella podía pasar días sin dirigirle la palabra.

Se dormía en la habitación de visitas al encontrarse la puerta de la recámara cerrada, cuando intentaba entrar a dormir. Con tal de no discutir, se retiraba y se iba a dormir al cuarto de visitas en casa de él. Ahí lloraba y se preguntaba, "¿por qué me sucederá esto?"

Vamos a las respuestas, ya que siempre llegan claras y contundentes. Tiene que ver con lo que construimos desde la ignorancia de nosotros mismos, lo que no alcanzamos a ver de nosotros contribuye al problema. Si desde la infancia sucedió algo que no supiste comprender, manejar y superar, aquello que no supiste cómo interpretar, se queda grabado como *impresiones* en nosotros. Estas impresiones, imagínate, son como calcomanías invisibles para ti, pero los demás sí las pueden ver, las perciben en tu energía y, sin que sepan exactamente cómo, les comunica algo como en un código, ante sus ojos te vuelves aceptable o no, para lo que buscan y necesitan vivir.

Las personas que atraes sin darte cuenta son resultado de esta lectura invisible; o se alejan o se acercan a ti por lo mismo, porque les vibras por tu energía y por lo que vivirás por misión de vida, es decir, por lo que vienen a vivir juntos para crecer. Las personas que te dejaron heridas abiertas, aunque no sepas que se quedaron así, con estatus de "pendiente por solucionar", también se quedan en tu mente grabadas como *impresiones de ti, de lo que vales y de lo que importa en la vida*. Son calcomanías invisibles, como un holograma que les comunica algo que te están viendo, pero tú no ves la calcomanía que traes puesta en la frente, así que esa persona se lleva esa información energética y actúa en consecuencia, casi de manera inconsciente, con la tarjeta de presentación que le acabas de dar.

Respuesta del mundo espiritual

Resumiré de tal manera que les sirva a otros. Para que veas que lo que parece un problema difícil desde tu perspectiva, para el mundo espiritual no lo es. Eso que entiendes como el problema tiene una causa arraigada; las ideas equivocadas que se mantienen sin darse cuenta. Como no puedes *ver* esas ideas, podrás notar sus efectos mediante las personas que mantienes en tu vida. Dime qué ideas tienes y te diré qué personas mantendrás en tu vida.

Dime qué ideas tienes y te diré qué personas mantendrás en tu vida.

Ideas equivocadas y la pobre imagen

Sigamos con Paulina. Ahora que se habían ido a vivir juntos, le hicieron ver que había algo más profundo que las manchas y la exigencia que decía sentir de parte de su pareja. Había una idea y un sentimiento muy arraigado de *no merecer*. Como si hubiera un hueco, un hoyo energético en el área de la casa, sus ángeles me decían que ella no se imaginaba la historia de la casita propia, viviendo con su pareja. Esa área era un hueco para ella, en cuanto a tener una seguridad de casa, raíz o sustento. Eso provoca una idea equivocada que proviene de una impresión del pasado. En un momento más veremos qué la originó.

Ella me afirmó que así lo sentía, incluso antes del último enojo que los había distanciado. Él le había mostrado imágenes de casas nuevas para irse a vivir juntos, para no seguir en la de él, en la que vivían. Cuando le enseñaba las casas a ella, parecía que no le emocionaba tanto, eso no ayudaba cuando él se las mostraba. En el fondo, a ella le daba miedo, no se la terminaba de creer, así que sus palabras le resonaban completamente. ¿Cómo podría entenderla su pareja? Si por un lado decía que era lo que más quería, ¿te fijas?, pero lo boicoteaba inconscientemente por estas calcomanías súper pegadas del pasado, alias estas impresiones que llevaba grabadas y que aunque se relacionara con el mejor hombre, ella lo boicotearía de seguir actuando así.

Siguieron hablándome para mostrarle la causa real del problema. Le mostraron cómo una parte de ella, "ante la ausencia total de un padre, no creía en el fondo que ella pudiera encontrar una pareja, a menos que ella pusiera mucho esfuerzo de su parte". Entonces repetía los mismos problemas que había vivido con su papá. A Paulina sí le resonaba, ese esfuerzo de vivir juntos la tenía agotada, porque revivía asuntos de su infancia y porque el límite nunca lo puso con su padre. Le costaba poner límites, nunca lo había hecho con sus parejas, ¿hasta dónde era un abuso o dolor psicológico? Por eso enfermaba, era la forma en la que repercutía en ella ese dolor emocional.

¿Por qué aprendió que era así? Trataba de aguantarse a ver qué pasaba, dependía de qué genio iba a estar su padre y después su pareja. De su madre aprendió que lo mejor era aguantar y seguir sacando adelante a la familia. Entonces, ¿no habría solución? Por supuesto que sí, la pregunta es ¿qué tantas ganas hay de trabajar? Dependiendo de las ganas de querer ver y del deseo de responsabilizarse dependerá el avance.

Todo lo que le dijeron hacía sentido, ahora podíamos ir más profundo. Si yo hubiera hablado de sus enfermedades, de las manchas o lo mala onda que podía parecer su pareja por querer cuidar sus cosas, no hubiera resuelto nada ¿Te das cuenta? Ella no hablaba del problema real, de la causa del problema; pudimos platicar de toda esa dinámica en la casa y sólo se hubiera desahogado, pero no resuelto nada. Esa dinámica con la pareja y el trabajo seguía siendo la consecuencia por no haber trabajado personalmente, por eso sólo veía los efectos de ese pasado.

En el pasado está la causa de tu pobre imagen

Ahora hablemos de lo que no sabíamos de Paulina, para que comprendas por qué la respuesta que recibía le hizo total sentido. Vayamos más atrás. Ella me comentó que su padre era alcohólico, para ella siempre hubo estrés y preocupación en casa. No sabían si iba a llegar, si iba a estar tomado, qué hacía en la madrugada. Ella no quería ni mover los ojos para no hacer ruido, para que su papá no se diera cuenta de que la había despertado. Su madre siempre estaba preocupada, estresada. En la casa había un gran silencio, había tensión todo el tiempo. Al principio, cuando su papá tomaba, era como "sí, qué fiesta", lo hacía de manera social, aunque la mandaban a ella para pedirle a su papá que ya no tomara, "que a ella sí la quería mucho", así que si ella se lo pedía lo haría, pero eso no sucedía. Qué decepción.

Después él tomaba y se acostaba, lo hacía en casa, ya ni salía, como de "ya me quiero morir o algo", me decía que así lo interpretó ella. Continuó explicando:

"Fui creciendo y aprendí a estar triste, aprendí a esperar para ver de qué humor estaría mi papá, si iba a estar tomado, tipo feliz social, o enojado, triste. No se sabía, siempre era una incertidumbre alrededor de él, si había algo que le molestaba, estallaría en enojo. Si el mesero tardaba de más con la cuenta, me empezaba a preocupar, porque mi papá se enojaría, cosas así."

"Pero, bueno, la vida sigue y tu papá es el deprimido o el alcohólico, no tú, me dije. Así que después la vida es buena, llegó un novio que me quería mucho y yo a él; me dio la sorpresa, me ofreció matrimonio y después de hablar cerca de cuarenta minutos donde mi novio me contaba sus planes de matrimonio, yo sólo le dije: *sí, sí quiero*, nada más. Decía que conmigo había aprendido a amar, que ni con su mamá; no podía creer mi corta contestación y de nuevo lo que parecía muy poca emoción. Desde antes, me decía que le tenía que expresar más lo que sentía, así que por él empecé a ir a terapia. Me empezó a ayudar, pero con lo que no contaba, después de que esto parecía un sueño comparado con lo que había vivido, es que un día, luego de su propuesta de matrimonio, al día siguiente, él se me moriría en un accidente en motocicleta. Otra vez, la vida parecía que me quería ver triste."

"Pero sí, sí tuve novio después. Ahora me tocó un novio pachanguero, le encantaba la fiesta y tomar como a mi papá; era mentiroso, se desaparecía por días, hasta que, gracias a Dios, por más picada que estaba con él, dije «esto no es lo que quiero y no sé ni cómo le hice», pero ya no seguí con eso. Creo que Dios me ayudó a quitarlo de mi camino, pero yo seguía igual, sin alguien quien me amara. Por último, siguió un novio que, aunque pasaron dos años, no se comprometía conmigo, no pasaba a otra etapa la relación, era intermitente, estaba pero no estaba. En el fondo esperaba a que quisiera casarse conmigo, que ya estuviera listo con todos sus problemas o lo que le detuviera para comprometerse, pero tampoco sucedió."

"Hasta que, un buen día, en mi trabajo conocí a «Ernesto», nos gustamos mucho. Es un muy buen hombre, no es mujeriego. Pensé que iba a ser más fácil, porque de verdad lo quiero, pero creo que le enojo, y no es suficiente con todo lo que hago para que esté contento, siempre hay una mancha o algo que hago mal."

¿Te das cuenta de cómo lo menos importante es una mancha en la pared? ¿Cómo, aunque lavara las paredes a diario y las dejara rechinando de limpio, ese no era el problema y ella no veía la gran calcomanía que traía pegada? La pobre imagen que había formado de ella sí que era el problema, ¿cómo creería que por fin tendría una casa nueva con el amor de su vida, si una y otra vez eso había fallado? Ahora, ella inconscientemente esperaba que fallara, pero además contribuía al problema porque ella había estado en una relación enfermiza, codependiente con su padre y no lo había atendido, no se había hecho responsable de sus heridas. Por lo tanto, es muy probable que inconscientemente contribuyera a una serie de situaciones, en las que las personas la decepcionarán, para confirmar sus creencias de ser poco amada, valorada y terminar siendo *la víctima* ante sus propios ojos. Conozco a muchas personas que creen que no tienen que hacer nada, porque les tocó ser la víctima.

No es que los demás quieran castigarla, dejarla o exigirle, pero mientras no atienda sus heridas del pasado, se las va a proyectar a alguien de su presente. Va a repetir la misma dinámica que conoce y después culpará a los que la dejan, sin saber exactamente bien por qué. Si sigue así, pasará su vida emocionándose, sólo para desilusionarse después de alguna u otra manera.

Desde niña aprendió que *no era suficiente*, no comprendió por qué no "se supone que un papá me iba a querer y no se sintió así." Eso se transformó en una idea poderosa, constante y dolorosa, en una pobre imagen. Si en lo más profundo de ti está esa imagen, repetirás la experiencia, hasta que logres ver la película completa, la causa real.

¿Qué ideas del pasado reforzaste en tu mente para creer que no eres suficientemente bueno?

Paulina reforzó que *no era suficiente*. Esa idea equivocada siguió su curso. No soy suficiente para:

- que dejara de tomar mi papá (y me cuidara).
- que mi prometido viviera (y se casara conmigo).
- que ese hombre fiestero dejara de tomar, de mentir, de ser infiel (me quisiera bien).
- que quisiera comprometerse conmigo, ¿qué me faltaba? (no quiso quedarse conmigo).
- que después de vivir juntos, por tener fallas, fuera invitada a salir de su casa (la gente me saca de sus vidas).

En su interior grabó la impresión de que el resto de sus relaciones estarían dañadas de alguna forma, pues "¿qué podría esperar de otros hombres, si eso había hecho su papá?"

¿Te das cuenta cómo el mundo espiritual sí conoce de ti (y conocía de Paulina)? Si estás dispuesto, te muestran la calcomanía que no puedes ver de ti, tu zona gris. Esto ayuda para entender por qué haces que se repita una y otra vez. "El maltrato", "los miedos" son los que realmente no te dejan avanzar. Ella relacionó amor = dolor. Su primer amor no estuvo ahí para cuidarla y apapacharla. Ese fue su modelo, eso era amor para una niña, ¿qué crees que buscaría inconscientemente esa pequeña? Si no al papá que no pudo convencer de que sí era suficiente, verás cómo iba a ser paciente, hacedora, tolerante, lo que fuera para convencer a otro, de que sí es buena mujer, y por eso merece amor.

¿Por qué no soy suficiente?

Paulina decía que era su manera de pensar "si algo bueno me pasaba pensaba, «mmm, a ver esto cuánto me va a durar, a ver cuándo me va a llegar el quita risas»". "Trataba de no emocionarme mucho, no abría mi corazón a nuevas amistades." El mensaje que mandaba a su universo de relaciones era: "Soy una víctima, tarde o temprano me vas a fallar." Y en efecto, no importa lo que hagan, ella lo va a interpretar de tal manera que va a propiciar rupturas que la lastimarán.

Pero eso es sólo una idea equivocada que hay que corregir. Eres más que suficiente para ser amado y respetado. Las personas que estuvieron en tu pasado, que estén en tu presente y que estarán en tu futuro, llegaron y llegarán con un pasado. Ese padre alcohólico no es que no quisiera a Paulina, ése nunca fue el tema, es que no sabía ni cómo amarse ni estar para sí mismo. Sólo alguien que sabe comprometerse con su felicidad puede comprometerse con la de alguien más. Estaba incapacitado para proteger a alguien, no supo ni cómo hacerlo para él.

A esas personas que no supieron cómo demostrarte su amor, ponlas dentro de su contexto, en una historia que tal vez no conozcas completa, y dentro de su historia, dejes de creer que fue algo personal, como si fuera específicamente una traición pensada y diseñada para ti, en contra de ti. Como primer paso, antes de soltar y perdonar. "Tania, ¿cómo es eso posible, cómo perdono a esas personas?" No me refiero a esas personas, sino a las ideas que formaste de ti.

Si logras cambiar las ideas que tienes de ti y colocas a esos personajes en su contexto, en su historia, así entenderás que no es tu trabajo sanarlos ni justificarlos, pero sí sanarte y perdonarte. En este momento, se trata de perdonarte por haberte visto con poco amor, de tal manera que un día te creíste que no eras suficiente para algo que costaría trabajo, que no eras digno de amor o de admiración para toda la vida.

De ahí se derivan muchas consecuencias, muchas situaciones que se interpretarán como problemas en el trabajo o en las relaciones de cualquier tipo. Lo importante es que comiences de nuevo, hagas tu nido y estés dispuesto a transformarte, incluso si eres más valiente para tomar esas *decisiones radicalmente amorosas*, para *RenaSer*. Necesitas un plumaje nuevo, lleno de autoestima por donde te veas y te sientas. Ha llegado la hora de terminar con el maltrato. Como siempre he dicho, nadie está realmente solo. Tendrás ayuda del mundo espiritual, de esa Inteligencia Perfecta, del Amor Perfecto. La paz que empezarás a sentir cambiará el rumbo, cambiará la forma en la que te ves y, por lo tanto, lo que atraerás de aquí en adelante. Bienvenida sea tu mejor versión.

Recordatorio

Cuando lleguen esas sensaciones de poco amor y tentación de maltrato personal, relacionadas con ideas del pasado, recuerda este ejemplo. Una linda mujer me escribió a mi canal de YouTube, con esta pregunta: "¿Qué podría esperar ella de otros hombres, si había tenido una relación de maltrato emocional por parte de su mismo padre?"

Respuesta

"Espera por encima de todo amor incondicional, porque tu vida no depende de lo que otros, incluso tus padres, hicieron en tu pasado. Tu vida depende del amor incondicional que te des a ti, de lo que elijas darte hoy y en un futuro. Si eliges reconstruirte, estarás haciendo un acto de amor y ese plumaje nuevo y hermoso te llevará a nuevos cielos."

La inteligencia:
los casos en los que es sobrevalorada

Podrías pensar que se debe a un caso desafortunado, que a ti no te pasaría porque eres más inteligente. ¿Qué tal si te consideras muy inteligente?, de verdad sabes cosas, "te gira la piedra", además tienes valores altos, eres buena persona, posiblemente no tuviste una infancia terrible, deseas lo mejor al mundo y hasta bonita letra tienes; es más, pongamos un ejemplo extremo: ¿Qué tal si tienes la inteligencia de un genio? Entonces, algo así no podría pasarte, ¿verdad? Te tengo noticias: la pobre imagen es la pobre imagen.

Si existe una pobre imagen de ti, no sabrás cómo relacionarte correctamente contigo mismo, porque se distorsiona tu imagen cuando no conoces tu valor y, por lo tanto, ¿cómo te relacionarás con los demás? ¿Y si no te relacionas de forma correcta con los demás, para qué te sirve ser tan inteligente, si no sabes cómo ser feliz? Reflexiona, cuántas personas inteligentes o con ideas geniales conoces, pero si tienen una pobre imagen de sí mismos, les pesa más. La inteligencia versus la pobre imagen.

Así como existe la frase "verbo mata carita", creerte poca cosa cuenta más que tu coeficiente intelectual (CI o IQ, por sus siglas en inglés). Eres un ser espiritual que necesita valorarse a sí mismo, tenerse en buen concepto y aprender a vincularse consigo mismo desde al amor. Quien no aprende o no recuerda quién es, no se podrá vincular desde el amor y no se podrá relacionar con nadie más desde el amor. La frase "verbo mata carita" acaba de cambiar a una de mayor conciencia: "El amor vence la pobre imagen."

Buenas noticias, no necesitas ser genio, tener un CI mayor a 130, eso puede ser útil, pero no sirve si no sabes relacionarte amorosamente contigo mismo. Por eso los genios también se suicidan, ni con su belleza física se salvan (como Marilyn Monroe). Los genios se pueden volver adictos, alcohólicos, pobres, incapaces de tener amigos, establecer relaciones enfermizas, tal como es la imagen de uno mismo, pobre. Pero la buena noticia es que si aprendes a amarte, tus relaciones serán amorosas y formarás círculos virtuosos en vez de los viciosos.

<><><><><><><><><><><><><><><><><><><><><><><><><><><><><><><><><>

¿Cómo se resuelve?

Como viste, no tiene que ver con la inteligencia,
sino con la medicina del amor y una correcta imagen
de ti. Pide ayuda al mundo espiritual para que
puedas mirarte con total amor y aceptación.
Es una práctica de vida, de transformación
que derramará luz sobre ti y sobre cada una
de tus relaciones. Te enseñarán un amor
más allá de lo que alcanzas a ver hoy.

El caso de un genio: Nikola Tesla

Esta es la historia de alguien brillante. Un verdadero genio que jamás supo que lo era y los que lo rodearon tampoco. ¿Cómo es posible? Si eres alguien buenísimo para algo, crees que seguramente te iría muy bien, ¿no? Pues no, si tienes una pobre imagen de ti.

Si eres un genio en algo no hay forma de que te vaya mal, ¿no? ¿O sí? Sí, si tienes una pobre imagen de ti. Hay muchos ejemplos en la historia que nos recuerdan esto, así como en las vidas cotidianas. Cuando me preguntan: "¿Por qué no llega la abundancia?", "¿por qué no encuentro trabajo?", "¿por qué no llega la pareja?", ésa suele ser una razón determinante.

¿Sabías que Nikola Tesla es reconocido como uno de los más grandes ingenieros eléctricos de los Estados Unidos de América? Nació en 1856, en lo que hoy es Croacia. Fueron cinco hermanos. Su padre, un sacerdote ortodoxo serbio, y su mamá, un ama de casa serbia muy peculiar, que dedicaba parte de su tiempo a inventar pequeños aparatos caseros. Los dos fueron muy importantes en su vida, ya que desde un comienzo Nikola aprendió a inventar gracias a su madre. La noche que nació Tesla había una gran tormenta eléctrica y la nodriza que le ayudaba a parir le mencionó que "ese niño sería un hijo de la tormenta", a lo cual ella contestó, "no, será un hijo de la luz", sin imaginar que años después, sería, en efecto, el descubridor del motor de corriente alterna, y de otros sistemas de distribución eléctrica, además de que concibió las bases del funcionamiento de la radio. Uno de sus logros más grandes fue la victoria en la llamada "guerra de las corrientes", donde su corriente alterna fue seleccionada por Estados Unidos como el estándar de transmisión de energía sobre la propuesta del famoso Thomas Alva Edison.

Desde pequeño, Nikola demostró sus grandes habilidades inventivas. No era como todos los niños de su tiempo, siempre estaba ideando nuevas máquinas para ayudar en casa. Con apenas cinco años, desarrolló una turbina básica que trabajaba con el agua. Ya en la escuela, fue mostrando su genialidad para las matemáticas, las fórmulas y la solución de ecuaciones. Él decía que el río le hablaba y le daba soluciones, mucho tiempo después diría que eran los extraterrestres.

A la par de su genialidad, el pequeño Nikola desarrolló una pobre imagen de su persona. Cuando tenía cinco años, su hermano mayor se mató en un accidente de equitación. Esa temprana muerte lo marcó para toda la vida, y el siempre creyó que él había sido el causante. Su padre siempre hizo menos su trabajo y en varias ocasiones trató de convencerlo de dedicarse a la iglesia. ¿Ves? No importa qué inteligente fuera, si su figura de autoridad no creía en su trabajo y lo hacía menos.

Nikola Tesla nunca se casó porque estaba entregado a la ciencia y decía que una mujer lo distraería. En realidad, en sus últimos años confesó que eso había sido un error, por su exceso de timidez. Tampoco le fue nada bien por no apreciar sus talentos y reconocerlos, Nikola fue uno de los científicos más robados a lo largo de su vida, pues a pesar de que logró la patente de varios cientos inventos, los más importantes, dieron fama a otros como Marconi, Ferrari y Edison.

Su pobre imagen no le permitió dimensionar el valor de su trabajo, por ello fue víctima de engaños, como el que le hizó Edison cuando le pidió que le ayudara a mejorar el rendimiento de algunos generadores que su compañía había diseñado, ofreciéndole cincuenta mil dólares (que al día de hoy serían como un millón de dólares) como recompensa si lo lograba. Tesla, súper motivado y ansioso por demostrar su talento, trabajó arduamente y rediseñó los generadores haciéndolos mucho más eficientes. Cuando Tesla fue a cobrar la recompensa Edison le comentó que todo había sido una broma y jamás le pagó. Tesla, muy herido, renunció y trabajó durante un tiempo cavando zanjas por dos dólares al día, ¿te lo puedes imaginar? ¡Tremendo genio haciendo zanjas para comer!

Como muchos otros genios, Tesla murió pobre y endeudado en una habitación de un hotel en Nueva York, el 7 de enero de 1943. La compañía automovilística Tesla Motors, Inc., de Sillicon Valley que produce vehículos eléctricos, se llama así en su honor. En la historia, él es recordado por ser un brillante genio que murió pobre, solo, frustrado y sin conocer mayor éxito en su tiempo.

"Si quieres entender el mundo, piensa en términos de energía, frecuencia y vibración."
Nikola Tesla

Traducción del mundo espiritual:

No conocer tu valor hace que ignores la grandeza de tus dones. Mientras no conozcas tu valor, tus dones no desaparecen, están presentes pero siguen siendo una incógnita el cómo usarlos para tu historia de vida. Una dura lección para Nikola Tesla, que no descubrió cómo aterrizar muchas de sus ideas, de sus inspiraciones guiadas. Nunca fue suficiente lo que podía hacer. Si no aterrizas tus talentos, no vuelas.

Otro punto crucial es que no conoció la naturaleza de sus dones. Sabía que tenía dones, pero no de dónde provenían. Decía que escuchaba el río o eran los extraterrestres. No supo cómo usarlo, entonces no tuvo los pies en la tierra y la mirada en el cielo. La divinidad habla en la forma en la que tú más escuches, tú aterrizas y lo conviertes con tu forma única.

Comienza el fin del maltrato, esa águila comienza a estrellarse

Estas biografías nos enseñan cómo la autoimagen y la relación con ellos mismos es determinante. Su interpretación de la realidad les impedía ver lo que era más favorable para ellos. Entonces, lo que más necesitas trabajar es la relación contigo mismo, para no caer en la ceguera de ti mismo. Observa la imagen que te ayudaron a formar, pero date permiso de construir una desde tu esencia verdadera. Rompe tus propias reglas y edifica cada día lo que te dé más paz.

Si quieres perder la ceguera. Siguiente etapa, observa tus relaciones

Observa a partir de estos ejemplos de vida lo importante que es que valores tus dones y tus talentos, si no, estarán invisibles para ti. Ahora hablemos de otro punto ciego: tus relaciones. ¡Agárrate! No te ves reflejado en ellas, pero cuando lo haces, entiendes que es tiempo de darte amor por medio de éstas. Eso implica decisiones fuertes, las cuales son un reflejo de su amor personal, o bien, de su insatisfacción personal, manifestada en envidia, enojo, culpa, por mencionar algunas características.

Has puesto gran parte de tu paz en tus relaciones. Por eso, fui guiada a observar mis relaciones. En esta etapa, observa tus relaciones y sabrás qué te desgasta, qué te suma, pero, sobre todo, verás qué es necesario cambiar en ti, para que uses más tus dones. Comienza la aventura.

◇◇

No importa cuántos talentos tengas, si no sabes cómo echarlos a andar y dónde sirven más. Si no sabes, pide ayuda, siempre están dispuestos a darla.

Vayamos a entender tus relaciones. Lo que el ego entiende cuando terminas una relación de amistad, noviazgo, pareja, matrimonio, lo que sea que duela, es que fue un punto final en la historia. Dice "terminamos", pero hablando espiritualmente no lo es; tiene que parecer así, porque tiene que terminar al menos el esfuerzo que toman de ti esas situaciones y tu convivencia con ciertas personas. Hay relaciones, situaciones, que tienen que terminar en la película de tu vida de manera contundente por tu salud mental, física y energética. Pero, en realidad, espiritualmente sigues conectado, por una sencilla razón, porque no hay separación en la creación. Somos uno, pero vives en una mente que hoy todavía se cree escindida o dividida.

El amor que hay en los encuentros desafortunados y afortunados es la única regla, lo único que los hace suceder. No importa qué tan desgarradores parezcan los encuentros en la película de nuestra vida, la decisión que origina conocernos estuvo sustentada en el amor, nos ayudamos a despertar los unos a los otros. Nos mueve. Algunos te transforman desde el amor y otros te mueven como un sismo, que termina en desubicación. Sólo por un tiempo, porque en su momento no comprendes por qué te vienen a tocar tan fuerte y significativamente. Así tiene que ser, porque si no, no cumplirían su propósito. Estos encuentros despiertan *tus límites*, de lo contrario seguirías prefiriendo los castillos de arena, en vez de la libertad.

Momento:

―――――――――――――――――――――――――――――

Atento aviso a la comunidad
Vienes a liberarte de ti, sólo de ti y de tus ideas
equivocadas, así que todos cumplirán su rol a la perfección.
Entenderás que hasta los que llamaste enemigos
son aliados para tu despertar.
El amor provoca que sucedan todos nuestros encuentros,
nos ayudamos a despertar los unos a los otros.
"Observa tus relaciones, éstas te nutren de amor
o te desgastan por alguna u otra razón."

―――――――――――――――――――――――――――――

Tus relaciones:
el método de "la película estrafalaria"

Trabaja en tus relaciones especiales. Entremos de manera más profunda a tus relaciones, con las personas con las que elegiste encontrarte en esta *realidad*. Por eso le llamo la película de tu vida. Se pusieron de acuerdo en la interpretación y en el guion, con dos elementos cruciales: piensas que todos esos personajes no los has creado tú, crees que todos son personajes separados de ti, en tu mente. Le das a cada uno un objetivo en tu historia. Eso haces por tu libre albedrío, piensas en tu peli y luego la vives. Ya dentro de tu peli, percibes tu invención todo el tiempo, pero hay personajes invisibles que, aunque parecen muchos, conforman **una sola Voz**.

Si tuviera necesidad de usar la lentitud de las palabras, dirían algo como: "Mira, si ya hizo el guion, ocupémoslo." El objetivo es ayudarte a recordar que, por más bonita, simpática y amorosa que esté la "película de arte" (tu vida), es una película, es ficción. Puede seguir inventando dramas o puede despertar, pero como aún no comprendes qué es despertar, necesitas a todos los personajes para que te ayuden a querer hacerlo. Tienes que dejar de desear dramas e intercambiarlos por libertad.

El segundo elemento contundente es que *tenemos ayuda* que proviene fuera de la película que hemos inventado. ¿Cómo es que llegaría la respuesta que te sacará de la peli? Dentro de uno de los personajes que tú has inventado. Sólo cuando hay ayuda externa, por medio de lo que has elegido, es que vislumbras otra posible realidad. Recuerda, "la tercera es la respuesta", la que viene de lo Alto, de fuera de la caja, fuera de la respuesta típica para pensar, la respuesta es la que llega por la divinidad, la tercera opción que no habías pensado, pero es traída a ti.

◇◇

Atento aviso a la comunidad

1) Si acabas de no entender nada de todo lo que previa y pacientemente te escribí, no te preocupes, un día lo entenderás, no te apures. Sólo sigue leyendo y experimetando, porque tu despertar es seguro.

2) Si medio lo entendiste, vuélvelo a leer, te va a servir para aclararlo. Siempre hay una resistencia inicial, porque si lo comprendes totalmente, ¡despertarías!, y eso es muy molesto para el ego, que es el que se mantiene creando historias y películas estrafalarias, continúa creando la imagen falsa de quien eres. La cual, dentro de la peli, claro que no quiere morir.

3) Si lo entendiste sin problema, me gustaría explicarte más; pero si lo entendiste, tal vez no haya necesidad, a menos que estés en la trampa del ego espiritualizado y creas que ya sabes lo que

> aún no comprendes totalmente. Mejor nos vamos
> todos por un helado, de esos que no existen realmente,
> pero que creemos que saben muy rico.

Relaciones tipo: los *trastorneitors*

Vamos adentrándonos a los personajes más trastornados que metiste en tu peli. Hay muchos tipos de relaciones disfuncionales y trampas del ego en las relaciones. Como peleas por la lucha de poder, celos, golpes bajos con sarcasmos e ironías, *controlitis aguditis*, manipulación. ¿Tienes tiempo?

La pregunta crucial con la cual empiezas a desmantelar tus creaciones es cuando te das amor, en vez del maltrato que te das a través de ellas. Por eso, de manera amorosa, firme y concreta, pregúntate:

> ¿Cuáles son los tipos de relaciones a las que tendría
> que poner un límite y de qué manera?

Más que nunca pon atención en todo tu universo de relaciones:

1. En las súper evidentes, sería lo más sano que pusieras un límite. Tal vez hoy no sabes cómo, pero en tu interior sabes que no es una relación amorosa y sana. ¡Lo sabes!

2. Las de la intuición. Revisa aquellas más sutiles que le hacen ruido a tu intuición, aunque se porten súper lindos, amables o regalistas, algo no te resuena en sus actitudes, tipo "mmm, algo tiene que me hace ruido". Escucha a tu intuición y actúa en consecuencia.

3. Las *relaciones especiales*. Dedica tiempo en aquellas que no parecen tan obvias, las complejas, invisibles y dañinas relaciones especiales, las que gritan energéticamente: "Yo te quiero, pero espero que me hagas sentir especial", "yo te quiero, pero espero que me atiendas cuando yo quiera, necesite, porque hago mucho por ti", "yo te quiero, te escucho, siempre y cuando hagas las cosas de la manera que a mí me gusta", "recuerda lo importante que es que, por ser amigos, siempre sea el primero en saber todo de ti", "yo te resuelvo, pero, aunque no lo diga, tú me debes amor, gratitud y compañía a cambio", "yo te amo y espero que no puedas vivir sin mí", "después de todo lo que hago por ti, ¿te comportarás como quiero? ¿Si me vuelvo como quieres, me amarás?"

Todas son características de relaciones especiales. El ego te asegura que otro cuerpo te completará un día y el otro también, por eso busca aferrarse. El mundo espiritual usa todas tus relaciones para tu crecimiento, no te las quita como un castigo ni te juzga por lo vivido. Una vez que estés más dispuesto a ver y a tomar las decisiones radicalmente amorosas, podrás darte cuenta de quienes actúan de esa manera.

¿En qué estaba pensando? ¿Para qué los metí?

¿Estaré *trastorneited* yo también? Una parte sí, pero, a ver, tranquis, antes de que agarres el látigo de la culpa y te azotes, permíteme explicarte con más calmita por qué los juicios luego se van como hilo de media. No estás loco, todo tiene que ver con tu nivel de conciencia y con atraer a las personas que te ayudarán a despertar. Ahí es donde suelen encajar los ejemplos más trastornados que se te ocurrieron, solo porque tú mismo elegiste todas tus pruebas, el guion de la peli, ¿recuerdas?

Haz memoria. Como te expliqué en mi primer libro, *Una vida con ángeles*, te hablé de cómo siempre se está cumpliendo tu misión personal. ¿Qué aprendo? ¿Cómo eso ayuda a tu misión colectiva? El un, dos, tres por mí y por todos mis compañeros.

Veamos por qué llamaste a esos casos, en los que no entiendes el porqué de ciertas personas en tu vida, por qué terminas en ciertas situaciones y, en ocasiones, hasta puedes preguntarte: "¿En serio, yo pedí a ese trastornado?" (tono de película de terror). A las personas les darás la interpretación y lo que harás con ellas dependerá de tu nivel de conciencia.

Interpretación de cada persona de acuerdo con tu nivel de conciencia

- **La de kínder.** "¡Qué conciencia ni qué chochos! ¡Aquí no aplica! ¡Todo está mal en mi vida por culpa de esa persona! No me importa que arda en el infierno por siempre. Quiero que todo el mundo se entere de que es un fraude y que lo odio. ¡Todas las mentiras y los actos violentos que yo tenga hacia esa persona están justificados porque, desde mi película, esa persona me debe, por lo tanto, tengo derecho a destruirlo!", (entre menos acepte responsabilidad, quien sea, según su percepción, le puede salir debiendo).

- **La de primaria.** "Me valen tú y la espiritualidad, no hay nada que justifique lo que me hizo. ¿Cómo va a ser mi cárcel odiarlo?, ¡eso y mucho más se merece! Maldito sea él y toda su familia. Deberíamos buscar a ver quién lo golpea."

- **La de secundaria.** "Te voy a poner mi atención dos minutos, ¿como por qué dices que debería de perdonarlo?, ¡no se lo merece! Para que te quede claro, déjame decirte lo que me hizo... y agrégale mentiras y reproches; busco aliados para destrozar su imagen."

- **La de prepa.** "Bueno, mira, ok, tampoco le voy a inventar cosas, tampoco soy de haber hablado mal públicamente, si lo veo no lo insulto. Por detrás, pues sí, eso le pasa por gandalla, maldito. Ya inventé usuarios en las redes y todo lo hago a sus espaldas. Verás cómo sí le pega, ¡es el karma!", (claro, el karma, no la persona).

- **La universitaria.** "Hay veces que puedo ver las cosas buenas que aportó a mi vida la persona o su enseñanza, no todo es blanco o negro. Veo la lección que tuve con esa persona. Puedo reconocer que me enojo todavía de vez en cuando, pero ya no lo odio. Quisiera hacer las paces, aunque sea en mi mente."

- **La de maestría.** "Me doy cuenta de cuántas cosas buenas vinieron por esa situación terrible o por conocer a esa persona. Me ayudó a aprender mucho de mis fortalezas y debilidades, es de las mejores cosas que me pudieron pasar en la vida. Hay ocasiones que siento un profundo agradecimiento por la experiencia, esa persona como nadie me ha hecho crecer, me ayudó a descubrir lo fuerte que era. La honro y la bendigo."

- **La de alguien despierto.** "No tengo enemigos, sólo aliados para mi despertar."

Si te das cuenta, tu mente oscila entre una respuesta y otra. Relájate, es normal, porque la iluminación es un proceso, no un golpe. Lo importante es que cada vez exista una mayor conciencia en tu *película estrafalaria*.

◇◇

No tengo enemigos, sólo aliados para mi despertar.

Tarea de vida: revisión de tus relaciones y su frecuencia vibracional

En la siguiente etapa de recuperación, fui guiada a hacer una revisión de todas mis relaciones y a trabajarlas en conciencia desde mi interior. No es que tengas que ir a hablar con las personas, se trata de observar con quiénes te relacionas y por qué. En esta etapa, tu atención no sólo está puesta en los *límites poderosos* que tienen que ver con lo físico y tus actos, sino también con la *vibración emocional* de cada una de tus relaciones.

Para que haya salud emocional a un nivel más alto, empiezas a poner mucha atención en la frecuencia vibratoria en la que te mueves, en la frecuencia vibratoria de las personas con las que te relacionas, en su espectro de emociones, su afinidad, cómo es su comunicación. ¿Tus relaciones se mueven entre miedos, envidia, reclamos, expectativas, indiferencia, enojos, son secas, normales, o bien, llenas de amor, tolerancia, respeto, alegría, compasión, comprensión? ¿Qué te une a ellas? ¿Qué esperan de ti? Observa si hay algo que tú también esperas de ellos.

En esta etapa elige observarte mucho, ¿cómo te comportas ante ciertas personas?, ¿cómo cambias con unas y con otras?, ¿por qué crees que cambie tu comportamiento? De igual manera, observa cómo se comportan esas personas contigo. No para juzgarlas, sino para darte cuenta de que tal vez eliges hacerte daño al mantener algunas relaciones desgastantes, así como te das amor con las relaciones que te alimentan y que deseas seguir cultivando en tu vida.

Esto aplica observar para ambos lados de la balanza, también de tu parte. Reflexiona, ¿para qué personas tú resultas una relación desgastante?, ¿a quiénes eliges aportar desde tu amor? Observa tus relaciones más importantes y todas las que más puedas, las de amor especial, las de amor sano en balance o las de odio especial.

No hay personas malas, sólo distintos niveles de ignorancia.

Tú puedes seguir amando a tus semejantes, sólo que no necesitas continuar de la misma manera las relaciones que te condicionan, te manipulan, te hacen sentir entre la espada y la pared; las relaciones que te duelen más de lo que te suman. No actúes contra ti mismo. Si una relación te desgasta, puedes sostenerla por un tiempo o por unos minutos. La verdadera lección es aprender a amar. Amar siempre te hace sentir fuerte, te hace sentir saludable. El gran secreto de nuestro universo parece ser el amor.

Te invito a que revises tus relaciones de amor especial: las vas a condicionar o ellas te van a condicionar. Fíjate a quién condicionas para ser merecedor de tu presencia o amor y, a su vez, ve quién te condiciona a ti, quién te evalúa. Algunas personas deciden resolver las cosas a su manera y se comportan de formas específicas con tal de obtener algo de ti. Esta observación me enseñó a poner límites a algunas personas que querían estar cerca de mí, siempre y cuando fueran *especiales*, recibieran *beneficios* o fueran *amigos predilectos*. Esas personas no lo dicen, pero siempre esperan algo del otro.

Sin darse cuenta, esperan controlarte, anhelan —inconsciente o muy conscientemente— que dependas de ellos; algunos desean ser los que "te resuelven la vida"; entre más puedan *cuidar* de ti, mejor para ellos, ¡los necesitarías más y así nunca los dejarías ni ellos a ti! Te aman de manera *especial* (ellos dirían "muy servicial"), pero, sin darse cuenta, cobran por todo lo que te dan, porque *esperan* algo de ti, aunque sea un abrazo o tiempo. Están dispuestas a esperar tu atención, pero para estas personas hay un plazo. Estarán bien contigo, siempre y cuando cedas tarde o temprano ante lo que desean: "¡Por Dios, con tantas cosas que te he dado y que he hecho por ti!" "¡Cómo no me amarías!" "Tantos halagos y cosas bonitas que te doy" "¡No puedes sacarme de tu vida, yo, que soy tan linda y deseo lo mejor para ti!" "Te he dado a manos llenas, eso me da derecho sobre ti." Desde la visión del ego eso es amor. Desde luego para este tipo de relaciones, puede haber muchos niveles, unos más dañinos que otros. ¿Se te vino alguien que conozcas a la mente?

Eso es una relación insana, enfermiza y tóxica, basada en amor condicional. Lo que piensan es: "¡Lo mínimo que puedo esperar de ti es que, un buen día, ya que he sido tan buena persona contigo, porque te he dado tanto, respondas con lo que yo quiero de ti en el momento en que lo necesite!" Eso es un falso amor condicionado, un intento de manipulación en toda la extensión de la palabra. No se quieren dar cuenta de que, al actuar así, se esfuerzan constantemente por el amor de alguien, que **no** está pidiendo ni todos esos sacrificios, ni todo ese tiempo, ni todas esas demostraciones de amor, ni reaccionará ante la *controlitis agudítis*, ni a los regalos. Los que esperan recibir algo con esa actitud, están inmersos en su propia cárcel, pues no recibirán amor incondicional. Si logran darse cuenta de lo que ellos mismos se causan, sufrirán menos.

Un amigo no espera de ti favores a cambio, un amigo genuino, que te conoce y ama, no espera algo por la sopa que te ha llevado cuando estás enfermo, ni recordará cuánto le costó la sopa, ni pensará la forma de cobrarse por lo que te ha dado. No le debes nada, ése es su sentir, lo dio desde su corazón y es feliz viéndote feliz. No espera que le debas una comida, no te va a cuestionar por qué no le habías contado algo. No hay exigencia de por medio, hay amor.

A diferencia de esto, tarde o temprano, el ego piensa que las cosas o las personas le pertenecen a su reino, que son de su propiedad y, por tanto, tiene derecho a exigir, a reclamar y a esperar respuestas y actitudes. Esas personas esperan que veas cómo se esfuerzan por ti y eso merece algo a cambio. ¿Conoces personas que por hablarte bonito o llevarte regalos sienten que estás comprometido a ser su amigo, a salir con ellos, o a dejar que *te cuiden*, como ellos creen que lo necesitas?

En su guion de vida, esas personas necesitan alguien que les regale límites sanos y amorosos o un rotundo "basta, no más", que sigue siendo amoroso. Para ellos, tú serás un *maestro rasposo* o un *maestro tormentoso* (como lo expliqué en mi primer libro, *Una vida con ángeles*), porque les pondrás ese límite. A diferencia de lo que puedes creer, esta acción es sumamente amorosa, aunque ellos no lo entiendan porque, si no, seguirían sin comprender qué es el amor incondicional. Seguirían pensando que, con todo lo que hacen, conseguirán amor. ¿Actúas así o han actuado así contigo? La vida les dará a ambos más maestros y oportunidades.

Para crecer y sanar se requiere que observes las relaciones más cercanas. Tal vez tengas la increíble oportunidad de que algunas de tus relaciones más entrañables se transformen y ver con otros ojos a tus hermanos, padres, pareja o amigos, cuando hayas puesto los límites sanos necesarios y te vuelvas una persona más confiable ante tus propios ojos, en vez de alguien que cede todo el tiempo ya sea por miedo a no agradar o porque no puedes decir *no* sin llorar o sin explotar, sin un fuerte enojo o esperar a que otros lo hagan por ellos mismos.

Tarea

Revisa todas tus relaciones, ¿son una manifestación de respeto, de libertad de juicio, de comprensión y de amor? Haz una lista de todas las relaciones que puedas. Esta noche, antes de dormir, haz un pedido en conciencia para la relación que haya resultado más estresante o angustiante. Pide ayuda al mundo espiritual, pues el Amor sabe cuidar de la manera perfecta para que las relaciones regresen a la paz.

2 Ejercicio de compasión y transformación de mis relaciones.

Puedes hacerlo antes de dormir.

Pedido de transformación

Repite:

"En mi mente estoy dispuesto a transformar la visión que tengo de ti. Pido la intervención del más alto amor, para que nos ayude a sanar a ambos la parte dolorosa de esta relación.

Que lo que sea en el mayor beneficio para ambos me sea mostrado.

> Quiero aprender a amarme más por medio de mis relaciones, enséñame cómo poner un límite sano, de la manera más amorosa posible a esta situación de dolor.
>
> Que el amor incondicional se extienda en esta relación.
>
> Así sea, así ya es."

Ojo, atención, ¡posible trampa del ego aproximándose!

No pongas tus expectativas en que esto funcione como un acto de magia para que *cambie* a la otra persona. No se trata de eso, sería esperar que suceda una manipulación espiritual, para que pase lo que *tú* deseas respecto a esa persona. Este ejercicio de transformación mental sirve para que puedas ver de distinta manera la situación. Y tal vez, veas inocente a esa persona, más neutral, con compasión o de nuevo con amor.

◇◇

¿Cómo sería la forma correcta de ver esta situación para que regrese a un estado de paz y de amor?

Eso te libera interiormente. Te mostrará lo que no alcanzas a ver de ti, puede ayudarte a regresar a la paz. Desde la perspectiva espiritual, todos los involucrados reciben ayuda. La otra persona también recibirá sus señales, sólo enfócate en lo que puedes permitir transformarse en ti. Si estás en una situación donde corre peligro tu vida o eres maltratado constantemente, no significa que tienes que aguantar actitudes, imposiciones o humillaciones, puedes salir de ahí, buscar ayuda y hacer tu ejercicio.

Lo que entiendes en tu mente lo practicarás en el mundo.

El siguiente paso, de lo físico a lo más sutil

El mundo espiritual te guiará para que revises todo a lo que puedes apegarte o por lo que puedes sufrir, ya sea porque estás aferrado a lo material —casa, dinero, fraudes, robos—. Examina todas las experiencias que te dan estabilidad en ese plano; por ejemplo, a algunos se les termina el dinero de sus padres y eso los impulsa a trabajar; otros, al perder todo, aprenderán a levantarse con sus talentos, una y otra vez; unos confirman cuáles son sus capacidades. Desde la visión espiritual, nunca se pierde nada.

Practica una y otra vez, hasta tener claras tus capacidades. Aprenderás a ver de manera distinta cada tormenta, cada personaje y cada relación por más *trastorneited* que parezcan. Con una mentalidad más entrenada, avanzarás en tus relaciones de todo tipo, como ya vimos, hasta llegar a lo más invisible, la relación contigo mismo: *tu personaje.*

La relación contigo

Si bien hemos hablado de las relaciones con los demás, no hay que olvidar la importancia de cuidar de tu espacio interior. Todo lo que nos rodea nos alimenta, no sólo la comida, sino la naturaleza, la música, los libros, las pláticas, las personas, y claro, hay personas que te nutren y otras que te piden de comer. No se trata de buscar el blanco o el negro, si lo dejas entrar o que lo saques de tu vida de inmediato, pero si aprendes a observar más, estarás más atento.

Es un privilegio que las personas entren a tu nido, a tu vida, porque conocen lo sagrado de tu camino, porque coinciden contigo y con lo que has cultivado en ti. Es hermoso ver cuánto te honras, ese respeto inspira respeto. Si pretenden entrar, que su primer paso sea con amor, como todos los que estén dispuestos a dar esos pasos a tu lado. Que, al entrar, esa persona esté dispuesta a quitarse los zapatos del ego y haga una pequeña reverencia en silencio, así como tú la haces ante otro ser que sabe lo que es el respeto. Esas son las nuevas reglas para convivir contigo.

Nos encontraremos en una reverencia interior por ser quienes somos. Al mirarte a los ojos, reconozco tu camino y lo sagrado en tu interior. Es una invitación a un espacio de paz, el cual cultivas todos los días por amor a ti. Que así sean todas las relaciones que construyas en tu vida desde ahora.

<><><><><><><><><><><><><><><><><><><><><><><><><><><><><><><><><>

Entrena tu mente para que no te lastimes. No te falles.

¿Quieres fidelidad en tu vida? Amor y paz

Si quieres fidelidad en tu vida, comienza por no traicionarte. Para no hacerlo, conócete. Eso toma tiempo, no es sólo ver la imagen del espejo y creer que sabes qué te falta para verte mejor. Ve a un nivel más profundo. Pregúntate, "¿quién soy?"

El amor no depende de cómo te ven, sino de cómo te ves. Para que veas amor en tu vida, comienza por aceptar tus virtudes, tus talentos, lo más amoroso de ti, la luz que eres para otros. Habla bien de ti. Es común hablar bien de los demás, de sus virtudes, entonces ¿por qué no lo haces de ti mismo? Empieza por reconocer lo más luminoso, pero no te detengas ahí. Si eres valiente y responsable, ve a lo más complejo, a lo más enredado, a tu lado sombra, a tu parte insatisfecha, a lo que te implica retos personales. Con el conocimiento de que son sólo retos, no deben de convertirse en tu vida, no deben ser un obstáculo para vivir en paz.

¿Quieres vivir más feliz y en paz? Entonces deja de culpar a otros por tus tragedias, deja de estar enojado con ellos. Tu dolor es el resultado del poder que les das a otros. Ellos no son responsables de que insistas en que te roben paz; si la roban es porque no te has puesto el límite poderoso. Cambia el significado que les has dado. No los uses para seguirte lastimando, no seas el mártir, mejor sé el héroe de tu vida.

Hoy puedes decidir cambiar tu manera de verlos, cambia la interpretación que les diste en tu pasado y deja de temer a un resultado imaginario. Todos los errores que pudiste o que pudieron cometer fueron piedras que hoy hacen un camino pavimentado. Cada piedra es una joya (y no una pedrada). Tu camino es de gemas preciosas. Quien no entienda tu proceso te cuestionará el por qué suceden las pedradas en tu vida; pero quien comprende sabe que las estás transformando en joyas de sabiduría, porque te dan lo que necesitas para tu *RenaSer*.

Se trata de que aprendas a cuidar mejor de ti; si es necesario que te desgarres como el águila, lo que importa es el tamaño de tu compromiso para la renovación. Volarás por encima de toda circunstancia y aprenderás lo que significa *estar para ti*.

Hoy tomo la decisión radicalmente amorosa de serme fiel, dejo de ser el mártir para ser el héroe de mi propia vida.

Prometerte que te serás fiel tiene que ver con una promesa de amor incondicional, y no de enojo, no de culpar a alguien por no haberlo hecho por ti. Cuando hablamos de amor incondicional significa empezar por ti y cerrar el círculo en ti, como un corazón que se cierra en el mismo vértice donde comenzó. Todo lo que entre en ese círculo de tu vida es sagrado, y así lo definirás de ahora en adelante.

No importa si antes no te salió bien. En vez de atropellarte con culpa o reproches, levántate y sigue adelante *por amor a ti*. Si en el camino lastimaste a alguien, por no saber cómo amarte y no saber cómo ser responsable de tus emociones, de tus sombras, de tu frustración, ofrece disculpas, si es posible, que sea en persona; pero si no, hazlo en tu espacio personal. Sé responsable del daño que causaste y sigue adelante, ya que eso no define la persona que eres. Un error puede disculparse, por más grande que sea, pero no hacerte responsable de tus heridas y de tus proyecciones hará que desperdicies tu vida por culpar a otros.

¿Quieres salir adelante?

Regresemos a este punto. Ahora pregúntate con mucho amor: "¿Cómo puedo ser más responsable con mi bienestar?"

Si no lo sabes, dedica más tiempo a conocerte. Uno se conoce en la interacción con otras personas, en los retos personales, en las marchas de la vida, no cuando estás cómodo viendo una película en el cine o revisando tu celular. Hay personas que hacen de su vida una película aburrida, sólo porque no le han dedicado más tiempo a encontrar un significado mayor. Si no estás viviendo una vida con propósito, apaga los distractores y pasa tiempo contigo, agradece todas tus experiencias y pide ayuda, te llegará.

No nos enseñaron a ser personas en equilibrio, eso no pasa solito, eso lo buscamos, lo estudiamos. Si lo anhelas, lo aprendes. Aprende de quien ha tenido retos, no sólo de quien te hable bonito; aprende de quien lo ha superado y aún se ve el amor; aprende de quien ha tenido malos momentos, se ha desgarrado, ha sentido morirse, pero lo ha superado.

Morir para *RenaSer* tiene que ver con dejar que lo indeseable se vuelva tu joya de sabiduría. Aunque no lo creas, todas las personas que conozco, famosas o no, conocidas o no, que son una eminencia en su área, genios o líderes, han tenido crisis. Todos los que brillan alto tuvieron estrepitosas dudas de sí mismos, se cuestionaron, perdieron cosas importantes en su vida o simplemente desconocían el camino que los haría sentirse poderosos.

Los más grandes visionarios, premios Nobel, grandes empresarios, vinieron de no serlo, de no tener títulos, nacieron como tú y como yo. Lo que hizo la diferencia es que podían tener uno o varios talentos, de los cuales se hicieron conscientes, lo apreciaron y lo usaron. Ojalá que tú lo uses en conciencia y no quieras convertirte en un personaje, que sólo tengas la humildad de ofrecerlo, de bendecirlo, y lo disfrutes tanto que te vuelvas una referencia.

Para los luchadores incansables

Ésta es una nota para los que dicen "yo voy a luchar". El enojo puede destruirte, úsalo y no permitas que te queme por dentro. El enojo puede sentirse como una gran fuerza, un incendio incontenible; ese coraje impulsa, pero tampoco es la manera de resolver todo. No podemos resolver los problemas a martillazos, atacando y cortando cabezas en el camino.

Esta fuerza es como un volcán en erupción, pero el centro de esas llamas está en un lugar muy profundo en ti, está hirviendo por dentro y, si no lo dejas salir, te consumirá. Incendia a tu paso y deja que salga toda tu fuerza, pero para que se transforme en luz.

¿Cómo? Usa tu enojo en el lugar adecuado, para moverte de un lugar de dolor, para *transformarte*. Usa tu enojo para levantarte de la opresión, del miedo de ser quien te mereces ser. Usa tu enojo para decir el **no** que necesitas, para poner los poderosos límites, los *nunca jamás*. No hay vuelta atrás, es un rotundo no, y con la misma fuerza que niegues se convertirá en un rotundo sí de luz. Usa tu fuego, porque es poderoso, incendia lo que necesite llegar a las cenizas.

Si eres una persona que está siendo abusada, golpeada —física o psicológicamente— por alguien de manera constante, ¡no necesitas ver a esa persona, y menos diario! Hay mujeres que me dicen, "me quedaré hasta que él cambie, porque sé que en el fondo es buena persona y me ama", "el problema es que sufrió mucho de chiquito, su padre los abandonó, pues, claro, cómo no me trataría así, pero voy a ser paciente, si él quiere trabajar en sí mismo, se va a dar cuenta y podremos ser muy felices".

Lo diré muy claro: no eres terapeuta de las personas que están alrededor de ti; si ellos *no* hacen el esfuerzo por querer atender sus heridas y tú eliges quedarte en ese lugar, también te estás relacionando desde tus heridas. No hay personas malas, sólo niveles de ignorancia. Si no conoces tus heridas, no sabes que te estás relacionando desde ellas, seguirás anhelando amor, precisamente porque no sientes ese amor en ti. Si la otra persona tampoco está trabajando en sí misma, necesitará herramientas que hoy no tiene. Lo importante es que, si tiene la disposición real, es decir, si existe la disposición, se levantará de ese sillón, de ese escritorio en su oficina, de pasear a su perro, de esa borrachera, e irá a terapia, irá a alcohólicos anónimos, irá a cursos de conciencia personal, hará yoga, meditará, ¡hará algo! Algo que pruebe que quiere empezar una vida distinta.

Eso no lo puedes hacer por alguien, no se puede forzar el despertar de las personas, sólo puedes trabajar en el tuyo y desde ese lugar inspirar el de otros. Creer que tú los vas a sanar o que alguien te va a sanar, porque te tocó con su mano, es no hacerte responsable de tus sombras.

El hecho de que alguien no esté sano alrededor de ti no significa que no esté haciendo su mejor esfuerzo con lo que conoce; no significa que te tienes que quedar ahí para ser maltratado, manipulado o humillado.

No sé en qué caso te encuentres hoy o en dónde hayas estado antes, pero sí te digo, si empiezas a construir estos muros de responsabilidad en tu vida, cada ladrillo te hará fuerte, te ayudará a recordar, porque cada ladrillo es una experiencia de aprendizaje. No es el muro completo aún, pero cada roca será como te dije, no sólo piedra, sino joyas de sabiduría. Te levantarás e incendiarás a esa pobre imagen.

8. El enojo, la ira y sus parientes cercanos

Antes de que el enojo te destruya,
usa todo su poder.

Ahora hablemos de lo que te enoja. "¿Tienes tiempo, Tania?, ¿de qué situaciones estás cansado?, ¿cansado de cuántos días?, ¿de cuántos meses?, ¿de cuántos años?, ¿de qué?, ¿de quiénes?"

A veces escucho cosas como: "Ya estoy bien, ya estoy listo, ya hice todo ese trabajo personal, ya fui a cursos, tomé terapia, ya me fui a la India, me metí a clases de yoga, ya soy *coach* de *lo que sea*, medio medito, ya me leí muchos libros." Ahora, tal vez ya eres maestro en algo y todo eso está súper súper bien, pero no olvides que la vida es *sencilla*: sólo quiere que seas un maestro de ti, la enseñanza se da por consecuencia. Puede ser que ya sepas mucho de muchas cosas, pero no conozcas del todo la causa real de tus problemas. Una vez que conoces la causa real del problema, todo se arreglará como fichas de dominó que empujan lo que necesita caer. Tú tuviste la fuerza para mover esa primera ficha y, acto seguido, observas cada ficha caer en su lugar.

Puede ser que seas experto de algo o que no estés metido en problemas serios, pero lo que he comprobado en terapia espiritual es que mientras no llegues a la causa, se repetirá el patrón, de una manera distinta hasta que se toca fondo. Toma tiempo conocer *quién eres* y, al recordarlo, el problema sanará, porque dejarás de necesitar y de perder tiempo con lo que no tiene que ver con tu esencia.

Dime una cosa, ¿todavía te pasan cosas cuyo propósito no entiendes?, te preguntas ¿qué pasa? Está muy bien que no estés igual que antes, pero el trabajo aún está incompleto, pues el aprendizaje toma tiempo. Es como si le quisieras gritar al universo que ya acabaste de ser el estudiante y ahora quieres —o crees— ser "el que sabe". Ajá, sí pero no.

Es bueno conocer más teoría, pero donde hacemos la maestría es *en la práctica*. Si no has pasado la etapa del águila, la de reconstrucción desde las cenizas, necesitarás más práctica, es decir, repetición. "¿Me lo juras?, ¿yo creo que ya no?" Me dicen cosas como: "Porque, mira, ya he pasado por grandes revolcadas, eh." Sí, seguro has pasado por cosas dolorosas, pero no te confundas, la etapa del águila no se trata de vivir cosas dolorosas o que desgarren, se trata de cómo pasas de desgarrarte a ti mismo, de soltar en conciencia lo que veías imposible soltar y empezar a reconstruirte en el tiempo con paciencia. Por más que quieras adelantar, dar a luz a un nuevo ser, un embarazo requiere su tiempo. Necesitas pasar varias etapas, dentro y fuera del nido, para tener una mayor madurez, ya que en cada etapa creces y no paras de crecer.

En contraste con esa paciencia, he visto que la mayoría de la gente que recién llega a terapia (o en encuentros casuales que quieren tomar como si lo fuera) quiere respuestas rápidas, que los lleve a cambios igual de veloces y en la dirección que quieren. Eso es una manera de decirle al universo, "ando desubicado, no acepto que estoy en el pupitre y creo que soy el que sabe, sólo mándame unas respuestitas".

No pasamos de la idea de morir a *RenaSer* sólo por un evento doloroso. Hoy tal vez te duela menos y por eso te hayas convencido, te hayas dicho que es prueba superada, pero eso no necesariamente significa que has sanado. Aquí va el truco: nos frustramos y desesperamos porque no nos damos cuenta de que seguimos creyendo en las mismas cosas. Aunque sepas muy bonita teoría, vuelves a repetir, porque no has cambiado de ideas. No has roto la cadena, no has comprendido. Sin entender, piensas en cómo reconstruir, es decir, no ha terminado de salir el nuevo plumaje y ya quieres volar.

> Repites el sufrimiento porque sigues teniendo las mismas ideas, sólo que ahora crees que sabes porque conoces la teoría.

¡Muy bien, practica lo que crees que sabes! Deja que surja la compasión

¡Si uno despertara por lo que sabe, su idea del mundo no existiría! No se trata de lo que sabes, se trata de lo que practicas. Por eso un maestro espiritual se hace con la práctica, no cargando libros. Ahora te voy a compartir una novedad para iluminarte, para *RenaSer*.

Primero necesitas cansarte del mundo, sí, del mismo mundo sin sentido que ves, luego lo puedes disfrutar y convertirte en un mejor alumno. Antes llegará la etapa del cansancio que te llevará a la del enojo, porque creerás que ya sabes, pero uno pasa a la repetición, donde creerás conocer tu salida. Para estas alturas puede ser que ya conozcas varias —o muchas— cosas del mundo espiritual, por eso puedes creer que es suficiente.

Aquí te reafirmo que no se trata de lo que sabes, sino de lo que haces con ello desde el amor. Con lo que sabes puedes construir un reino, pero eso no te dará paz, a menos que provenga del amor. Por eso te repito la pregunta: ¿Qué tan cansado estás?, ¿quieres pasar al siguiente nivel?

Si no tienes idea de lo que te hablo, no te preocupes, lo sabrás. De todos modos un día estarás muy cansado, aunque parezca todo bien. La pregunta no es si hoy estás muy cansado o si hoy te encuentras feliz o medio bien; la pregunta es ¿vas a dejar que ese cansancio te ayude a transformarte o vas a envejecer sin madurar?

Muchos hablan del cansancio de la vida. Está bien cansarse, pero de los absurdos. Una vez que estés cansado, lo que suceda en ti dependerá de hasta dónde dejes que te lleve y con cuánta conciencia aceptarás el paso que sigue. Te están invitando a que des el siguiente paso.

Si ya estás cansado o harto de varias cosas, vas bien. Sí, así es, léeme bien. Si después estás muy cansado de estar cansado y llega un enojo, úsalo, date permiso de sentirlo. Date permiso de construir cosas nuevas desde tu enojo, porque el mundo espiritual te dirá que nunca estás enojado por la razón que crees, ni con quien tú crees. Por eso, antes de rechazarlo o estar peleando con el hecho de *estar enojado*, acepta esta etapa. Usa y date permiso de sentir tu enojo en formas sanas. Después, no podrás aplicar *la culpa* ni contigo mismo, porque tendrás todo mucho más claro. Eso será glorioso, pero no sucede hasta que te das permiso de vivir tu proceso, en vez de medio sonreír y ponerle una capa encima para medio vivir bien.

Como acuñó una querida amiga: ¿Y qué hay de tus THs (tristes historias)? Tal vez, en el fondo hay cambios que quisieras tomar y tu realidad actual no parece permitirlos, no sabes cómo convertirte en tu mejor versión. Cuando ya has probado de muchas formas, pero las cosas no se sienten como quisieras y te desesperan; si ya te sabes mucha teoría; si eres una persona sensata, inteligente, buena, pero aún no sabes cómo cambiar ciertas cosas y ya te cansaste de esas personas o de que sucedan ciertas cosas a estas alturas, pues te tengo noticias:

Espero que estés muuuy cansado y harto, porque si no, no sucederá la transformación del águila. Si no, no te arrancarás lo que realmente necesitas soltar, lo que está obsoleto, aunque no lo quieras aceptar. Si no has llegado a ese hartazgo, entonces no te atreverás, envejecer te parecerá mejor que *RenaSer*.

Cuando observas desde el ser, sabes que aunque las cosas estén bien, algo falta. Algunos se acostumbran y eligen morir en vida, no arriesgarse. Para otros, aunque los demás quieran ponerte en un personaje, ya no eres más ese hombre o mujer, hijo, esposa, no eres más esa persona de la que hablan. Ya no eres, pero sigues atrapado en una dinámica, por las decisiones que tomaste, que no fueron malas, sólo que no te sientes a gusto en ti. Es como si no cupieras en tu propia vida.

En este momento haz unas respiraciones profundas, cierra los ojos y decide aceptar que la vida te lleve a la siguiente etapa poniendo toda tu disposición. Deja que ese cansancio y ese enojo se transformen en un motor de cambio, pero primero ve el enojo cotidiano, por poco que parezca no lo ignores. Por el momento, esa será tu tarea: darte cuenta de cuántas veces algo te molesta, por pequeño que parezca y con qué temas repetitivos están relacionados.

El desayuno millonario

Este es un ejemplo de abundancia y de lo que hace el ego. Hablemos del enojo cotidiano, del tipo que haces menos, del que crees que no tiene tanta importancia, porque sucede todo el tiempo y no es siquiera tema, dice el ego, pero te dice mucho, cuando te observas fuera de la película. Hablo del enojo que abrazas a diario, del que dejas entrar en tu vida de manera casual, de tal forma que si alguien te preguntara contestarías: "No es que viva enojado, no es para tanto", "no es que sea una persona enojona", "es más, soy simpático". Tal vez sólo seas alguien que actúa desde su neurosis no observada y, por lo tanto, no atendida pero que ya se convirtió en algo normal. Por eso te pregunto: ¿sueles hablar de los mismos tipos de problemas o situaciones, solo que con distintos personajes o incluso con las mismas personas?, ¿de las mismas lecciones? Deseas mucho la calma, pero ¿algo siempre pasa? Siempre habrá cambios y situaciones por resolver, alguna vez se descompondrá algo que podría caminar bien. "¿Qué loco, no?" "Ay, es que, de veras, Tania, hay seres que de verdad, no sé cómo Dios no les da una ayudadita, ni cómo ayudarlos, no se dejan", y tú casual te los topas, "casual".

Te contaré lo que pasó en un encuentro con una querida ami-ga, a la que llamaré Marakesh. Ella es muy simpática, es de las re-simpáticas. Realiza proyectos para ayudar a muchas personas desfavorecidas mediante programas sociales. Era un día muy bonito y soleado, de esos coquetones, que dices: "¡Ah, qué gusto salir a tomar un poco de aire fresco!" Esperábamos con mucha alegría el encuentro, pues no vivía en mi ciudad, ella venía del extranjero en un viaje relámpago.

Como vive fuera de México, la invité a conocer la cabina de mi programa de radio, a lo cual accedió encantada, pues me dijo ser fan de la meditación que hacía. Cuando llegó, entró a la cabina y se sentó en el suelo (en vez de las sillas), para hacer la meditación muy concentrada. Después de terminado el programa, la invité a desayunar a un restaurante que tiene una gran vista, ahí puedo tener privacidad y disfrutar lejos del ruido. Nos sentamos en mi mesa preferida con "vista al mar", como yo digo (claro que no hay mar en la Ciudad de México, pero es chula la vista hacia una fuente). Empezamos a actualizarnos, le pregunté de su vida, así comenzó la conversación.

—¡Cuéntamelo todo! –le dije.

—Pues, qué te digo, ¡ay, Tania, cómo me toca escuchar historias tristes en mi trabajo! De verdad, no sabes, está de locura.

—No me digas, ¿qué es lo más difícil que te pasa?

—Una situación entre dos hombres, ambos están bajo mi cargo, pero no se apoyan en el trabajo, se pelean y no paran, no sabes, cada uno quiere estar en lo correcto, puros egos y yo estoy metida en medio, no sabes, nefasto.

—¿Qué es lo nefasto?

—Que no puedo con ellos, ya ni quiero escucharlos, ¡no se ponen de acuerdo!

—¿Si no los escuchas, cómo los vas a entender?

—No, ya lo hice, pero no, están cañones. Ya me dan flojera, ni quiero saber de ellos.

—Ok, ¿entonces qué vas a hacer?

—No sé.

Ella daba vueltas al problema, medio me contaba y regresaba a la misma conclusión de hartazgo, sin explicar bien cuál era el grave problema de comunicación, pero se desesperaba y terminaba diciendo que ya la tenían harta, que estaba de locos. Le propuse varias cosas, pero me respondió:

—Ya, ¡ajá!, eso ya lo intenté, ya lo hice y no funciona, es que ellos son... —y seguía—. Creo que necesito un intermediario, pero, bueno, tienes razón, no he escuchado un lado de la historia, eso sí, eso me falta.

—Ok, entonces, ¿quieres un intermediario para no tener que escuchar tú? Está muy bien que escuches ambos lados de la historia, ¿lo harás con las dos partes juntas, verdad?

—No sé, soy muy intolerante y me dan mucha flojera, soy la primera en reconocerlo.

—Ok, ¿eso es lo más difícil que tienes?

Se hizo una pausa en la mesa (mientras yo seguía comiendo mis deliciosos chilaquiles hechos de tortilla de nopal, que estaban *deli*). Ella siguió dando vueltas al mismo tema, cuando, de pronto, ¡recordó otros problemas igual de frustrantes, incluso más importantes!, con otras personas.

—¿Sabes qué, Tania? ¡Me da rabia!

—¿Ah sí, por qué?

—Porque es como me pasa con otra amiga, ella siempre se está quejando, sieeeempre, que si no es por una cosa es por la otra, que porque no puede tener hijos, que porque se siente sola y abandonada, ah, pero intenta hacerme sentir mal si no estoy con ella o cuando no le contesto. Además, es mega millonaria, tiene todo, pero no sabe ser feliz, qué horror, me desespera lo víctima que es, ¡puras quejas!

—Ok, entiendo —yo seguía entrada en mis chilaquiles mientras escuchaba, por cierto, sus chilaquiles seguían casi intactos, si se descuidaba, yo casi se los robaba, jeje.

—O mira, por ejemplo, Tania, tengo otra amiga que su papá tiene Alzheimer y a veces creo que medio quiere suicidarse. Murió su mamá y no sabes qué triste está, pobre, me pidió ayuda, Tania, pero te digo qué, hay veces que no quiero escuchar ni un solo problema más, te lo juro, no estoy lista para escuchar tantos problemas, lo sé. No sé cómo lo haces, ¡yo con esto tengo y me desquician!

—Sí, te creo, eso parece ¿entonces qué vas a hacer? —a esas alturas casi lamía el plato, mientras volteaba constantemente a ver el lindo mar.

—Pues, te digo que no sé.

—Ah, ok, muy bien. Ahora dime lo bueno de tu vida.

—Ah, no, olvídate, ¡soy una persona muy feliz! Tengo muchas cosas buenas en mi vida, por ejemplo, me partí la madre, pero acabo de conseguir más de doscientos millones para un proyecto en el que estaban trabajando en mi empresa desde hace meses, logré conseguir el dinero y cerré el trato.

Ella había sido el agente de ventas que había conseguido reunir a todos los empresarios necesarios, había tenido una gran negociación y, por si fuera poco, ahora era la líder del proyecto que ejecutaría con otras personas que tendría a su cargo con fines sociales.

—Increíble, no sabes, Tania, por eso digo ¡qué monserga que éstos no puedan ponerse de acuerdo, habiendo cosas tan buenas sucediendo! (regresó a enfurecerse), ¡es para que estuvieran felices, en vez de estar con sus tonterías! ¿A poco no?

—¿Sí, verdad? ¡Eso suena increíble! Más de doscientos millones destinados a un gran proyecto que beneficiará a tantos, ¡es verdaderamente un gran logro! ¡Muchas felicidades! ¡Qué gran experiencia! —mientras tanto, yo pedía un *croissant* relleno de chocolate, mmm *deli*, bueno, era sábado, ¿ok?

—¡Sí está fantástico!

De nuevo se hizo un pequeño silencio, mientras ella partía el *croissant* y compartíamos las mitades en lo que llegaba el cafecito. De repente se me quedó viendo fijamente, cambiando su carita como de "te estoy examinando" y continuó:

—Tania, ¿tú qué opinas de todo lo que te acabo de contar? No lo del proyecto, sino de todo lo demás y, bueno, quiero que me cuentes de ti, creo que no me estás diciendo todo lo que estás pensando. ¿Crees que lo que he hecho para solucionarlo está mal?

—¿De verdad quieres que te diga?

—Sí, siempre, ya sabes que por más sartenazo espiritual que sea quiero escucharlo, es lo que más pido, te suplico, dime.

En realidad yo quería saber si tenía un *sí completo*, su enterito permiso antes de seguir, en vez de ser una más de esas personas que siempre nos dicen lo que debemos hacer, sin antes abrirnos a escuchar o decirnos lo mal que estamos. Siempre opinan y saben lo que es mejor en la vida de los demás. No quería que sintiera esa energía de mi parte. Era un tema importante para ella, así que una vez que dijo sí...

—Te comprendo en todo lo que me dices, creo que esto no se trata de lo que has hecho, sino de lo que no.

—¿Cómo? Tania, te juro que ya he hecho de todo, no sé qué más hacer, es un juego de egos donde estoy metida. Hay muchos intereses y tengo que estar para todo mundo, hay veces que me harto de tantos problemas por resolver y parece ser que, si lo veo yo, los demás no se ponen las pilas.

—Entonces, si ya estás taaaan cansada y tan harta, viene una gran bendición. Hay una gran diferencia entre ser un rescatador y un sanador. ¿Qué bendición te quiere dar la vida a través de esta situación? No te has puesto límites.

—No sé cuál sería la bendición, por lo pronto, donde estoy sólo me dan problemas. ¿Quieres que te hable de los niños violados y de los problemas de a montón? Ah, pero de poner límites, ¡soy buenísima poniéndoles límites! En serio, no sabes lo tajante que puedo ser, pero, bueno, puedo ponerles mejores límites si me lo propongo...

—No me refiero a sus límites ni a ellos, me refiero a ti. Si quieres que siempre te necesiten, no los pongas, dedícate a resolverles la vida. Te entiendo, en nuestro caso, no venimos a hacer una primaria, licenciatura o una maestría en cómo poner límites, venimos a hacer un doctorado. ¿Por qué? —y seguí:

"Empecemos por lo más fácil: porque si no, no tienes energía suficiente para continuar, te harás daño con lo que más te da gusto hacer. Podemos aprender a elegir entre lo que es prioridad y lo que en determinado momento no lo es. Si no lo haces tú, nadie lo va a hacer por ti. Estás en tu derecho. Tu energía es amor aterrizado en servicio, eso es muy valioso, pero necesitas conocer tus límites, nadie puede hacer eso por ti. La energía de cada quien es distinta, aprende a decir no, antes de que sea tarde. Necesitas escuchar que no eres responsable de resolverles sus tragedias, eres su esperanza, en dado caso, pero no su víctima. Sólo tú conoces tu energía. Empieza por ahí para que no te hartes de lo que amas. Ahora, no somos culpables de no saber poner límites, no nos enseñan eso en la escuela, ni muchas veces nuestros padres, tal vez las personas alrededor de ti no tenían tanta demanda por ayuda como tú la tienes, es fácil que te digan qué hacer cuando no han estado en tu lugar o, a lo mejor, siempre viste que les pedían ayuda a tus familiares y siempre la daban. Tranquila, porque nadie nos enseña. Todo empieza con conocer qué necesitas, cuándo lo necesitas para dibujar tus límites."

—Así es, Tania, gracias por no juzgarme, ¿sabes que a la casa de mi abuela le decían la Cruz Roja?, porque todo mundo llegaba ahí a pedir algo, no importa si había o no, en casa siempre lo resolvían. Antes podía ser "quítate el pan de la boca, para dar de comer", creo que aprendí eso de mi mamá y de mi abuela. Qué te digo, ¡así le llamaban, la Cruz Roja!, ¡con eso te digo todo!

—Te entiendo, aprendemos viendo lo que nuestros padres o seres que amamos hacen; algunos les toca vivir eso de manera más cercana y parece que queda puesto como el tatuaje de la

Cruz Roja, sacrifícate y sin que te des cuenta, ya lo estás repitiendo. Tu vida, Marakesh, no se llama la Cruz Roja, ésa es una institución, no una vida, tiene horarios y reglas. Cuando aprendemos sin darnos cuenta, repetimos patrones. Tú aprendiste el sacrificio como amor y a no rebelarte cuando estabas enojada o cansada, lo seguiste haciendo, creciste y taraaaaan, tienes una chamba que parece la Cruz Roja igual a "ustedes hacen un caos y yo lo arreglo". "Ponme un reto y yo lo resuelvo." Eres la *resolvedora* oficial. Lo importante es darte cuenta de esto para no seguir repitiéndolo en automático. La forma que lo estás haciendo no es sana, eso no es la Cruz Roja, es una cárcel.

Ella me miraba con ojos de asombro y aceptación. Me dijo no lo había visto así.

—Con razón sufro tanto en mi trabajo y me enojo tanto, pensé que así tenía que ser y aguantar por la causa de mi trabajo, pues es ayudar a los más necesitados...

—Espera, hay más. La más necesitada serías tú, en dado caso. Mira, yo sé que hay personas que se envuelven en una esfera de indiferencia e ignoran por completo los problemas de otros, son de otros y punto, vaya, no existe para ellos ni el cambio climático. Algunos otros son expertos en decir o en saber lo que está mal, se quejan, lo dicen, pero no hacen algo. Es más fácil decir lo que los demás podrían hacer mejor. Y hay algunos otros que siempre son los que se encargan de los problemas de los demás, están seguros de que si no los resuelven ellos, ¿quién se los resolverá? ¿Si no soy yo, quién? ¿Pobres, no? —lo dije con cara y tono de ironía—. El ego va a gritar "¡me necesitan!" como una victoria, y después se lamentará porque no tiene vida propia. Si te toca estar en sus vidas y ayudarlos, es maravilloso; pero si en ese momento y por las circunstancias que sean no puedes, ¡pues no puedes!, deja de discutir contigo. Aún quieres convencerte, pero alguien más estará, ¿qué tal si los dejas crecer?

—Oye, Tania, ¿y si esa persona se quiere suicidar?

—Pues lo va a hacer con o sin ti cerca, ¿cómo la vas a detener?

—Tienes razón, es que a veces siento culpa.

—¿Y si vas más allá de la culpa? Es la necesidad. La necesidad de ser necesitada. Eso es ego, y para algunos espiritualizado. Con tu *reiki*, tu *diksha*, tus múltiples habilidades, ¿lo vas a salvar?

—Pues eso espero.

—Entonces, ¿sólo tú puedes hacerlo por él? O necesita quererlo él primero, querer mejorar. ¿Tú vas a sanarlo a pesar de él? ¿Vas a estar cuidando, espiando a esa persona para que no se mate?, ¿tú les vas a quitar la botella para que no tomen?, ¿tú vas a consolar a otros para que no se sientan solos?, ¿tú vas a matarte en vida, por todos los niños que violaron? Si es tu trabajo, acéptalo en vez de sufrirlo. Hazlo todos los días con el mayor amor, con el mismo que te pones límites para cuidar de ti, como lo harías por ellos.

—Tienes razón, es mi arrogancia, es mi ego. Muchas gracias, no lo había visto así, creía que sí tenía razones importantes para sufrir, no como mis amigas.

—Eres como esa amiga millonaria que no puede ver lo bueno de su vida, en vez de empezar con una noticia de doscientos millones que lograste. Sufres con el problema de los colegas, a eso le dedicaste más tiempo. Ey, lo siento si estoy siendo muy directa, "si ya sabes cómo soy, ¿para qué me invitas a tu fiesta?", ¿quieres que pare?

—¿Directa? No inventes, estás siendo un dulce, yo me hubiera dicho, "estás sufriendo por una pendejada", pero eso de mi arrogancia si está cañón, "quiero salvar al mundo de sus problemas", por eso no acabo y sufro. Te digo algo, ¡no duermo, Tania!, por eso no me gusta que me cuenten sus problemas; si me cuentan un problema, no duermo por días pensando cómo resolverlo.

—Y "sólo tú" puedes hacerlo, dice el ego. Ese es el rescatador. Por eso es mejor educar, que rescatar. Ningún ser humano en esta tierra puede estar disponible todo el tiempo, no es sano ni necesario.

—Gracias, Karamelo, gracias por ayudarme a verlo.

—Te lo digo por dos razones.

—¿Cuáles?

—La primera porque te quiero y la segunda porque la próxima vez que quieras hablarme de los problemas y te diga que sólo quiero saborear mis chilaquiles, ver el mar y ver las doscientas millones de razones que tenemos para ser felices, no te vas a sentir y vas a entender mis límites.

—Ay, Tania, lo sé, todo mundo viene a ti con problemas, y ahora yo llegué a embarrar todo, lo siento.

—Guarda silencio —le dije con una sonrisa—. Si supiera que eres una persona con la que repito esta dinámica constantemente, no estaría desayunando contigo. Una ola no hace al mar, querida. Escucharte es un acto de amor, no un sacrificio, es de lo que te hablo. Precisamente porque te quiero como amiga te pongo un atento aviso en la mesa. Poner límites no es ignorar los problemas de otros, "que no me vengan con sus problemas", eso no es ser empático o compasivo o amigo, sólo hay que saber cuándo es el momento para cada cosa y buscar siempre la manera más amorosa. Yo puedo ser tú un día y decirte "estoy cansada o me sucedió algo". Recuerdo la contestación que una amiga me dio ante algo que expresé, fue: "Pues aplica lo que sabes."

Eso no fue una contestación amorosa, con eso daba por terminado el punto, sin embargo, no me enojé. Mi respuesta fue:

—Precisamente porque estoy aplicando lo que sé es que comparto que descubrí un miedo; si no aplicara mis conocimientos, pensaría que el problema venía de la persona involucrada. Encontrar el miedo para mí era como encontrar la aguja en el pajar, ¡es un logro! Ver eso significaba que mi relación con esa tercera persona podía seguir, y observaría qué es lo que me hacía ruido. Y podríamos haber tenido una conversación más amplia al respecto, como hoy lo hice contigo. Ser empático y un buen escucha no se trata de quedarse callado mientras la persona habla, al contrario, se trata de hacer las preguntas necesarias para que la persona haga sus descubrimientos y tenga sus momentos iluminadores. Hoy yo tuve el gusto de compartir contigo un momento iluminador y el resto del tiempo podemos seguir a carcajadas como solemos hacerlo.

—Muchas gracias, Karakol, dime una cosa, ¿cómo debo ver a toda esa gente que necesita ayuda para no cansarme tanto? Para saber que no caí de nuevo en ser la rescatadora, en vez de la que puede ayudar.

—De la única manera, con amor. Mira, piensa en una fiesta. Si fueras a invitar a todos los que ayudas, ¿cómo llegarían a tu casa?

—No, bueno, ¡parecería un velorio! ¡Todos llorando! Pues les doy y les doy, pero siempre hay algo más por hacer, algo más que me piden, ¡soy su proveedora! Pues igual que contigo, me imagino.

—No, la mía sería una gran fiesta. Si llegas a la causa del problema, ellos se van felices, nos volvemos a ver con gratitud, con amor, en medio de abrazos y alegría. Yo no los veo como enfermos que curar, no veo personas con problemas y se los digo de manera explícita. Me siento y les pregunto ¿qué te trajo a mí?

Si me contestan, "es que tengo un problema", los detengo y les digo que yo no veo personas con problemas, veo personas que quieren sanar. Parece lo mismo, pero no es igual. Enton-ces, esa clase de personas llegarían conmigo. Yo no busco per-sonas que me vean como su rescatadora, ni les voy a dar mi celular para que me hablen a cualquier hora. No tendría vida, como bien dices, sólo soy su facilitadora, alguien que les puede enseñar algo de ellos mismos, pero no quien les hace la tarea. No me voy a dedicar a escuchar sus problemas, porque no lo veo como problemas, lo veo como grandes oportunidades de crecimiento, para hacer una práctica espiritual, para aprender. Todos los días a través de ellos voy a la escuela. Esa inteligencia y ese amor perfecto me enseñan. Al final, me siento agradeci-da, llena de amor por el encuentro, y ellos también. Podemos hacer una fiesta… Ahora, ¡corre, que te deja el avión y disfruta de tus millones de razones para ser feliz! No estás rescatando, ¡estás aprendiendo a amar!

Entre risas terminamos la conversación. Mi amiga dedicó tiempo a preguntar, a saber de mí y lo disfrutamos mucho, pero, bueno, en esa ocasión le tocaban varios sartenazos espirituales, más de los que hoy te pude contar, de los jugosos. Se fue una hora antes de que saliera su vuelo, pero llegó justo a tiempo.

Esta anécdota tiene que ver con el enojo cotidiano, el casual que no te das cuenta que te va ganando terreno, que no te per-mite tener paz. Si transformas esta frustración constante por paz, te ahorrarás lidiar con muchas personas, y esa energía que-da libre para tu transformación.

El enojo: cajita de sorpresas escondidas

Hablando acerca de este tipo de enojo, la voz del amor (ángeles, arcángeles, una sola voz) me enseñó que cuando:

"Alguien que está enojado sólo está discutiendo con el mismo."

Cuando alguien está enojado es muy difícil que te escuche, porque está metido en la película que llama su realidad. En ese momento, puede exasperarse, ya sea porque está reviviendo miedos que tienen que ver con su pasado, que se le activan por la situación que vive en el presente. Puede sentirse traicionado por algo que no tiene que ver con los hechos reales del presente; puede seguir frustrándose porque no logra comunicar lo que necesita, porque no lo logra resolver o porque se siente desplazado con poco amor. Todo eso tiene que ver con su proceso interior. Puede ser que el enojo que siente consigo mismo lo está proyectando por sentirse poca cosa o por no saber cómo se resuelve su dificultad. En realidad, el problema tiene que ver con la interpretación que le está dando, que no logra comprender y genera una circunstancia de desesperación, "¿qué más puedo hacer?", "no puedo cambiar lo que pasó ni cómo pasó, eso me enoja". En efecto, no podemos cambiar el hecho, sólo el significado que le damos. De cualquier manera, en su mente no está encontrando respuestas, lo cual es desgastante, una fórmula explosiva.

Si intentas hablar con una persona y darle explicaciones cuando se encuentra en ese estado, lo más probable es que no tengan paz en ese momento. Hay que comunicarse en el mismo idioma de dolor, en su misma realidad y en el mismo tono que él. Esa persona (o tú) está lidiando en su interior con sentimientos muy profundos relacionados a ideas del pasado. Puede ser que no hayas sido parte de su pasado, pero sí estás en su presente para su aprendizaje. Desde el punto de vista espiritual, no es que lo vayas *a rescatar*, ni que lo tengas que cambiar, sino que, en tus brazos, tiene una oportunidad para comprender algo que antes no. Si tus pensamientos están alineados con el amor, estarás blindado, no querrás discutir. Si recuerdas esto, tal vez prefieras esperar, antes de querer hablar con alguien cuando esté enojado o en vez de ser tú el que persigue a alguien para hablar, entre mayor es el enojo, menor es la posibilidad para conversar. En el fondo, el ego busca descargar la ira en alguien más, pensando que así desaparecerá. Pero, desde luego, no funciona así. Puedes pedir ayuda al mundo espiritual para regresar a tu centro, tan sólo un instante hace la diferencia, antes de actuar desde el enojo, en silencio, pide ayuda al Amor Incondicional, deja que la nube que te ciega se disipe frente a ti.

---

*Pido ayuda para dejar de ver una realidad
que interpreto para lastimarme, enséñenme el siguiente
paso para actuar. Desde la paz. Así sea, así ya es.*

Recuerda esto, cuando estoy enojado, estoy discutiendo conmigo mismo, por lo tanto, me alejaré para ver qué es lo que me da miedo. Si insistes en que el de enfrente es el problema, te mentirás a ti mismo y luego te convencerás de lo que ves. Cuando has repetido esto mucho tiempo, ya no logras ver qué es lo que más te conviene ni cuál es el problema real.

Si te has equivocado creyendo que hacías lo correcto, ¿alguna vez has actuado seguro de que estabas en lo correcto, sólo para darte cuenta que no? Y qué tratas de hacer después de eso, ¿justificarte?, ¿todavía crees saber qué es lo que más te conviene? Si continúas sin darte cuenta cuál es el verdadero problema, la vida te ayuda para que te voltees a verlo.

Ahora trataremos el enojo que llega después de hacerle caso a tu inteligencia, pero que no te lleva a donde crees. Trataremos de desmenuzar otro tipo de enojo, el que tiene que ver con ayudarte a *RenaSer*. Es un enojo profundo, que puede ser callado pero constante, parece pequeño pero molesto; lleva mucho tiempo, tal vez con desplantes, pero lo calmas. Impotente y destructor de tus relaciones, pero tarde o temprano esa desilusión tomará fuerza y te ayudará a *RenaSer*. Lo que tiene que ser sucede, lo que es será.

Harry Potter y Voldemort, ¿cuál eres?

Para completar tu escuela espiritual, no siempre hay maestros amorosos. Falta el impactante, tenebroso y poderoso Voldemort, para que te conviertas en Harry Potter, el vencedor. Mi escuela viene de lo divino, del silencio amoroso con las sabias respuestas que traen, pero no te iluminas sin integrar las partes sombra de ti. Es decir, no te iluminas, no renaces queriendo ser *el bueno* de la peli, vivirás atrapado en un personaje, necesitas ser *completo*. Lo que no ves de ti necesita ser traído a la luz, ser descubierto, reconocido. Y como no lo puedes ver, necesitas a alguien que saque lo peor de ti para que al final salgan tus aspectos más luminosos, la comprensión llega y no se vuelve a ver igual lo que antes llamabas tu *realidad*. Es necesario que Voldemort saque al que cree que tiene que luchar, el que cree que tiene que protegerse, el que vive a la defensiva, al que atacan y cree que se tiene que defender; lo que duele, lo que cansa, lo que niegas, lo que absoluta y rotundamente no quieres ser; es necesario que emerja, es necesario integrar a tu Voldemort, lo innombrable de ti.

No quieres ser Harry Potter con miedo o enojado, o el que busca venganza. Harry hubiera querido seguir siendo un niño feliz, con sus amigos queridos, sin mayor problema, era bueno y ya, es más, tal vez ni hubiera querido ser *el elegido*, pero un gran mago como Dumbledore no se hizo por permanecer en la etapa del niño feliz, comiendo ranas de chocolate y jugando solamente. Sí se quedó con la inocencia, pero con la prudencia que le dieron vivir las distintas situaciones, con la bondad, pero ahora sumada con la experiencia, ésta le enseñó algo de él mismo. ¿Te fijas cómo el maestro Dumbledore se podía comportar indiferente, guardando secretos, o hacerse pasar como malo, incluso mientras más parecía acercarse el final? Los periódicos pusieron en tela de juicio su honestidad, eso sucede entre más se sientan agredidos con la verdad. Se mostró en su plática con Severus Snape, con supuestos intereses personales para matar a Harry Potter, y era capaz de poner límites claros, sin importarle la opinión que pudieran tener los demás. ¿Por qué? Porque su finalidad estaba puesta en el bien mayor, no en la opinión que otros tuvieran de él. Se trata de que aprendas a ver cuál es el propósito mayor.

> Los grandes sabios se hacen mediante la confianza, la conciencia y la experiencia.

¿Viste la peli? Si no, cierra el libro, retírate y ofrece disculpas. Ok, es broma. Si quieres ver toda la saga de películas primero, lo entiendo, así que te aviso, no sigas leyendo el siguiente párrafo porque voy a contar más de la serie. Mi recomendación es lee, porque, de todos modos, aunque hayas visto las pelis, puede ser que no hayas salido del cine con la reflexión que te voy a compartir. Todo lo que escribo puedes no haberlo visto, aunque hayas visto todas las pelis.

Hay otra parte donde muestra el sabio Dumbledore que no sólo fue el mago bueno, no buscaba la aprobación de los demás, ponía los límites necesarios y además algo muy grande e importante, dejaba ocurrir lo que tenía que suceder, no era su destino cambiarlo. No era su papel, porque confiaba que el futuro sucedería como tenía que ser; así que no evitó incluso su propia muerte, de hecho, la pidió para que no se dudara de su espía Severus Snape, aunque los demás pudieran pensar y exclamar ¡cómo era posible que lo hubiera podido matar!, ¿qué no era el mejor mago de todos? ¡Era Dum-ble-dore!

No evitó la forma dramática en la que ocurre su muerte. Cualquiera que no haya hecho la maestría de este sabio creería que el malo le ganó, ¿no que era tan bueno?, ¿cómo es que alguien lo afectó de esa manera o qué, no sabía tanto como decía?, ¿entonces, el mal puede más que el bien? Nada más alejado de la realidad.

Ese es el problema, que la realidad es lo que interpretas, no lo que es. Tú estás viendo una película distinta a lo que es la verdad. Entre líneas me comprendes y ahora está por cambiar lo que interpretarás en un futuro. Dumbledore muere porque sabe que la muerte no existe, se deja matar, pero sólo ante los ojos de los que todavía no recuerdan eso, les da miedo la muerte; a él ya no, la ha comprendido muriendo incluso.

Harry y todos los demás creen que lo necesitan como una persona física a su lado, que han perdido a su gran maestro, "Harry se queda sin su mejor y más poderoso aliado", pero eso es más que perfecto, porque se queda con su poder y con el poder de los que le aman, sólo así aprenderán que eso es lo más fuerte y poderoso.

Eso es más que suficiente, pero eso aún no lo sabe Harry, así que los amigos del innombrable Voldemort cobran importancia, los que le temen le temen a ese poder y prefieren ser sus lacayos, porque el miedo los domina también; prefieren ser siervos de un poder que creen castigador. Todo está en la mente. Ves cómo mencionarlo incluso, piensan que hasta con decir su nombre les dará poder. Todo está en la mente del que lo cree, así que sólo en su mente lo hacen más poderoso, no es que lo sea, es que el miedo los consume y los paraliza. No es Voldemort, si no la interpretación que le dan a ese poder. Si deciden usar su poder de forma tan desviada, aún sigue siendo poder, lo usarán en el mayor beneficio o lo desperdiciarán como quieran.

Sabio es quien es libre de la interpretación de los demás

Sigamos con el ejemplo de Dumbledore, el sabio director de la escuela de magia de Hogwarts. En la serie de películas, él le hace creer al maestro de pociones y profesor de Defensa de las Artes Oscuras, Severus Snape, que para protegerse dejará que muera Harry, pero Dumbledore sabe que Severus Snape ha tenido lazos de amor más allá de la muerte, por la madre de Harry Potter, llamada Lily, sabe que la ha amado por siempre. Él le había pedido que protegiera a Harry y, actuando como si no le interesara realmente la vida de éste, consiguió que él se volviera su espía para proteger secretamente al niño, pero, a cambio, puso en duda su reputación. Han tenido un plan que había funcionado hasta que ha llegado el momento de que regrese Voldemort, que está por ganar. ¿Cuál acción será lo que más sirve para el bien mayor?

Aunque la madre de Harry se casó con otro hombre y tuvieron a Harry, Severus la amó por siempre, su amor por ella era tan incondicional que por eso decidió hacerse pasar por espía en Hogwarts, para informar a Voldemort, a pesar de lo que pudieran pensar todos los demás. Prefirió que su reputación quedara dañada, porque sabía que era la manera de cuidarlo cuando más se necesitara.

Esta decisión proviene de su profundo amor, que reinó por encima de sus miedos, de la importancia que daba a su reputación o de su vida misma. Ése es el tamaño de la decisión que tomó: mi vida por la de él. Con ello cumplía el propósito mayor. El que realiza esto en conciencia, es el que puede comprender más allá de las apariencias. Las apariencias son los castillos de arena, a los que se aferran los demás.

Dumbledore, incluso, le pide a Severus que lo mate y que se asegure de que sea Voldemort el único que debe matar a Harry cuando sea el momento, ¿por qué?, porque él sabía mejor lo que se requiere (no les voy a contar toda la peli). El maestro comprende el mayor beneficio, mientras el alumno llora porque lo decepciona su maestro. ¡Dumbledore ha ordenado dejar que maten a Harry!, ¿quién no juzgaría eso? *Sólo el que comprende.*

En tu vida tendrás oportunidades para demostrar tu amor incondicional, por encima de lo que no comprendes, de las apariencias, de tu reputación o de la imagen que tienen de ti. Y comprenderás que no se llega ahí sin tener mucha experiencia y la verdad de quién eres. Lo que más interesa es el propósito mayor, ¿tú cómo actúas en tu vida diaria?, ¿en qué motivación piensas?, ¿qué te interesa más?

Además de tus motivaciones, ¿actúas pensando en agradar?, ¿quieres ser el que les agrada, al que amen o el que no pierde de vista el propósito mayor?

"Tania, ¿y no se puede los tres?" Respuesta: "No siempre." ¿Acaso cuando un hijo pide permiso a sus padres y alguno de ellos se lo niega, le va a agradar? Tal vez el padre que ponga más disciplina es el que menos quiere, o "le cae mejor el que le deja hacer lo que desea", incluso le puede gritar que no lo ama, pero el padre o la madre sabe que están actuando por su bien, a pesar de los gritos o del llanto, de cómo lo vea el hijo o lo que logre entender. Los padres inteligentes y con amor incondicional por sus hijos, no pierden de vista el propósito mayor.

Cuando Dumbledore le dice a Severus que tiene que dejar que Voldemort mate a Harry, no puede comprender a su maestro, cree que tiene intereses personales, lo desilusiona, sólo porque está haciendo lo mismo que él, protegiéndolo en secreto: jugando el juego del amor incondicional. Dumbledore sabe más, sabe que si Harry Potter se enfrenta a Voldemort, descubrirá su poder y podrá continuar. Pero Harry no es distinto de Voldemort.

Vayamos más profundo. Las dos varitas que usan cada uno provienen de la misma, tienen el mismo poder. En la primera peli, cuando Voldemort intentó matar a Harry bebé, algo muy fuerte se lo impidió. Nadie hubiera creído que alguien podría detenerlo, ¡si Harry era un bebé!, inocente y desarmado, frente al temido Voldemort. Para mí el mensaje es el mismo, ¿qué fue lo único que lo detuvo? El amor incondicional. Fue su madre la que se interpuso cuando él lanzó la maldición y rebotó, dejándole sólo una cicatriz. Después de este acto, una parte del alma de Voldemort vivía en Harry. Desde el punto de vista espiritual, ¿qué no siempre es así? Yo soy en ti y tú eres en mí. Si te hago daño, un día entenderé que me daño a mí mismo y viceversa, porque no hay separación. Harry Potter es una historia de amor incondicional y lealtad de principio a fin. Si sabes mirar, puedes observar en el camino grandes virtudes y verdades espirituales.

❖❖

Sabio es aquel que es libre de la opinión
de los demás por un propósito mayor.

Eso sólo lo puede hacer alguien que ha trabajado en sus sombras. Busca el bien mayor por encima de la aprobación, ha trabajado en dársela a sí mismo, conoce los trucos del ego. Por eso, a pesar de desilusionar a los que no comprenden aún, prefiere dejar que las cosas transcurran como tienen que ser. Todo sucede como tiene que ser.

¿Qué hace tu Voldemort como nadie? Ese enemigo acérrimo

Harry Potter no se daría cuenta de lo que es capaz de hacer y el ser de magia que es, sin Voldemort, ¡nadie lo empuja a convertirse en su mejor versión más que él! Ni siquiera sus amigos, sus compañeros o el mismísimo Dumbledore, ¡el mejor mago en todo el mundo mundial! Todos ellos son compañeros y maestros amorosos, pero cuando tiene el reto frente a él, descubre algo nuevo de sí mismo, su valor y su confianza lo sacan adelante; descubre nuevas habilidades, nuevos talentos y aprende a confiar en los demás, en el poder de la amistad. Desde el mundo de la conciencia, Voldemort es también su amigo, aunque siempre han sido uno, pero el conocimiento necesita integrarse.

Por lo pronto, te explico. Tu gran fuerza puede venir de momentos en los que los demás no entiendan por qué te pasan esas cosas malas. Puedes empezar a dudar de ti, de tu protección, de tus conocimientos; si será posible que te rompas, de enojarte, de explotar, pero todo eso sólo sucede para que aprendas a reconstruirte una y otra vez.

El propósito mayor es que entiendas que ni la muerte puede destruirte. Tal vez alguna ocasión te sentiste traicionado, pero no cerraste tu corazón al amor. Quizá te sentiste profundamente lastimado, incluso no valorado, pero entendiste que tu lugar no es el de una víctima, sino el del domador. ¿Qué clase de domador? El que aprende a dominar el dolor en su mente despierta al amor, sí grábatelo:

> ## El que aprende a dominar el dolor en su mente despierta al amor.

Tu gran acto de magia es romper la ilusión e intercambiarla por la verdad. La pelea y la discusión suceden en tu mente. La saga de Harry Potter nos lo muestra, por eso me gusta usarla como ejemplo, cada quien puede hacer su interpretación. Te comparto la mía para ayudarte en tu camino de luz. Imagínate que tú eres Harry Potter, con todo y cicatriz, tú dibuja esa herida y da el nombre de quien te la hizo. Esa marca fue hecha por tu Voldemort. ¿Quieres que deje esa marca en ti de por vida?

Qué tal si, en cambio, te conviertes en el mejor mago. Lo que tu ego llama cicatrices mar-ca do-de-por-vi-da son un intento de matarte, de maltratarte; son un ejemplo de injusticia, de inconciencia. Te invito a que hagas tu gran acto de magia. Tu Voldemort ha estado en la película de tu vida para ayudarte a construir tu mejor versión. ¿Quién es tu Voldemort y sus secuaces? Voldemort vive en ti, hasta que integres tus miedos y sólo puedas amarte, con todo y cicatrices. No se trata de que olvides la experiencia, se trata de cambiar la forma de esa cicatriz. Cada vez que la veas será un triunfo de lo que aprendiste, de quien te ayudó a forjar tu carácter y la versión de quién quieres ser. Tal vez te consumió el enojo o el descontrol en alguna etapa de tu vida, pero velo como tu motor; usa tu enojo como una fuerza que te lleve a donde quieres llegar, que sea tu fuerza de voluntad, después te darás cuenta de que puedes hacer lo mismo pero sin enojo.

El poder no está en pelear y ganar, está en soltar. Como cuando dos personas están jalando una cuerda, cada una hacia su extremo. El ego dice, "el que jala más fuerte gana". Y Espíritu Santo (santo, significa sin culpa) dice, "suelta la cuerda". Al soltarla se irá con todo su peso hacia el otro extremo. Ahora lo podrás ver de diferente manera, lo que ha caído al suelo del otro lado, por haber liberado toda esa tensión, es el peso que cargabas todos los días; ésa es tensión, una energía que has liberado: perdonar la arrogancia es soltar la cuerda. Soltar las ganas de querer tener la razón; soltar los juicios pesados. Soltar la cuerda es reconocer dónde estabas parado y dónde estuviste, saber que no necesitabas pelear con nadie, sólo tenías que darte cuenta de que es *al amor* a lo único que te resistías.

El poder no esta en pelear y ganar, está en soltar.

¿Prefieres traicionarte, morirte en vida y culpar a otros, lleno de envidia, antes de aceptar el genuino amor que se te ofrece? Termina de soltar, no quieras controlar nada: ni cómo mueres, ni cuándo, ni por obra de quién o cual enfermedad. Retira todo esfuerzo en conseguir algo distinto de la paz. Hoy has crecido. La infancia espiritual quedará atrás para dar el siguiente paso: *RenaSer*. El cambio en ti se notará.

9. Cruzando los bloqueos para *RenaSer*

> "¿Por qué te mantienes en una prisión,
> cuando la puerta está tan ancha?"
> **RUMI**

Como verás, *RenaSer* es un proceso, no un método. No es un golpe de suerte, no se trata del *coaching* de cinco, diez o doce pasos, ni de ciertas reglas en específico, *RenaSer* es un proceso. No tiene que ver con ponerte las pilas un buen día y pararte a hacer ejercicio para bajar de peso, o estudiar un tema específico para no tener una pobre imagen de ti (ve el capítulo 6). Todo eso es parte del proceso. Es importante que te sientas muy bien, pero eso no hará suceder el *RenaSer*. Bajar de peso y sentirte bien es la consecuencia de regresar a tu centro, la pregunta es ¿cuánto tiempo dedicas a regresar a tu centro?

Cada persona tiene su velocidad y la cantidad de situaciones que elige vivir en su vida, sobre todo cómo elige interpretarlas. Como vimos en el capítulo 3, algunos elegirán unas cuantas experiencias significativas y otros vendrán a hacer un repaso de muchas. Todo eso hace sentido para provocar el *RenaSer* de la persona. *RenaSer* implica recordar. Sí, todo lo que necesites vivir para ayudarte a recordar hace tu *RenaSer*. Cuando renaces recuerdas, entonces todo hace sentido, no necesitas una experiencia humana, pero te diviertes más viviéndola.

RenaSer es tu segundo nacimiento en conciencia, el primero fue fortuito, no hiciste algo para salir de ahí, "mami, está muy oscuro, ya me voy a salir de aquí", no sucedió súper casual. Desde luego contribuiste, pero no sabías ni qué sucedía, que eso se llamaba nacer, ni a dónde ibas, ni por qué te sacaban si estabas tan a gusto, simplemente era el momento de nacer y sobre todo tuviste ayuda para hacerlo. Con o sin complicaciones, era tu momento.

Aquí pasa igual, vas a nacer de nuevo, sólo que tú *permites* cuándo. No *dices* cuándo, *permites* cuándo. Dejas que suceda a medida que quitas obstáculos para tu despertar. Eso implica trabajo personal. Es diferente en el sentido, *en conciencia* necesitas *querer* nacer. Al ver todo de distinta manera, te comportas de diferente forma, como una persona que ha comprendido, que ha renacido. Cuando ya tuviste *suficiente*, cuando ya no desees los castillos de arena, algo en ti empezará a cambiar. Empezarás a no apetecer muchas cosas, sólo algunas, las auténticas, las amorosas, y a no juzgar ninguna. No hay mejores experiencias que otras, ni mejores personas que otras. Recuerda que en el capítulo 6 vimos esto, no hay peores ni mejores personas, sólo personas con mayor o menor grado de ignorancia.

La conciencia es como un partido de tenis

Cuando tu conciencia es mayor, es como un partido de tenis. Quieres jugar con los que hacen subir tu nivel de juego. Prefieres rodearte de personas cuyo juego es amoroso, la enseñanza-aprendizaje constante y un gozo. Tu pareja y tus amigos necesitan tener ese nivel de juego para ti, para que puedan relacionarse a otro nivel de juego, para hacerlo más disfrutable y emocionante.

El nivel de conciencia entre dos personas se va a notar también *en el grado de comunicación*. A medida que la conciencia sea más alta, la buena comunicación también se eleva. Puedes relacionarte con alguien que no sabe lo que es una pelota de tenis, pero sabes que cuando llegues a casa puedes platicar del gran partido que tuviste ese día, hablando de "la dejadita", del globo o del efecto que le metiste a la bola, y encuentras una réplica interesante u otro ángulo. Existe conocimiento de parte de la otra persona, lo que hace que se creen momentos con mucha riqueza por la presencia de esa abundancia. Sin embargo, hay que aclarar que, gracias a esa conciencia, *ambos* tipos de encuentros te dan felicidad, si estás en un nivel de conciencia alto, no menosprecias ningún tipo de encuentro.

Todos los encuentros tienen propósito, no sólo depende de los conocimientos del juego que la otra persona tenga, ya que en el juego de la vida se practica la empatía, la compasión, el amor. El nivel de conciencia se nota en desde dónde se viven las experiencias. Dice mucho de tu persona cómo llevas a cabo ese juego. Si entiendes de qué se trata, se vuelve un ejercicio constante de enseñanza-aprendizaje. He ahí el truco de magia. Por eso digo que en la vida estamos en el lugar donde servimos más y donde aprendemos más.

Cuando crees que sólo se trata de un partido, haces un esfuerzo por ganar, aunque no se trata de ganar únicamente, sino de recordar para qué se juega. El verdadero juego de la vida sirve para recordar; el que sabe ser campeón te hace recordar que hay un campeón en ti. Aunque te parezca difícil seguirle su juego (enseñanza), cuando termina el partido, ya eres un mejor jugador, ¿por qué?

Si bien no puedes jugar de la misma manera ni tirar un pase cruzado con la zurda de esa espectacular forma, sabes cosas que antes no conocías que existían, porque aprendiste cómo se juega un partido de campeones, aprendiste cómo se maneja la presión, aprendiste de su disciplina, aprendiste cuándo era momento de meter velocidad o de bajarla. Tu maestro te enseñó que la vida es un juego mental. ¿Y cómo pierdes o ganas el punto?, dependiendo de lo que dejas entrar a tu mente, así sea uno más en el partido o el que parece el punto final. Tu maestro te enseña cómo, si te desenfocas, nada está seguro para el siguiente punto; si no pones atención en tus pensamientos y te dejas llevar por una emoción, puedes cometer un error y retroceder en el marcador.

La vida es tu propio marcador, ¿qué dice de ti?, ¿cómo va el partido?, ¿cuánto has avanzado?, ¿qué tanto lo estás disfrutando?, ¿estás aprendiendo o sólo dejando que el juego siga, sin fijarte en todo lo que te puede enseñar? *OM*, pausa, *stop*, detente. Dedica un momento para reflexionar sobre eso, puede ser que tomes una decisión que te lleve a ser el mejor jugador de tu propia vida, ya que sólo compites contra tu mente.

En tu vida puede parecer más subjetivo el juego, tú puedes decir que ganaste ese punto, pero si la vida sabe que eso *no* es ganar, te dará más oportunidades para subir tu nivel de conciencia (tu nivel de juego). Y pedirás más juegos, más *encuentros* hasta que aprecies lo que es ganar (recordar). Los trofeos del ego no son iguales al trofeo espiritual de la libertad, ése es el *gran* trofeo. Cada encuentro es para mejorar tu nivel de juego. Cada encuentro tiene el propósito de ayudarte a crecer en conciencia; a medida que crezca tu conciencia, crecerá tu sensación de libertad.

Juego de campeones

Si bien la vida me trajo las situaciones y personas necesarias para experimentar lo que sería una gran crisis (un gran partido para campeones), también ha significado una oportunidad monumental para aprender cosas nuevas en el juego. Del tamaño de la crisis es el tamaño del aprendizaje. El juego en el que había elegido participar era uno para titanes, y no me iba a salir del juego. Al contrario, iba a crecer como un titán, iba a volar como un águila que renace después de desgarrarse a sí misma, a *RenaSer* desde las cenizas. De eso se trataba mi juego, y no estaba interesada en nada menor. Estaba dispuesta a entrar a esa cancha y subir al máximo mi nivel de juego, iba a trabajar con mi alma entera por recordar quién soy.

¿Cómo estaba tan segura de que iba a tener esa fuerza?

Primero, por una sencilla razón, porque *confío* totalmente en el poder del mundo espiritual. Como niña pequeña, me dejo guiar por la grandiosidad, por el amor perfecto, por esa sabiduría invisible pero constante. Nos dan ayuda y la acepto sin dudar; sé que habrá callejones oscuros, pero no necesito ni pedir ver pues ya sé que existe quién me guía. Hasta la vista se vuelve innecesaria porque los momentos de ceguera serán temporales y no se comparan con la visión que tendré, cuando haya tenido la paciencia de terminar de recorrer esos callejones. Cuando la vida me trae oportunidades pequeñas o grandes les digo *sí* y después averiguo *cómo*.

Del tamaño de la crisis es el tamaño del aprendizaje.

Sé que ese Amor Perfecto es sanador, sabe cómo ayudar a reconstruirme y yo le digo *sí*. Por eso, si no recuerdas de qué eres capaz —como vimos en el capítulo 7, donde "la pobre imagen cuenta y cuenta mucho"—, estarás en un nivel bajo, que no es tu mejor versión en el juego, incluso no importa qué tan buena parezca esa versión, no es la última versión auténtica espiritual. Sin embargo, esto que te digo a continuación es muy importante: *ama todas tus versiones en todas tus etapas*. El ego te dirá que lo importante es el final del viaje, lo importante es no perder de vista *amarte* a lo largo del viaje.

Agradece las etapas espirituales del juego, aunque creas que perdiste o triunfaste, cuando te des cuenta quién eres, sólo amarás el camino que te llevó a descubrirte.

Otra razón por la que sé que quiero jugar (ofrecer mi vida) y sé que voy a salir victoriosa es porque conozco el *propósito* del juego: salir victoriosos, es *despertar*. No importa cómo se ve desde afuera de mi escenario de conciencia, sólo digo *sí* y *gracias* de antemano. Si es doloroso o no, quién gana o pierde es parte de la ilusión del ego; eso depende del ángulo desde el que se observe. Uno puede decir "cayó adentro" o "la bola está fuera". Y sí, seguro puedes pasarte la vida en eso, pero es desgastarte en lo menos importante. De cada encuentro haré algo útil, algo que ayude a mi despertar, menos que eso es un juego poco interesante, un juego de baja conciencia, de esos que tienen mucho drama.

Momento de clarificar

Un punto que veo se malentiende a veces con tanto *coaching*, es comprar la idea de que ser más *espiritual*, es como convertirte en la versión más *perfecta* posible. No hay perfectos en la tierra y *no* es necesario serlo para merecer ser amados. Recordar eso, es ser más espiritual. Algunos creen que eso sucede por disfrazarse. Que si vas a hacer yoga, en hacer las mejores posturas, cuando se trata de escuchar tu cuerpo, de unión, de la práctica que se hace cuando se baja uno de ese tapete. ¿De qué se trata? Lo mismo sucede con la manera de verte, si no trabajas en tu autoestima; qué bueno que vistas impecable y a la moda, pero trabaja en tu interior; es bueno vivir súper felices, ¿pero sin propósito?

Para algunos, todavía es una moda, ocupan mucha energía en *conseguir* aquello que sea irreal de bueno o parecerlo, más que en *ser* ese cambio profundo. Sólo acéptate con amor, más que un *corregirte* o volverte un modelo de algo. Haz eso si te hace feliz, querer volverte el experto en algo es parte del juego, como en la apariencia o en el conocimiento de lo que sea.

Recuerda que no necesitas buscar ser "lo máximo" ni cambiarte para ser amado, sólo *sé auténtico*. Ama todas tus facetas, todas tus rupturas, aprende que todas esas partes necesitan integrarse, no negarse ni cambiarse; no necesitas cambiarte en el exterior por otra persona, no quieras ser nadie diferente a ti en tu versión más sana e integrada. No necesitas la versión que les compraste, ni la más vendida. Desde la *perspectiva espiritual*, ya eres un ser hermoso y perfecto, tal vez en algunas ocasiones necesites llegar al extremo para recordarlo.

$\diamond$

Ama todas tus versiones en el camino,
intégralas y trascenderás la imagen de ti.

Recapitulando la enseñanza

Ya vimos que, ante el reto, se dice *sí*. A pesar de tu miedo o la pobre imagen de ti, di *sí*, juega ese partido, no te rindas antes de iniciar. ¡Lo que estás viviendo en tu vida cotidiana es el gran partido! Después, lo que sigue, si dolió, si las heridas quedaron escondidas, emergerá tarde o temprano, te dejará saber que necesitas medicina. Di *sí* a la recuperación, aunque parezca lenta o pesada, aunque parezca que no hay tiempo para ella, vuelve a decir *sí* a la vida. Hasta un tatuaje se borra, hasta las garras, las plumas y el pico se vuelven a reconstruir. No dudes que volverás a volar.

    ¿Cómo aprendes tu punto de equilibrio? En mi opinión, perdiéndolo una y otra vez. Eso te enseña lo que necesitas, lo que valoras y aprendes al momento de marcar tus poderosos "basta, no más". Habrás aprendido de ti, serás un experto de ti, sólo que con una mayor conciencia. Al jugar el partido de tu vida, pierdes algunos puntos y ganas otros, pero lo importante es que aprendes. Te relacionas con personas que juegan por convicción y otros por ambición, algunos de manera más limpia y otros se pierden en su propio juego. Algunos no perderán de vista que se trata de un juego y otros lo olvidarán y se matarán por ganar.

    Todo el juego de la vida te enseñará humildad. Cuando veas las heridas que te quedaron, aprécialas como joyas, son lecciones bien aprendidas. Déjate guiar con mayor humildad, compañeros poderosos te tomarán de la mano y te llevarán por el camino que has aceptado. Así como llegan las grandes crisis, vivirás las grandes oportunidades para transformarte. En mi experiencia, conseguí salir de la parálisis y la ceguera gracias a la profunda introspección y a los días de meditación constante a los que me dediqué, pero conseguir un gran logro no hace que termine. Sigue el camino que te sea mostrado. La medicina llega todos los días en las formas más simples, llega para hacer milagros, cuando *aceptas*.

Traducción del mundo espiritual:
Milagro: no es que suceda lo que tú quieres que suceda, como curar una enfermedad. Hay una diferencia entre lo religioso y lo espiritual. En términos espirituales, el milagro es el cambio en la manera de ver, donde antes había problema o carencia ya no la hay, porque has cambiado tu percepción.

Tiempo de introspección: del juego pasemos al retiro

En la etapa en la que me encontraba, ya había asimilado lo que habían sido los momentos de crisis; había logrado dedicar suficiente tiempo para tener un mayor orden; había logrado recuperar buena salud; todo había mejorado en términos generales. Habían pasado dos años y medio, todo estaba bien, pero sabía que algo faltaba, era una sensación extraña. Yo le hago caso a las sensaciones y a las cosas extrañas que me suceden. Para mí, la vida no es suficiente con los "ya no estoy mal", ni con estar "bien a secas", eso no hace que me sienta realizada, "como fuera de este mundo" (paréntesis, ok, bueno, sí, siempre me he sentido así). Necesitaba alejarme de nuevo y descubrir lo que faltaba. ¿Cómo saber cuándo es el mejor momento para alejarte? Para mí, es algo que me será mostrado, como si fuera algo aleatorio, sólo sé que llegará y será evidente el camino de salida.

Es muy útil que suceda de esa manera, porque sé que tengo mucha mucha energía. ¿Te conté que tengo mucha energía? Los tiempos para escaparme casi siempre suceden cuando me muestran la oportunidad y la tomo. Fuera del espacio que tomé para hacer mi tiempo de nido, por un par de meses, después de eso regresé a trabajar. Nuevamente necesitaba un descanso, pero más que un tiempo para dejar de trabajar, esto era distinto, necesitaba tiempo para estar en silencio y retirarme a una profunda introspección. El silencio es necesario a-dia-rio, bajarle al ruido es salud. Me parece natural dedicar tiempo a la contemplación; además del silencio diario, llegaba la oportunidad de hacer un viaje corto y cercano. Los mejores viajes no son los más lejanos, sino los que te ayudan a conectar más. Mi intuición me movía de lugar, para reconectar y recibir importantes sorpresas.

La importancia de los viajes a tu interior: México-España

¿Te ha pasado que algunas veces puedes estar en los lugares más hermosos y con personas hermosas, pero que no conectaron? Hay otras ocasiones en las que salen viajes inesperados, como si el destino te contestara a través de esas aventuras. No te he contado por qué comencé este libro con mi estancia en España y la mirada en África. Es un hermosísimo recuerdo del viaje que hice mientras me cuestionaba mi existencia. "¿Para qué se te ocurrió nacer? ¿Qué vienes a hacer?" Estaba tratando de recordar a qué me "había inscrito", ¿para qué necesitaba un cuerpo?, ¿qué experiencia necesitaba vivir?, ¿qué venía a dar?, ¿qué detenía a mi espíritu?

Nada puede detener al espíritu que es uno con el amor. Hazte preguntas poderosas y tendrás respuestas poderosas. Todo eso me pregunté antes de que imaginara lo que vendría con los episodios de parálisis y ceguera. Si me cuestionaba eso, entonces estaba lista para la transición por suceder. Pronto sería el momento de salir del clóset espiritual. Hice ese viaje antes de renunciar a un trabajo seguro y me dedicara a dar terapias espirituales con ángeles; antes de que mi vida diera un giro de 180 grados y después me catapultara a escribir mis primeros tres libros, antes de dedicarme a enseñar, antes de todo, todo comenzó con un viaje.

◇◇

Nada puede detener al espíritu que es uno con el amor.

Sabía que ese viaje tenía un comienzo, lo que no sabía era cuándo sería el final. Tener un final seguro no importa tanto como creen, así que me fui sin boleto de regreso. Fue un viaje lleno de sabiduría revelada y momentos conmovedores. Con días y noches plenos de respuestas dadas en formas inesperadamente mágicas. Uno de esos momentos sagrados sucedió ahí, con mis pies en Tenerife, España, y mi mirada en África. Esa historia no la he contado aún.

A veces creo que mi vida entera podría ser parte de tomos de una historia que parecería de ciencia ficción, donde la magia sucede. Quiero recordar a los adultos que la magia está presente a diario. Si no fueran libros o tomos, tal vez una serie, sin duda, una de suspenso, pero siempre una historia de amor. Sería una historia contada en desorden, porque así llegará a cada quien cuando más lo necesite, en *ese orden* perfecto. Al final te contaré el inicio.

El retiro de mi recuperación y sus grandes regalos

Ahora comprendes cuando te digo que siento que es momento de irme de viaje, por la sensación de alejarme. Como dije, no necesitaba irme lejos, sólo conectar. El camino te guía por donde sabes recibir las señales. No iba a meditar sola sin parar por siete días, como lo hice anteriormente (eso lo platiqué en mi primer libro), para comprender por qué me quedé sin fuerza y conecté con mi misión. En esta ocasión, decidí irme por siete días a un retiro, para alimentarme y nutrirme por dentro y por fuera. "Déjate guiar, no quieras hacer un plan, puede suceder y va a suceder de cualquier manera."

Un mes después, daría mi propio retiro en Playa Mujeres, Cancún, así que decidí alejarme primero. Me alejo al menos una vez al año y luego me dedico a dar un retiro. Subo a la montaña, desde donde se ve mejor todo; regreso a estar conmigo y a pasar tiempo con la divinidad; acepto el recuerdo de ser uno. Eso me hace regresar a mi centro, a permanecer con la paz más allá que el mundo me puede ofrecer.

Un día antes de comenzar el retiro, dos amigos queridos, Ernesto y Héctor, como dos ángeles de la guarda, se ofrecieron a llevarme a mi destino. Desde el principio valoré esa ayuda maravillosa. Yo había diseñado el plan, considerando mis necesidades. No quise saber mucho, ni los horarios, sólo me aseguré de que tuviera los elementos que buscaba y lo que necesitaba. En la casa de descanso había tres personas hospedadas por un día, después nos quedamos dos personas, las que necesitábamos estar. Era una hermosa mujer que iba a superar y entender su cáncer. Ahí nos encontramos dos mujeres, cada una en su búsqueda, en su introspección. El primer día ni cruzamos palabra, por fortuna, ella era una persona que comprendía de los espacios y la práctica del silencio. Así que no tuve ni qué pedirlo, ella traía sus propios retos, lejos de ser invasiva, fue una gran compañía en los momentos de cercanía, así como a la distancia. Una gran escucha, qué delicia.

Las tres grandes joyas

De todo lo que podría contarte que sucedió, voy a compartirte tres regalos que me dio el mundo espiritual. Te explicaré un poco la dinámica, verás que todo fue un gran regalo, y te mostraré las joyas que me dieron. Si pones suficiente atención, te darán muchos regalos cuando tu momento llegue, y sé que llegará. Por lo pronto, la noche había caído y al día siguiente recibiría a la mujer que tocaría a mi puerta a las 6:30 de la mañana en punto.

Los primeros días comenzaba a las 6:30 a.m., al tercer día haría el cambio a las 4:00 a.m. Mi primera cuidadora, Mónica, hizo su aparición en mi puerta. Lucía radiante, como si fueran las 10 de la mañana, con una sonrisa muy bien puesta. Me encantaba ver su buena actitud, no había ningún dejo de pesar, llevaba sus botas verdes y su gran melena. Antes de que llegara, comenzaba mi rutina de limpieza y, de mi parte, el primer día tuve la gran idea de cambiarme y de recibirla en unos pants. De ahí en adelante, su energía y el amor con el que conectamos, me hizo saber que mi pijama estaría mejor para el resto de los días (sonrisa traviesa en mi cara).

Le abría la puerta, regresaba a mi cama (que ya había tendido); ella se acercaba y lavaba mis ojos. Me parecía un regalo del cielo que alguien me lavara los ojitos con tanto cuidado y energía sanadora. Después, tomaba mi agua tibia con limón, además de tomar *ghee* líquido (*ghee* es una mantequilla clarificada), ella me daba mis suplementos naturales de medicina ayurvédica y se retiraba. Yo hacía un poco de meditación y me preparaba para ir a la clase de yoga, la cual practicaba dos veces al día. Terminaba la clase y todos los días, después de un desayuno ligero y un té, me daban un masaje terapéutico. En uno de esos masajes tuve la primera experiencia más allá de lo normal, donde me comunicarían el primer mensaje.

Primera joya: el tercer ojo y la visión de la muerte

Todos los masajes me los daban dos mujeres, mi cuidadora de la mañana y la maestra de yoga, ambas impresionantemente buenas con sus manos, en completo silencio, un fabuloso regalo que me daban. El segundo día del retiro, pasé a la cabina, ahí me prepararon para el masaje ayurvédico *shirodara*, el cual consistía en dejar caer aceite sobre tu frente con fines terapéuticos y de relajación. Me pasaron a la camilla, cubrieron mis ojos, trenzaron mi cabello (tipo princesa Leia de *Star Wars*) y comenzaron. Yo tenía suficiente con el énfasis que pusieron en la relajación que me darían, no necesitaba mayor expliacación. Amaba la forma tan respetuosa de acercarse, de conducirse, siempre nos saludábamos con respeto, honrando nuestras almas, *namasté*.

Mientras estaba en proceso el masaje, a medida que cada gota de aceite caía en mi frente, cada gota parecía que me llevaba a un lugar muy profundo. Algo empezó a suceder. De repente, con los ojos cerrados, vi en mi mente cómo caía una gota en cámara lenta y ésta se convertía en la imagen de un cerrojo. No había ninguna llave dentro y, al acercarme, podía ver a través de él. Detrás de ese cerrojo se veía un ojo, el cual me dijo:

—¿Qué tanto quieres ver?

—Todo –contesté.

—¿Segura? En el momento que quieras ver todo, dejarás de ver todo como hoy lo ves.

Me quedé callada, afirmando lo que ya había contestado. Mi opinión no había cambiado, así que no había necesidad de decir nada más. Afiné y con mi mirada lo confirmé. Entonces, la voz contestó:

—Tomará poco tiempo, será breve, pues en realidad ya ves, pero en el momento que quieras ver *todo*, dejarás de ver todo lo que hoy ves.

—¿Qué dejaré de ver?

—El mundo de la percepción.

Entonces el escenario cambió radicalmente, me vi danzando en una playa, pero no tocaba la arena, no sentía el peso natural de un cuerpo. Estaba gozando, era una danza de gusto, me sentía totalmente libre; el cuerpo era muy ligero, como si ya no estuviera en él y sólo lo usaba para entender que era la imagen de mí, me veía volar-danzar, me estiraba, estaba fluyendo. Era una imagen en la que me sentía increíblemente libre y feliz.

Después, me convertí en humo, como el del incienso, que giraba y me elevaba; me había convertido en algo todavía más sutil. Después ya no me veía en un cuerpo, fluía aún más y me elevaba. Mientras eso sucedía, la voz me dijo:

"Libera tus cabellos, tus trenzas. No hay un canal externo que dirija nuestra energía o estas palabras, simplemente permite que todo se llene, que todo se empape de lo divino. Nuevos amigos serán importantes en el camino. Danza, fluye, sé el humo."

La voz continuó después de una breve pero sentida pausa:

"Y de morir", dijo la voz.

"¿Cómo me termino de morir?", pregunté

Y la imagen de unas manos tocó mi frente y el centro de mi pecho al mismo tiempo. De pronto, sin esperarlo, sentí un golpe seco en mi corazón, contundente pero breve. Una exhalación profunda y una gota de llanto salieron, gemí con un breve dolor, pero de nuevo, al instante, estaba ahí la voz:

"Esto es todo a lo que temen, a lo que temen tanto, la muerte. Recuerda esto: morir es como subir una montaña. Siempre estás subiendo, pero en su momento, a medida que subas, sentirás que el aire se enrarece, al morir sentirás que falta por completo, significa que habrás tocado la cumbre. Habrás llegado a la cima y tendrás la mejor vista.

En ese momento se fusionará cuerpo-ego, todo dejará de verse como algo separado, sólo se disolverán. Cuerpo y espíritu se unirán, no hay mayor dolor, sólo una total libertad.

Siente lo libre que eres, termina de extender por completo tus grandes alas, observa cuánto han crecido ahora, se observan gigantes, pues el mundo entero cabe debajo de ellas.

Te has liberado, eres más libre de lo que nunca antes fuiste, eres libre, vuela alto."

La imagen del águila fue traída a mi mente, me transportaba a su cuerpo sintiendo la libertad, y sobrevolaba por encima de las altas y nevadas montañas. La voz añadió: "Vuela alto, nunca volverás a volar bajo, recuerda que las alas se habrán extendido; habrás pasado por el cerrojo de la muerte, la muerte te ha dado la total libertad. Ahora, disfruta volar."

Eso fue lo último que escuché. Me sentía profundamente relajada, sin preocupación alguna y profundamente feliz. No tendría palabras para explicarlo. Sólo sé que lo que pareció un momento, había durado todo el tiempo del masaje. Abrí los ojos con emoción por lo sucedido. Las vi ahí de pie a ambas, esperando con una tímida sonrisa, como si quisieran que les contara algo.

Me ayudaron a sentarme, mientras sonreía con mucha emoción. Ellas me dijeron:

—Tania, te ves radiante, increíblemente radiante. Tu cara se ve diferente, te ves con mucha luz.

—¿Quieren saber lo que vi? ¡No saben qué increíble!

—¡Claro que queremos! –dijeron al unísono.

Les relaté la experiencia, lo que me había dicho la voz y lo increíblemente bien que me sentía.

Todas con la cara de alegría que teníamos y de comprensión de lo que puede suceder con estos procesos, terminamos con un abrazo, mientras habían preparado todo para mi baño y el vapor que seguía.

La directora del lugar me estaba esperando al salir. Me preguntó cómo me sentía y tuve la oportunidad de narrar lo que había sucedido; parecía que lo importante era que lo compartiera, al mismo tiempo que me reafirmaban lo radiante y lumínica que me veía. Así me sentía.

El resto de la tarde transcurrió tranquilamente, fui a yoga vespertina, cené de manera muy ligera y mi cama me esperaba, sobra decir que dormí profunda y apaciblemente.

Segunda joya: la madre y el milagro de su lluvia

Una vez más la dinámica era la misma. Era el tercer día, habían decidido que me repetirían el primer masaje. Lo había disfrutado mucho, ¿quién le puede decir no a un masaje? No, no, bueno. Entramos de nuevo a la cabina, en esta ocasión la energía era diferente a la del día anterior. Taparon mis ojos. En este masaje colocaron un tipo de masa en mi vientre y lo rellenaron con aceite, mientras me daban un masaje a cuatro manos. Esta ocasión sentí que cambió la temperatura y comenzaba a llover. Llovía, llovía y llovía. Me transmitían la sensación como si la lluvia durara mucho tiempo, el tiempo que era necesario. En medio de esa imagen de la lluvia, escuché de nuevo a la voz:

"La lluvia hará que todo crezca, que todo se vuelva fértil de nuevo. La tierra húmeda es fértil de nuevo."

Me mostraban que la lluvia había terminado después de lo que pareció un largo período. Veía que quedaban gotas de rocío en el pasto, después de la gran lluvia me dejaban esas delicadas gotas. La energía se sentía súper femenina, a diferencia de la visión del día anterior, tan inteligente y aguda. Ésta era suave, sentía un clima nublado, podía oler la humedad, el olor a tierra mojada. Recibía esto para *curar* la infertilidad, el agua, la lluvia para recordarme fértil de nuevo en todos los sentidos. El agua se llevaba todo lo estancado.

Terminó el masaje y de nuevo esas dos mujeres hermosas me veían y, al sentarme, me abrazaban. Quisieron escuchar el mensaje que evidentemente había recibido. Al terminar, una de ellas me dijo:

—Tania, eso hace todo el sentido con este masaje.

—¿Por qué lo dices?

—Este masaje tiene la intención de traer sanación al útero de la mujer, oramos antes de cada masaje, pero nunca sabemos el resultado.

Nos quedamos estupefactas, desde luego ellas no sabían mi historia con los *in vitro* y todos los intentos por quedar embarazada. Era una hermosa sanación que me recordaba: "Estás completa y eres fértil de muchas maneras."

Tercera joya: si no me dejas ir, no podrás regresar a mí

Se acercaba mi último día, ya había pasado por una purificación interna en cuanto a alimentos, comenzaba a las 4 a.m. con mis suplementos naturales, la práctica de yoga dos veces al día, escribía en mi diario toda la guía que recibía para este libro, el cual comencé a escribir ahí oficialmente. Valoraba todo momento, me parecía un oasis de silencio y de conciencia.

Esta vez terminé el masaje sin ningún mensaje más que una profunda gratitud para las hermosas mujeres que me habían acompañado a lo largo de mi retiro, con sus dones y su preciosa energía. Por la mañana saldría, ya no tendría la rutina de todos los días, pero elegí salir un poco más tarde.

Antes de terminar el retiro tuve un dato muy interesante. En mi visita mañanera, donde me limpiaban los ojitos, Mónica necesitó pasar al lavabo. Le advertí que no se asustara, pues había una gran araña en el techo al lado del espejo. Había convivido conmigo todo el retiro, cuando abrí la puerta del cuarto estaba ahí, como esperándome. Inicialmente me sorprendió por su tamaño, le pedí de manera muy atenta que si podía salir y le regresaría su cuarto en unos días, pero no hubo necesidad, ella decidió mudarse al baño. Me pareció un buen acuerdo, aunque en tono juguetón le dije que si íbamos a convivir todo ese tiempo necesitaría darle un nombre. La llamé Madeleine. Cada mañana que despertaba me fijaba que estuviera, ahí permaneció todo el tiempo.

Cuando le advertí a mi cuidadora, me contestó:

—¿Ahhh es una muy grande y plana?

—Sí, ¿cómo sabes?

—Ah, qué bueno que no la mataste. Esas son buenas.

—¿Por qué buenas?

—Porque ellas se comen a los que no son buenos para ti.

—¿Como qué?

—Los alacranes y otros bichos.

—¿En serio? ¡He visto arañas todos los días, había una en la caja de vapor! ¿Cómo pudo estar ahí?

—¡Creo que estás muy cuidada! —Mónica se rio

—¿Ves?, hasta lo que parece malo es una bendición no comprendida.

Cuando regresaba de mi última clase de yoga, me había pasado algo muy curioso. Al terminar la práctica, después de entonar nuestros cantos, la maestra Jimena (que era distinta a la de la mañana) y yo empezamos a platicar un poco, nos preparábamos para despedirnos. Me preguntó que si tenía pareja, ya que conversábamos de cuánto nos gustaba cantar:

—Tengo un mantra, ¡un ritual de liberación buenísimo! Sirve para atraer pareja.

—No gracias, Jime, no quiero tener pareja aún.

—¿Cómo?

—No. Me di un tiempo, es tiempo de estar conmigo, no en pareja.

—Bueno, pero para cuando quieras lo puedes cantar, yo lo hice por veintiún días y no falla. Pero lo tienes que cantar ese período, si no, no dará resultados.

—Te agradezco, pero de una vez te aclaro que no lo voy a usar, no necesito veintiún días de hacerlo día y noche —además era largo y complejo.

—¿En serio? Deja te explico... —y mientras me contaba su historia y yo escuchaba con atención, le dije:

—Me encanta verte tan contenta y con pareja, pero el tema es que no quiero tener pareja por el momento, además te confieso que no me gusta ser ritualista. Procuro poner más atención a lo que hay en mi mente.

En vez de eso y con gran gratitud por el tiempo dedicado a mis clases, entonamos una pequeña canción de cierre y nos despedimos con un gran abrazo.

Salí del hermoso salón de yoga que estaba en medio de la naturaleza y me dirigí a mi cuarto. El retiro había terminado, creía yo. Mientras, reflexionaba, me había quedado con una sensación extraña. Venía meditando sobre lo ocurrido con Jimena, me sorprendía cuánto nos apegamos a una forma determinada. Ella me había insistido mucho después de mostrarme una grabación lo importante que era cantarla al pie de la letra y el no fallar ni un solo día o no llegaría la pareja.

Me parece bien entrenar nuestra mente para adoptar un nuevo hábito, pero los rituales mágicos de cualquier cosa y en cualquier forma no me apetecen, no pongo mi fe en un ritual, no importa qué tan espiritual o no parezca. Iba pensando en eso, como si no entrenamos nuestra mente, nos habremos apegado a la forma de tantas y tantas maneras que no nos damos cuenta.

La respuesta no está en la forma, está en el contenido.

Ya en mi cuarto, pasé al baño a saludar a Madeleine. Qué metáfora de la vida, pareciera que la dejé estar en mi cuarto, pero ella habitaba ahí antes de que yo llegara. Por lo mismo, la dejé quedarse adentro. Al saludarla le dije: "Tú eres la que me has dejado estar adentro de tu casa, ¡gracias por cuidarme, Madeleine!" Mientras me reía feliz, empezaron a llegarme ciertos pensamientos, era una comunicación en mi mente.

Comenzó con una palabra: taoísmo. Me quedé extrañada y pregunté en silencio: "¿A qué se debe eso?"

Tao significa "el camino", estás haciendo tu propio camino (y entendí que Jimena, que recién me había ofrecido ese mantra ritual, estaba haciendo el suyo).

La voz continuó muy amorosa:
"Cuando eras niña y no te sabías las tablas de multiplicar, las escribías una y otra vez en un pizarrón." (Mi papá me había pintado uno en la pared del cuarto de servicio donde vivíamos y me pedía escribirlas ahí en grande para practicarlas y ver la gran película.)

"Ahí las escribías y las repetías, pero cuando algo ya está integrado en ti, cuando ya ves 7 x 7 y sabes que es 49, puedes borrar el pizarrón y sabes que no se borrará en ti. Ya está en ti."

Ese bello mensaje me sorprendió mucho, además estaba utilizando un recuerdo de mi niñez, que lo hacía fácil de comprender. La voz continuó:

"La forma no es más que un camino, pero no significa que el camino es *la verdad*. No te apegues a la forma, al camino, al libro, al *Curso de milagros*, ni a mí."

Y fue cuando vi una *imagen* de Jesús.

"Mientras me pongas en esa imagen frente a ti..."

Me quedé sorprendida porque en ese momento trajo a mi mente el cuadro de Jesús que estaba frente a mi cama, en mi casa, y me enseñaba que desde que fui niña, cuando dormía, había habido uno en casa de mi abuelo, o en mi oficina o cuando trabajaba en casa, o cuando habían sido los momentos de crisis, que había colgado un cuadro de Él. Era lo primero que veía al despertar y lo último antes de dormir.

La Voz continúo con el mensaje:

"Mientras me pongas en una imagen frente a ti, seguirás creyendo que estoy separado de ti, que soy alguien distinto a ti."

Sentí tristeza, como si me estuviera despidiendo. Entendí perfecto lo que estaba haciendo, ¡qué gran maestro! Hablando de la forma y me daba una cátedra al respecto. Me había apegado a la forma de esa manera, en una imagen.

Se me salieron unas lágrimas, ante tan contundente y amorosa enseñanza. Sentí que me despedía de Él, mi gran maestro, pero entendí que se refería a la *forma* en la que lo había conocido; el Maestro se hacía a un lado para quedarse adentro, *integrado*.

Podía borrar el pizarrón de imágenes, él ya habitaba en mí y juntos somos *uno*. Entonces dije:

"¡Quiero mantenerte dentro de mí!"

Habiendo entendido y agradecido esta enseñanza profundamente, me di una tarea, quitar el cuadro de enfrente de mi cama, en mi departamento. Cuando llegué lo dejé estar un día más y dormí con el cuadro colgado frente a mí una noche más. ¡Que gran lección! No te apegues a la *forma* que conoces, sólo es la forma y Él y yo integrados somos UNO.

Con la lección aprendida e integrada, tiempo después llegaría uno de mis queridos alumnos llamado Roberto García Arvizu a darme un regalo. Antes de abrirlo pensé que sería un cuadro de Jesús, y en efecto lo era, pero con un pequeño gran detalle. No era un cuadro de Él, había pedido que me dibujaran a mí también con Jesús, me expresó su gratitud diciéndome, "mis dos grandes maestros juntos".

De inmediato se me salió una lágrima. Él no tenía idea del significado que tenía eso. Había quitado el cuadro y regresaba a mí, pero ahora ¡los dos estábamos en UN mismo cuadro! ¿Así o más claro el mensaje? Pasé de tener un cuadro siempre de Él, a tener un cuadro juntos. Decidí dejarlo, porque sé que no está en la forma. No importaba si el cuadro estaba enfrente o no, la enseñanza ya estaba *integrada* en mí.

Así o más contundente el sartenazo espiritual, si no hay esa enseñanza te apegas hasta a *esa* forma, *la espiritualizada* de alguna u otra manera, un cuadro, una imagen, un rosario, un mantra, un hilo rojo, lo que sea. Lo importante es que recuerdes que ya *es* en ti, lo demás son recordatorios.

¡Vaya joyas!, cada una tendría su efecto y su enseñanza para el futuro. ¿Recuerdas cuál fue la primera joya? Comenzaron con el cerrojo de la muerte, la de morirse, ¿y cómo me termino de morir? Me habían dejado preparada y como buena alumna practicaría todo lo enseñado.

Antes de que concluya este capítulo debo decir que cuando terminó la conversación que podía seguir en mi mente con Jesús, se prendió mi celular de manera inesperada, tocaba una canción. La letra repetía esto una y otra vez en inglés, en la voz de un hombre:

¿Cómo puedo honrarte?
¿Cómo puedo servirte?
Es tiempo de dejar el pasado atrás.
Es sabio.
Usa tu cuerpo.
Usa tu mente.

Las lágrimas rodaron en silencio, sentía una presencia y un amor impresionante en el cuarto. Era inexplicable, ¡cuánto amor!, no hay palabras que lo expliquen. Y bueno, con esto dicho, ahora vamos al siguiente y último capítulo. No te apegues a la forma. Mantén tu mente abierta, tu corazón dispuesto y la intuición despierta.

10. Ahora sólo muere para RenaSer

> Practica hasta que te vuelvas un experto
> en morir y *RenaSer*.

Una vez que has practicado algo una y otra vez, se vuelve más fácil. Elegimos lo que más queremos y necesitamos aprender. Algunas situaciones a primera vista parecerían más difíciles que otras, pero las pruebas que elegimos, nadie te las manda, las elegiste vivir por tu libre albedrío. En el mundo espiritual nada sucede si no es para tu mayor beneficio. Sí, ya sé, el que lo comprendas es otra cosa. Toda experiencia se aprende a ver como una oportunidad para practicar el despertar de "un sueño de dolor". En las experiencias difíciles, aprenderás a ver lo valioso por encima de lo malo. En esas situaciones está el recordatorio de quién eres y de lo que eres capaz. Lo real siempre te da luz y comprensión de una película mayor, aprendes a ver lo irreal que fabrica el ego y trae sufrimiento.

Cuando te encuentres en una situación dolorosa o difícil, re-cuerda hacerte esta pregunta: ¿Esta experiencia qué me ayuda a aprender?, ¿ya te había pasado algo similar? Entonces, ¿esta experiencia qué me ayuda a recordar? En la respuesta está tu oportunidad para aprender y dejar de repetir.

Tu viaje no se acaba con la muerte, eso es sólo una idea. Hay una gran diferencia en la perspectiva espiritual. Cuando haces un viaje, tratas de llegar a algún lado. Pero en el viaje de la vida, no se trata de a dónde llegarás al final, porque no hay final, es un eterno presente. Cada instante es el viaje de la conciencia. Se trata de que te entiendas, de que entiendas tu historia, tu experiencia personal, la cual es única.

¿Esta experiencia qué me ayuda a recordar?

Acerca de morir, que alguien te explique: no es lo que crees

Siempre lo he dicho, al estar cerca de personas próximas a morir he aprendido mucho. Cuando por coincidencia, *diosidencia* he terminado constantemente en ese tipo de situaciones, no me asusta, mejor aprendo. Me han llamado y me llaman mucho la atención los procesos espirituales, psicológicos y físicos, cuando alguien tiene una experiencia cercana a la muerte. Cuando alguien sufre un accidente independientemente de si muere o no, me llama mucho la atención el proceso tan interesante que se da: la reflexión de su vida misma. Cuando estoy con personas que pueden hablar, dedico tiempo a escucharlos, a ver qué es lo que más valoran, de qué se arrepienten, lo que me explican de su vida, con base en qué tomaron decisiones y con base en qué las toman para ese momento cercano a morir.

En esas situaciones veo suceder la presencia de lo inexplicable para la mente racional. Cómo brotan lo que consideran sus grandes errores y me vuelvo espectadora de cómo una persona tiene la invitación a transformarse cuando siente que está próxima a morir. En esos lugares, en hospitales, al lado de la cama de los enfermos o cerca de accidentes en la calle, cada vez que la muerte esta cerca, se aprende mucho de cómo se vive mejor. Al menos, en mi experiencia, siempre me ha servido. No recuerdo haberme acercado con miedo a la muerte, sólo la estudiaba y aprendía de esos procesos. Me volví una estudiosa de la muerte para vivir mejor.

Te enfatizo que vivir no significa que *eres* un cuerpo y morir no significa que dejas de serlo. Mentalmente se requiere de una preparación para trascender la idea de que sólo eres un cuerpo y que al morir se acabó la vida. Si terminas una experiencia física en tu mente, tu identidad está apegada al cuerpo, pero es sólo eso, una idea de ti en una forma corpórea.

Hablemos de otro tipo de muerte, la de tu hermosa transformación *en vida*. Para que esta se dé hay que dejar morir aspectos de ti que no están alineados con tu más alto *ser*. Puedes vivir ocupando ese cuerpo para pasar por todas las experiencias que se requieran, pero saber que *no es* lo que eres.

Vivir no es ser un cuerpo y morir no es dejar de serlo.

Te siguen viendo en un cuerpo, pero ahora eres una conciencia mucho más expandida. No vuelves a ser el mismo. Eres más libre, mucho más libre. No sucede de inmediato, se sigue procesando en tu mente, es como acostumbrarte a tu nueva libertad. A tu nueva despreocupación, a la sensación de que todo es posible. Se comprende un propósito mayor, todo cobra sentido, te verán con una *nueva luz*, una mirada que comunica. Ya me entenderás.

Me habían dejado preparada sin yo saberlo; las joyas de sabiduría venían a ponerse en práctica. Si no sabes de cuáles joyas hablo, lee el capítulo anterior. Vayamos con la primera, la de la muerte tocando a mi puerta.

El retiro del *RenaSer*.
Primera joya en acción: muérete

¿Levante la mano quién quiere morirse? Ajá, sip, ninguna mano en el salón, sólo se oyen los grillitos cantando. Ok, como me lo imaginaba, alguien tiene que poner el ejemplo. Así que hablemos de cierre y apertura de ciclos, porque te tocará abrirlos y cerrarlos muchas veces. La pregunta no es cuándo tienes que cerrarlos, porque si aprendes a observar lo que la vida te da, cuando sigues esperando algo, la vida te estará contestando.

Cuando hayas llegado a tu límite de aprendizaje, la vida no dejará que te quedes tan cómodo como para no seguir creciendo, habrá ángeles a tu alrededor animándote a vivir la siguiente experiencia para tu despertar. La vida te dará todas las evidencias y oportunidades que necesites, para que no dejes de vivir en asombro. Algunas experiencias están hechas para asombrarte tanto, que no puedes evitar cuestionarte tu existencia.

No te pierdas tu vida, por buscar sólo un lugar seguro.

A finales de julio, principios de agosto de 2019, fui a Playa Mujeres, Cancún, para dar mi retiro anual, cuyo nombre era *RenaSer*, como el título de este libro. El retiro tenía que ver con las enseñanzas de lo que estaba escribiendo y, desde luego, con su energía. Fueron días de enseñanza de temas relacionados con lo que dejas morir y *RenaSer*, con abrir y cerrar ciclos. En esos días, me encontraba escribiendo este libro. En el proceso me sucedió una situación curiosa: En el índice previo había escrito —de manera guiada— el título de este capítulo "Ahora sólo muérete, para *RenaSer*". En ese momento no sabía qué escribiría ahí cuando llegara al capítulo; haciendo caso a mi guía, sabía que debía llamarse así, ya vería cuál sería el mejor momento para escribirse.

¿Ya adivinaste, verdad? Ahora comprendo que ese capítulo ya estaba escrito en mi vida, y muy pronto lo sabría.

El aguijón mortal, puntual a la cita del destino

El último día del retiro, el domingo, ya había cerrado el evento. Coincidí con algunos asistentes que se habían quedado en el hotel. Conversé con algunas de esas hermosas personas. Sentados frente a la alberca en los camastros, tuvimos emocionantes conversaciones que disfruté, en particular con dos mujeres, la licenciada Mari Carmen Lara y la doctora Yolanda Cervantes. Ellas me hablaban de su interés en ayudar a través de mi fundación, en el tema de vacunas y la importancia de crear conciencia. Hablamos de grandes ideas que nos inspiraban y nos daban ánimos para seguir adelante sumando a la vida de otras personas. Pasamos una tarde hermosa, hasta que llegó la hora de despedirnos. Ese encuentro resultaría más significativo de lo que yo creía, por eso lo comento, porque me ayuda a recordarte que no hay coincidencia en ninguno de tus encuentros, ya lo comprenderás con el tiempo.

Me quedé en el hotel un día más para dedicarme a descansar y a recuperarme del esfuerzo de dedicarme tantas horas a tantas personas en un retiro. Mi plan de recuperación era sencillo, salir al mar, meditar frente a él, disfrutar del excelente clima soleado, estar en el delicioso silencio, echar un chapuzón en la alberca, para terminar con un rico masaje. No había horarios específicos, como fuera saliendo, sin prisa. Sólo dejé agendado un masaje por la tarde, ya había preparado mi maleta, saldría para tomar un baño y dirigirme directo al aeropuerto. Tenía listo mi flexible plan, todo estaba en orden, pero *en orden* para lo que iba a suceder.

Siempre escucha la guía de tus ángeles, es la voz guiándote de distintas formas.

¡El día estaba hermoso! Tomé mis cosas, dispuesta para ir al mar e iniciar mi plan para la recuperación. Al estar a punto de abrir la puerta trasera del cuarto que daba a la playa, mi intuición me hizo detenerme. Escuché un pensamiento repetitivo en mi mente: "No estés sola."

Después trajeron a mí una imagen. Unos momentos antes de estar en mi cuarto, había salido a desayunar y me había encontrado a una querida pareja de amigos que también habían participado en el retiro, un matrimonio que había invitado a mi mesa la noche anterior, en la cena de gala. Por primera vez pude compartir una plática más amplia con ellos fuera de los cursos, y como ya habían participado en tres retiros, los ubicaba perfecto. Disfruté de su compañía la noche anterior, me alegraba conocer personas extraordinarias en mis cursos. A ellos me los había topado cerca de la alberca del hotel, cuando regresaba de desayunar. Me invitaron a pasar tiempo con ellos, y aunque no tenía una respuesta segura, sé que cada año, después de once años de estar dando retiros, cuando termino, lo que más deseo, primero que nada, es pasar tiempo a solas.

Cuando he pasado rodeada de tanta gente, por más que sea una alegría, necesito regresar al silencio como mi medicina. Es como un equilibrio donde después de dar tanto de tu energía, aprendes a cuidarte mejor. Necesitas de ti, pasar tiempo contigo y permitirte recibir. Así que había regresado a mi cuarto y entonces decidí primero ir un rato sola al mar. Pero estaba recibiendo ese mensaje inesperado.

Cuando ese pensamiento repetitivo me detuvo, me regresé a la sala del cuarto y me senté a meditar por un momento. El mensaje era claro, repetitivo y prácticamente imperativo. Como si fuera la orden que das a un niño que amas y notas que se está desviando para lastimarse. Así que me tomó muy poco tiempo para cambiar de opinión. Pensé que tendría que ver con la reciente práctica que había adoptado de no aislarme y salir a convivir con nuevos amigos, los cuales regresé a buscar.

En efecto, ahí seguían en la alberca. Me alegró ver que incluso ya tenían un camastro apartado para mí, en caso de que decidiera volver. Lejos de ser insistentes o invasivos, se habían mostrado muy respetuosos y comprensivos.

"¡Hola Ale, hola Lalo!" Ellos se mostraron muy contentos de verme ahí. "¡Muy bien, todo en orden, hora de chapuzones!", "¡qué alegría, vamos todos a la alberca!" Estando ahí, con Ernesto, otro amigo querido que también había asistido al retiro, empezamos a hablar de las experiencias del retiro. Ellos lo estaban tomando por tercera vez. Ya era la cuarta ocasión que lo daba en ese hotel, pero cuando yo me registré en esta ocasión, pasó algo distinto. Tuve la sensación de que ese sería mi último año en ese lugar. Así que tenía ganas de ir al mar y hacer mi cierre de ciclo, hablando de ciclos y de *RenaSer* el retiro, ya que sabía que era muy probable que no volvería a estar ahí. ¡Vaya que sería un cierre monumental y una invitación a *RenaSer*!

Después de estar un par de horas disfrutando en la alberca, a Eduardo, el esposo de Ale, por error se le mojó de más su celular en la alberca, y dejó de funcionar. Esto lo obligó a salir de la alberca para intentar arreglarlo. Y, bueno, sabía que mi masaje estaba cada vez más cercano, así que cuando regresó, de manera muy sincrónica, a todos los invité al mar, en caso de que ellos quisieran, iríamos juntos; así yo hacía caso a la guía, *no estés sola.*

Nos trasladamos, nos quedamos todos sin relojes ni celulares. Entramos al mar a seguir platicando. Todo parecía perfecto, la temperatura del agua, el sol, un excelente clima y sobre todo la excelente compañía. Empezamos a hablar del amor en pareja, ya que este matrimonio estaba celebrando su aniversario de diez años, antes de llegar al retiro habían dedicado tiempo para tomarse unas fotos en unos cenotes y otros hermosos lugares, para lo cual ella había viajado con su vestido de novia guardado ¡desde Monterrey a Cancún! ¡Maquillada y todo! Toda una travesía para tener sus fotos preciosas de aniversario. Sin duda, ¡hacen una pareja divina! En esas convivencias, ningún encuentro es coincidencia. Fíjate en esos símbolos amorosos cuando sucedan, porque están haciéndote recordatorios que lo que es para otro es para ti. Todos son espejos de tu posible felicidad.

Mientras hablábamos de eso (y de cómo habían pensado en presentarme algunos amigos para que fueran posibles candidatos para mí, jajaja), veía a otra pareja en el mar, muy cercana a nosotros, pero ellos tendrían cerca de 80 u 85 años. Me alegraba ver cómo el hombre abrazaba a la mujer con tanto amor, mientras ella recargaba su espalda en él y se dejaba abrazar con tanta alegría y confianza. No los vi hablar mucho, sólo sonreían. Se veían muy plenos. Esa pareja, el mar y el cielo eran mi vista más hermosa, mientras escuchaba a mis amigos y a Ernesto opinar acerca del tema del amor. Al hablar de otro tipo de amor presente, a mi mente fue traído súbitamente el siguiente pensamiento:

"Ya es hora."

El mensaje fue tan repentino, que pensé que podría deberse al masaje que tenía agendado, supuse que sería tiempo de salir, así que pregunté: "¿Alguien sabrá la hora?" De inmediato Ernesto, de manera muy amable, se ofreció a salir del mar para averiguar, ya que ninguno llevaba reloj. Pero al minuto mencioné que no sería necesario, ya que, si ese pensamiento había llegado a mí pensaba, confiaba que ya era el momento de dejar el mar. Ernesto, sin embargo, ya había salido. Así que empezamos a caminar lentamente de regreso a la orilla, en completa sintonía y alegría, cuando, de repente, a pocos metros de la orilla, sentí como si me hubieran enterrado con mucha fuerza un vidrio o algo punzocortante en el pie izquierdo. El dolor fue tan pero tan fuerte, que supe que no podría salir por mi propia fuerza del mar. Era como recibir una descarga eléctrica de dolor, lo cual dobló mi pierna y no me pude sostener más.

De inmediato pensé en mis cursos de buceo y lo que sabía de sobrevivencia y fauna marina. Aventé mi pierna con toda la fuerza que tenía, esperando que no se infectara y para no derramar sangre en el mar. Grité a Eduardo lo más fuerte que pude para pedirle que me cargara; sabía que con ese dolor me iba ser imposible nadar, caminar o incluso sostenerme por mí misma. Él nadó hacia mí de inmediato y me sujetó como pudo. Es un hombre alto y fuerte, parecía como si hubiera tenido al candidato perfecto para ese momento. Cuando logró estar cerca de mí y cargarme, mi pierna ya estaba levantada y sangrando profusamente. Entre la sangre y el agua de mar, Eduardo intentaba sujetarme lo mejor que podía, pero me resbalaba y yo no podía cooperar mucho por el fuerte dolor que sentía.

Gracias a su corpulencia no lo hundí, de alguna manera logró sujetarme mejor y salir. Su esposa, Ale, no podía ni moverse, estaba casi pegada a mí, cuando pisé *eso* que aún no sabíamos que era, ella se quedó inmóvil para no correr el mismo riesgo de pisar algo peligroso. Mientras tanto, Eduardo me cargó como pudo para lograr sacarme del mar. El dolor era insoportable, como un hachazo directo en la planta del pie. Esperábamos la ayuda de algún salvavidas, pero no llegó, no había nadie en la silla.

Mientras Eduardo caminaba cargándome, ya no pudo más y me caí un poco. Ernesto llegó a ayudarle, y entre los dos pudieron sujetarme mejor y acostarme en la arena. Ahí estuve recostada, mientras Ernesto corrió a buscar a un salvavidas o alguien que nos auxiliara, que nos indicara qué hacer en este caso de emergencia. La planta del pie seguía sangrando mucho y el dolor era lo más fuerte que nunca había sentido en toda mi vida. Cuando Ernesto trajo a un salvavidas, le pedí que revisara la herida, a lo cual contestó:

—Seguro pisó coral, es todo.

—Claro que no —le respondí—. Yo sé lo que es pisar coral, y esto no se parece en nada a eso. ¡Me duele muchísimo!

—Señorita, lo que pasa es que usted exagera mucho, se preocupa mucho. Sólo le voy a poner hielo y se va a calmar.

Llegó el hielo y mientras me lo colocaba en la herida, empecé a gritar más del dolor, le insistía que cuando me tocaba apoyando el hielo, me dolía aún más. Él se desesperaba y me decía que "yo me preocupaba mucho". Le insistí, "esto no es preocupación,

¡me duele más cada vez, el dolor va en aumento! ¡Ya me duele hasta la pantorrilla, no sólo el pie!"

Él continuó colocando el hielo, como si yo no le dijera nada, sólo me dijo: "¡Aguántese!"

Entre más pasaba el tiempo, sentía cómo el dolor se incrementaba y subía por mi cuerpo, así que al ver que él no iba a hacer nada más, tenía que averiguar qué me había picado. Le pedí que fuera a checar a la orilla del mar por donde había salido, estábamos a unos cuantos metros. Insistí, "¡Si hubiera pisado coral, como usted dice, ¡el dolor no iría en aumento!, y no hay coral en la orilla del mar. Vaya y revise si es lo que usted dice o si hay erizos o si se puede tratar de una mantarraya. ¡Algo, por favor!"

El salvavidas no se movió, no hizo nada para averiguar a qué se debía la herida, el sangrado o el dolor. Para estas alturas, ya estaba rodeada de un par de agentes de seguridad del hotel, que sólo me veían sufriendo tirada en la arena, sin hacer nada más. Eduardo se apresuró a ver el mar, por si encontrábamos la razón del sangrado y del dolor. Regresó para decirme que no se veía nada, pero que no había coral ni erizos de mar. Sabía que eso era lo menos probable, porque los erizos no se encuentran a esa profundidad, generalmente los había visto en las profundidades mientras buceaba o pegados a las rocas. Por eso sabía que no era probable, sin embargo, lo que sentía era como un objeto o púa que había atravesado mi pie y sentía en ese momento un dolor indescriptible.

—¡Llamen a la ambulancia! —pedí al salvavidas y a los elementos de seguridad. Le pedí también a Ale buscar en internet, ¿qué se hace en caso de picadura de mantarraya? El dolor me impulsaba como acto de sobrevivencia a actuar, para encontrar qué hacer para pararlo, ya que veía que el personal del hotel no iba a hacer nada. Ale me dijo: "¡Dice que hay que poner agua caliente, no hielos! ¡Es lo que hace que calme un poco el dolor!

¡Traigan agua caliente!" Instrucción a la que tampoco hizo caso el personal del hotel, que sólo observaba, pero no se movía. Por fin, el salvavidas contestó:

—¿Y de dónde quiere que traigamos agua caliente? —con tono y cara de "no sea tonta".

—¡Pues del restaurante! ¡Vayan, por favor! —dijo Ale.

El restaurante se encontraba muy cerca de esa zona de la playa, a unos cuantos metros. Sin embargo, ninguna de las personas del hotel se movió, hasta que Alejandra, en su desesperación, se encargó de eso.

Mientras eso sucedía, en repetidas ocasiones les suplicaba que llamaran a una ambulancia y al doctor del hotel. Ellos contestaron que estaba atendiendo a otro paciente en el hotel de a lado. Trajeron el agua, para ese momento yo sentía dolor en toda la pierna, era entre ardor y la sensación de que la pierna se reventaría, un dolor inmenso que seguía avanzando. Al fin llegó el doctor muy tranquilo que, en voz alta, preguntó: "¿Qué sucede? ¡Ah, se trata de usted señorita, Tania!", (yo lo había visto siete días antes en su consultorio, por un problema con la comida del hotel). "¡Cómo no me dijeron que era usted!"

—¡¿Cómo?, claro que les pedí que lo localizaran! ¿Por qué tardó tanto, doctor? —a esas alturas llevábamos cuarenta minutos en la playa, mi pie sangraba y el dolor aumentaba.

—Ya ve que mi consultorio está al lado del gimnasio, está lejos —fue lo único que argumentó.

Pensé, "no está tan lejos como para tardar cuarenta minutos en llegar",

—¡Doctor, por favor, inyécteme algo, este dolor es fortísimo! Esto no puede ser una pisada de coral, como dice el salvavidas.

—No, en efecto, tiene todos los síntomas de picadura de mantarraya, ya ha pasado en otras ocasiones.

—¡Pues haga algo, por favor, me duele muchísimo!

Procedió a inyectar algo, sin decir qué era y no me hizo nada más en el pie.

—Doctor, ¿cuánto falta para que llegue la ambulancia? Este dolor es muy grande y sigue avanzando, no aguanto.

—Ah, ¿sí quiere que venga la ambulancia? ¿No prefiere un taxi?

—¿Qué? ¿Cómo es posible? ¡Llevamos una hora aquí y no han llamado a la ambulancia! ¿Por qué?

Le pedí a uno de los miembros de seguridad que le llamaran a usted y a la jefa de grupos. Le pedí que bajara ante la emergencia.

—¿Por qué ni ella ha bajado, ni han llamado a la ambulancia? —no parecía haber el más mínimo interés.

—Pues yo le sugiero tomar un taxi, si lo pedimos ahorita, va a ser más rápido a que llegue la ambulancia —me dijo el doctor.

—¡Por favor ya, lo que sea más rápido!

A estas alturas, una hora después de la picadura, lo que me urgía era salir de la playa. Eduardo y Ernesto ayudaron a pasarme a un camastro, utilizaron eso como una camilla para trasladarme en un carrito hasta el *lobby* del hotel. Con ayuda de otro huésped cargaron el camastro. Al llegar al *lobby*, no habían ni llamado al taxi. Hasta entonces me di cuenta de que sí estaban enterados tanto el gerente del hotel, como la jefa de atención a grupos, pues estaban parados esperando. Probablemente no habían querido bajar a ver la situación o llamar a la ambulancia, para no hacer un escándalo.

En la espera del taxi, en el estado de sobrevivencia que estaba, le dije al doctor que me pusiera por escrito lo que me había inyectado, ya que trataba de anticiparme a lo que me dirían en urgencias y que no quisieran inyectarme hasta saber qué me habían administrado.

—Sí, enseguida le traigo su acceso a urgencias –él trabajaba en ese hospital y tenían un acuerdo con el hotel, por lo que conocía el procedimiento. Sin embargo, se alejó sin ninguna prisa, totalmente tranquilo.

Mi taxi llegó y me fui inmediatamente. El trayecto me pareció una tortura eterna. ¡Claro que una ambulancia va mucho más rápido que un taxi! El chofer iba a 70 kilómetros por hora, me decía que no era su culpa lo que me había pasado, así que no quería ir más rápido.

Llegamos al hospital y yo me sentía exhausta. Sin embargo, no podía evitar gritar del dolor. Me pasaron a una sala de exploración mientras una enfermera me decía: "¡Qué escandalo!"

Yo le imploraba por agua caliente, que me diera algo que me durmiera, sentía que me mataría el dolor.

—No tenemos agua caliente en el hospital —me dijo de forma tajante.

—¡Cómo no! ¡Éste es un buen hospital! ¿Cómo no va a haber? ¡Dígame dónde está y yo me paro a meter la pierna, no me entiende cuánto me duele!

Para este momento, entre el tiempo que había perdido en la playa y en el taxi, llevaba dos horas con el veneno y contando...

—*Ash*, sí ahorita se la traigo, ya voy —me decía con tono de molestia, mientras se alejaba. Al salir, Alejandra fue detrás de ella para conseguir el agua, que evidentemente no tenía ni la más mínima intención de traer.

Alejandra le preguntó dónde estaba y se ofreció (en tono conciliador) a ir por el agua.

—¡Ay, qué escandalosa! —dijo la enfermera mientras hacía caras y se burlaba de lo que le parecía muy exagerado.

Trajeron el agua y pude meter mi pierna hasta la rodilla, aunque el dolor ya había llegado hasta la ingle. El veneno seguía haciendo efecto. Desde la playa me trataba de enfocar en controlar el dolor, pero sabía que no sería amoroso tratar de exigirme cordura. Así que para estos momentos esperaba que el hospital respondiera, pero ahora no querían atenderme, por no llevar identificación. Como me sacaron del mar en una emergencia, obviamente no estaba preparada con ninguna credencial. ¡No sé qué esperan cuando alguien tiene una emergencia!

El esposo de Ale venía en camino con mi bolsa en otro taxi. Mientras tanto me decían que necesitaban tener un formulario lleno, sin el cual no me podían atender.

—¡Señorita, le suplico que me duerma, en serio, no tiene idea de cómo duele! ¡Inyécteme algo!

—No podemos administrarle nada para el dolor, hasta que su identificación llegue.

Aunque usted no lo crea, así sucedía, y en esta ocasión la gente que ha jurado dedicarse a salvar vidas no mostraba ni la más mínima compasión, ni trataba de comprender el dolor que sentía.

—¡Deme el formulario, yo lleno lo que falta! —Ale me hizo favor de llenar el formulario y llené sólo dos datos que faltaban. Ernesto y Alejandra estuvieron todo el tiempo conmigo, en el taxi, en el hospital, y fueron testigos de todo lo sucedido. Eduardo llegó con mi bolsa y mi identificación. Ahora fueron al punto que realmente les importaba.

—Señorita, ya lo tiene, por favor, inyécteme —le pedía.

—Mire, la picadura de mantarraya no deja de doler, para bajarlo se tiene que administrar medicamento vía intravenosa de cuatro a seis horas, así que aquí va a estar un buen rato, si tiene el dinero. ¿Sí tiene quince mil pesos para pagar?, ¿los tiene?

No podía creer lo que escuchaba, en esos momentos es cuando valoras a los buenos médicos y enfermeras de vocación, eso parecía más una verdadera extorsión que se aprovechaba del dolor ajeno.

—Sí, póngame la inyección.

—¿Sí los tiene? —insistió. Me lo dijo en un tono de "ahí de usted si nos engaña".

—Que sí, póngame el medicamento, por favor.

Por fin, después de una hora más, iba una enfermera a ponerme una inyección con un analgésico que, según ella, me iba a dormir, lo cual no sucedió. El accidente había sido a las 15:30, más o menos, y tres horas después me llevaban a una habitación para administrarme el medicamento en el suero.

Caí dormida a las nueve de la noche, pero sólo un rato. Mis tres ángeles terrenales fieles no me habían dejado ahí sola, seguían en el cuarto y cuando desperté había bajado algo el dolor y ya tenía hambre, ¡cómo no, sólo había desayunado! Eduardo y Ernesto fueron a comprar unas papas de máquina al hospital para comer algo, después llegó mi comida al cuarto. Nunca me revisaron el pie, no lo tocaron siquiera, pregunté por mi salida y me dijeron que ya estaban a punto de darme de alta.

Estábamos saliendo de ahí cerca de las once de la noche, qué día tan largo. Por supuesto, todos estábamos exhaustos.

Círculos viciosos se convierten en círculos virtuosos

Por fortuna, antes de salir del hospital, alcancé a mandar un mensaje al cirujano con el que colaboro para mi fundación. Él opera bebés con labio y paladar hendido, ¿te imaginas qué delicado es operar bebés que casi no pueden sangrar, si no mueren? En varias ocasiones entré con él a quirófano, había participado en la campaña para conseguir recursos y participé como voluntaria en operaciones a bebés de bajos recursos en la ciudad de Oaxaca. Ahí lo vi practicar cirugías en las condiciones más extremas, por eso sabía lo excelente médico que es y cómo cambiaba la vida de esos bebés, gracias a su determinación y a sus valores.

A pesar de lo tarde que era cuando salí del hospital, el doctor Rodrigo me contestó, pero como estaba exhausta, no lo vi hasta el día siguiente, que le pude comentar del accidente. Me hizo preguntas muy concretas, me dijo lo que tenía que hacer, después de tantas horas desde el accidente. Me explicó cómo me tenían que vendar el pie para subir al avión y tenerlo con presión, en alto; hizo hincapié que era sumamente importante que una vez que aterrizara en la Ciudad de México, fuera a verlo a su consultorio de inmediato. Me dijo que necesitaba revisarme y hacerme un lavado profundo en la herida.

Pensé que era una medida precautoria y le agradecí, quedé de verlo por la noche, al aterrizar del vuelo que había conseguido al día siguiente del accidente. Ahora llegaba algo nuevo. Me ayudaron a recordar en mi mente, al traerme el recuerdo de las mujeres con las que había platicado en la alberca sobre las vacunas un día antes del accidente, la licenciada Mari Carmen Lara y la doctora Yolanda Cervantes. Por fortuna, había intercambiado teléfonos con Mari. Gracias a sus conexiones y a su increíble actitud de servicio, contactó a dos amigos de ellas los cuales se ofrecieron para llevarme a otro hospital en Cancún para que me pusieran la vacuna contra el tétanos. El símbolo de abundancia se hizo presente, ellas conocían a una infectóloga en Cancún. Me habían recomendado con ella y Cecilia Aranzabal y Eduardo, su esposo, me llevaron a su consultorio donde me inyectó y me vendó como el doctor Rodrigo me había pedido, limpiando por primera vez la herida. ¡Cuánta ayuda hay en el camino, cuánta gente desinteresada!

Mientras íbamos en el carro, Eduardo me platicaba que tenía algunos barcos y me decía que era muy afortunada, que todos los lancheros que él conocía que les habían picado habían tenido que cortar sus dedos, por picarse al recoger las redes donde las mantarrayas quedaban atrapadas, ya que el tema con las rayas es que no importa que estén muertas, una vez que ha entrado su aguijón en forma de serrucho, te desgarra al entrar y al salir, de ahí que el sangrado sea tan abundante y deje partes de su aguijón para que el veneno continúe y mate a su víctima. Claro, eso yo no lo sabía.

De vuelta al hotel, y con la ayuda de Ernesto que cambió su vuelo para salir juntos a la Cuidad de México, llegamos justo a tiempo. Él me ayudaba con la silla de ruedas para abordar el avión que nos llevaría a casa. Ajá, eso crees, no tan pronto. Una vez que aterrizamos, me comuniqué con el doctor Rodrigo. Estaba lloviendo muy fuerte y las maletas habían tardado en salir. No quería molestarlo, así que le di la opción de verlo en la mañana al día siguiente. Le expliqué que en ese mismo día ya sería muy tarde, ¡llegaríamos a las 10:30 de la noche a su consultorio! Me contestó, sin darme ninguna opción:

—Tiene que ser hoy mismo, Tania, hoy. Avísame cuando estés cerca y te veo en mi consultorio en un rato más.

Mis padres habían ido a esperarnos, más ángeles terrenales, y después de una hora de camino, entraba al consultorio del doctor Rodrigo Morales de la Cerda. Me pasó directo a su sala de exploración y me dijo:

—Recuéstate, no tenemos mucho tiempo. Aún no quiero que veas el pie cuando quite la venda, sólo acuéstate, te voy a dormir el pie y te voy a abrir. ¿Ok?

—¿En serio? ¿Y eso por qué, doctor? —ingenua de mí, pensé que con el capítulo del hospital la tarde-noche anterior, con eso habría sido suficiente.

—Te voy a hacer un lavado profundo, tú sólo recuéstate.

No había mucho que yo pudiera hacer, pero con todo cuidado abrió el pie y lo que estaba buscando era el aguijón, sólo que no quería preocuparme, por eso no me lo había dicho. Hasta que levantó la vista y noté una sonrisa en su rostro y el cambio de su tono de voz, a uno con mayor gusto.

—¿Adivina qué? –me dijo.

—¿Qué?

—Aquí está el aguijón. Ahora sí, observa lo que hay aquí, ve tu pie sin la venda.

Primero que nada, me di cuenta de que estaba todo morado e hinchado. Me explicó:

—¿Ves todas esas venas moradas, todo eso morado?

—Sí claro –contesté.

—Todas esas son tus venas que ya están cerradas porque tu cuerpo quiso protegerse, porque te quedaste con un cuerpo ajeno a ti, que además continuó echando veneno —me lo decía mientras me mostraba parte del aguijón—. Tu cuerpo, al querer defenderse, cerró venas y después hubieran seguido las arterias, si eso hubiera sucedido, si hubieras venido mañana, como proponías, hubiera tenido que amputar tu pie en vez de esto que estamos haciendo. En seis horas más, Tania, más o menos, tendría que estar amputando tu pie, pero estuvimos en tiempo. Mira, con que el salvavidas o el doctor del hotel hubieran hecho esto en la playa, lavarlo, dormir tu pie con xilocaína o lidocaína, en el mejor de los casos, y te hubieran sacado el aguijón, hubiera sido suficiente, para que esto no se convirtiera en una emergencia. Además, el dolor se hubiera quedado contenido en el pie y no se hubiera extendido a toda la pierna, hubiera sido doloroso de todos modos, pero no como la tortura que fue y sin el peligro de que tuviéramos que amputar el pie. El problema es que dejaron el aguijón muchas horas y su respectivo veneno. Ahora, el reto es el peligro de la infección, así que las siguientes dos semanas serán muy importantes.

Me mandó los medicamentos adecuados, entre ellos antibió- ticos en dosis muy fuertes. Ahora, a dedicarme a una adecuada recuperación, había sido mucho tiempo con el veneno y ese aguijón en mi pie. No podía creer lo que escuchaba, ¡qué impre- sionante!, que por alguien sin el conocimiento correcto de su trabajo casi perdía el pie, ya sea por el deficiente servicio del hotel y por el personal del hospital, que nunca abrieron y buscaron en la herida. Aún con el dolor, al menos estaba muy agradecida de haber llegado a tiempo a urgencias a la Ciudad de México.

Nos despedimos del doctor Rodrigo Morales de la Cerda, le agradecimos su atención y su gran vocación como médico tan profesional. Me había atendido de emergencia y salíamos a las doce de la noche de su consultorio. Regresamos a casa de mis padres, evidentemente estaba exhausta, era tiempo de ir a dor- mir, mantener el pie en alto. Por los siguientes días tendría que hacer curaciones por la mañana y por la noche. Así que eran tiempos de recuperación, pero no como yo creía que serían, no sólo era del retiro, era la siguiente etapa en mi camino, estaba planeado algo más profundo, era tiempo de dejar morir para *Re- naSer*. Continuaba el proceso de sanar poco a poco, así como el águila real dejando nacer nuevas plumas y garras, ¿qué había que soltar?, ¿renovarse o morir? Aquí había estrellado de golpe el pico y había que tener paciencia para dejar suceder el *RenaSer*.

¿Ya has venido por mí?
No estoy disponible para el mundo

Ahora te explico lo que pasó una que vez que el dolor que me mantenía en estado de alerta había bajado. Llegué a casa de mis padres, quienes cuidarían de mí por las siguientes semanas. Después de esto ya no sería la misma. La muerte del *RenaSer* no es la muerte física. En tu muerte física pierdes el cuerpo, pero sigues apegado a tu personaje y por eso sufres. En la del *RenaSer*, puedes no ocupar tu cuerpo por un momento, sales de él para cobrar una mayor conciencia de tu ser en unión con todo, con Dios, y no hay apego, hay transformación. A veces, por el dolor o el miedo que sientes ante lo que estás viviendo, sales de tu cuerpo; otras, sucede de manera extraordinaria como cuando te ves viviendo la experiencia, pero fuera de tu cuerpo. En otras más, se puede hacer con conciencia, deseándolo.

> *En tu muerte física pierdes el cuerpo, pero sigues apegado a tu personaje, por eso sufres. En la del RenaSer, no hay apego, hay transformación.*

Los siguientes dos días, es como si me hubieran desconectado. Dormía todo el día, me despertaba y mi hermosa madre —que es una enfermera de corazón y vocación— me hacía la curación de la herida; colocaba la gasa y las vendas de nuevo; me preparaba los alimentos y me ayudaba a bañarme (metiendo una silla a la regadera), ya que no podía apoyar el pie izquierdo.

Por algunos días no supe de mí; medio comía y dormía. Siento que una parte de mí murió realmente. Como si hubiera viajado a otro lado, regresaba cuando me despertaba, y me sentía rara, pero empoderada. Algo en mi interior estaba cambiando, me sentía descansada de no ser "yo". No hablaba mucho, me la pasaba durmiendo, aunque mis padres trataban de animarme, de nuevo caía en mi sueño profundo donde sentía que sanaba. Cuando regresaba me sentía distinta. Era como ir al universo: empezaba todo oscuro, sentía que me elevaban a una cabina, era un lugar de sanación, un quirófano energético, pero estaba en el universo. Todas las estrellas se reunían de nuevo en mí, y formaban mi cuerpo; sentía como si me tejie-ran con hilos de luz, todo sucedía sin que yo tuviera que hacer nada; ocurría por una fuerza que sabía lo que hacía y me daba una profunda paz.

Al pasar los días, todo parecía ir funcionando, mi pie mejora-ba. Los días siguientes fui recuperando la fuerza para brincar de un cuarto a otro y para hacer mis meditaciones de manera más prolongada. En un par de semanas, estaba de regreso digiriendo la experiencia de vida, pero sabía que yo no era la misma. Había vuelto con una fuerza interior difícil de explicar y, al mismo tiem-po, con una gran despreocupación por lo que pudiera pasar. Ahora el "mundo terrenal" me atraía aún menos.

Al paso de los días, hablaba con más personas, me decían es-tar muy preocupadas por mí. Me compartían que a todos a los que había picado una mantarraya habían muerto o perdido sus miembros. Sólo un querido amigo cercano llamado Camilo no murió, pero él mismo se había extraído el aguijón en la playa, lo cual evitó que entrara más veneno y aun así pasaron unas horas, para que bajara el dolor (aunque también tiene mucho que ver que es alguien muy fuerte, por decir lo menos). Fueron días sin trabajar en la tele ni en mi programa de radio, ya que nuevamen-te la vida te dice dónde enfocarte: en mi interior.

Más tarde, ya regresarían las bromas. Dice mi madre que un buen día entró mi padre al cuarto tratando de no despertarme, pero de inmediato abrí los ojos, como si sintiera su presencia. Esa vez no estaba seria, lo sorprendí con una broma, a lo cual le dijo: "Ahora sí, ya regresó Tania, ¡está de vuelta!" Estar con mis padres, el nido de la casa donde crecí fue el mejor lugar para que sucediera. Me permití recibir ayuda y me la dieron de la manera más amorosa. Mis padres son estrellas en la Tierra y su amor incondicional, mi mejor medicina.

Ahora, como siempre he dicho, si ya te picó la mantarraya, ve con el doctor a que te saque el veneno. Después de lidiar con lo físico, atiende de igual manera tus emociones, tus miedos, para pasar a lo energético y a *la causa*. Averigua para qué llegó esa mantarraya, ¿para qué te picó? Es decir ¿de qué manera te suma esa experiencia? Yo, sin duda, creo que no regresé para ser la misma, tenía una energía distinta, me sentía distinta. De hecho, en el radio y en el siguiente curso que di, la gente me decía que me veía radiante, diferente, empoderada. Esa sustancia que había entrado en mi, en vez de veneno, parecía "una vacuna".

De las experiencias de muerte sacarás mucho aprendizaje; sabrás lo que es depender y no depender de tu cuerpo. No murió mi cuerpo, ese tenía que desconectarse y descansar. En esencia, yo parecía la misma, pero sentía que no me podía ir todavía de este mundo porque, entre otras cosas, me faltaba entregarles este libro. Ahora sería mucho más libre y lo podía sentir. Así como el veneno fue subiendo por mi cuerpo, esperando que no llegara al corazón para no morir, ahora ocurría lo mismo, pero con una energía creciente. A medida que pasaban los días, no era un veneno, sino una fuerza inexplicable. Una fuerza tranquila, sutil, apacible y silenciosa; sin embargo, extremadamente poderosa.

Traducción del mundo espiritual: tu *RenaSer*

¿Cómo podemos entender el significado de esta experiencia desde el mundo espiritual? Lo que parece una tragedia en el mundo terrenal, en el mundo espiritual nunca lo es. En una baja conciencia, cualquiera diría ¿oye, tan mal le fue? pero sólo se quedarían ahí. Hay personas que aprenden a ver sus vidas así y no se cuestionan más allá. Luego la vida les regala una nueva oportunidad, problema o crisis, giros inesperados, para que vuelvan a llevar la atención a sí mismos y se cuestionen sobre una mejor manera de vivir. La pregunta es si esa experiencia sólo se quedará en un "¿tan mal le fue?" o en una mayor comprensión.

En el mundo espiritual todo es liberación, todo se trata de comprensión. Empecemos por la parte más sencilla. Mi aporte consiste en ayudarte a regresar a la paz, incluso después de estar en contacto con experiencias de crisis, problemas, situaciones difíciles para traducirlas desde lo espiritual. Cuando estén listos para comprender, lo podré explicar, lo escucharán y lo entenderán. A veces toma tiempo, pero cuando estamos listos, comprendemos. En mi caso, había muchas razones para que fuera la mejor candidata. Te explico y verás lo radicalmente opuesto que es la visión del dolor en el mundo, y la forma perfecta del mundo espiritual. Voy a darte la explicación de abajo hacia arriba, de lo más terrenal o lo más elevado.

Recuerda, como te expliqué en mi primer libro:

Siempre estamos sumando a la misión de vida colectiva, es decir, tocas a otros con tu aprendizaje personal, con lo que vives en tu misión de vida personal.

Razones que dan propósito para vivir la experiencia: en la misión colectiva
Las razones físicas. ¿Quién está bien equipado para la misión?

Empecemos por las razones físicas. Si tu vida va a servir a otros, pues qué mejor que escoger a alguien que sepas que no va a morir en "la misión". Así que era una buena candidata por mi buena salud, tengo herramientas para el manejo de una crisis, un alto umbral del dolor, sin problemas del corazón. Ese día en la playa había alguien interesado en hacer su trabajo interior de manera constante. Es decir, tenía herramientas que iban a hacer que no muriera tan solo por el dolor, una de las razones por las cuales mueren personas a las que le pica una mantarraya. Por ejemplo, si le pica a un niño o a un adolescente, pueden no soportarlo y morir. Incluso hay adultos que pueden morir por un paro cardiaco debido al veneno o al estrés que les genera. Tal vez habrás escuchado del llamado "Cazador de cocodrilos", Steve Irwin de Australia quien, siendo un experto en lidiar con distintas especies como cocodrilos y tiburones, al estar filmando un documental titulado *Las especies más mortales del mar* (*Ocean's deadliest*), murió por una picadura de mantarraya. En su caso, el aguijón le perforó el corazón y los pulmones; murió casi de inmediato.

En mi caso, la mantarraya me picó en el mejor lugar posible: el más alejado del corazón, en el talón. Afortunadamente fue ahí porque si no el veneno hubiera llegado al corazón. ¿Sabías que entre más lejos esté la herida del corazón, hace más lenta la recuperación?, pero disminuye el riesgo de morir. Tenía que ser lejos de ese órgano porque pasaría mucho tiempo antes de que me retiraran el aguijón. Soy una persona muy sana y con una alta tolerancia al dolor, porque no sólo pasé un día sino dos con el aguijón en mi cuerpo y el veneno corriendo. Además de tomar un avión, visitar tres hospitales, y ¡no desmayar o morir en el intento! Todo pasó antes de estar en casa, para dar el siguiente paso en mi sanación, el que tiene que ver con la mente.

Hablando de candidatos, ¿no te hubieras ofrecido?, ¿qué hubiera sucedido, si alguno de ellos, los de la pareja de 80 años que estaban en el mar, hubieran sido los del accidente? O ¿cualquiera de las personas que llevaban toda la mañana ingiriendo alcohol en la playa? Hubiera sido un cuadro que más fácilmente hubiera resultado en una muerte. Por otro lado, si les hubiera picado a las personas que estaban conmigo en el mar, también me hubiera resultado muy doloroso, y tal vez hubiera sido más difícil para ellos manejarlo pues ellos me dijeron que no tienen esa tolerancia. Por todas estas razones físicas, parece ser que, en nuestro contrato colectivo del alma, era la más indicada y doy gracias.

Razón: para salvar otras posibles vidas

Relato todo esto para que esperanzadamente sirva para salvar otras vidas. Al narrarte lo que viví en el hotel, invito a que los hoteles hagan conciencia, creen y mantengan sus protocolos de seguridad, que tengan el personal y paguen las certificaciones de sus salvavidas para que las personas no mueran. A los salvavidas, doctores y enfermeras, me gustaría recordarles su juramento y vocación: salvar vidas. Invitarlos a crear conciencia y a ser más compasivos. Están tratando con personas y se trata de una emergencia que pudo haber costado mi vida o una afectación física permanente que me hubiera dejado discapacitada para siempre. Alguien tenía que decirlo, qué mejor que alguien que es muy escuchada y leída para que sea la mejor candidata de la querida mantarraya. ¿Cuál es la diferencia? La enseñanza es que lo que vayas a hacer sea para que ayude a otros y por eso lo hagas. Lo que vayas a hacer no lo hagas desde el enojo, el punto es que lo hagas desde tu paz y al hacerlo ayudará a otros.

Razones que sirven de testimonio de abundancia. Tres más tres = el amor presente

La vida me daba el regalo de ver el amor y la abundancia manifestándose. Mira cómo es la película desde el amor incondicional: estuvieron casualmente tres personas conmigo, que fueron como mis ángeles ayudándome en la tierra. Me acompañaron y me ayudaron todo el tiempo, sin tener la obligación. Lo hicieron incondicionalmente y sin esperar nada a cambio. Al día siguiente otras dos personas, Eduardo y Cecilia pasaron por mí, y me llevaron a otro hospital, con esas ya llevábamos cinco, y con el doctor Rodrigo en la Ciudad de México, nos dan seis personajes sumamente importantes en el recorrido de la historia, que no lo hicieron por necesidad; ni porque fueran mis familiares. Sin embargo, estuvieron conmigo y eso es una clara muestra de abundancia. La verdadera abundancia es tener lo que necesitas, cuando lo necesitas y de las personas perfectas para ti. No hay encuentro que no tenga un propósito. Recuérdalo:

> *Abundancia es tener lo que necesitas, cuando lo necesitas y de las personas perfectas para ese momento de tu vida.*

Hablando de abundancia, ¿ya pusiste atención en esto? Mis ángeles me ayudaron a ver lo siguiente. Por tres personas, *símbolos* que no hicieron su trabajo, tuve el doble de ayuda. Estaba el salvavidas, como el símbolo "del auxilio", los agentes de seguridad, como el símbolo "del hotel" y el doctor, como el "símbolo de la salud", ellos no buscaron hacer más, pero las otras 3 personas que no tenían la obligación, los conocimientos ni la necesidad, lo hicieron por amor. Actuaron desde la compasión y desde el amor, al servir a su prójimo y por gratitud a lo que les había dado como su maestra. La cadena de amor no terminó ahí y es lo que quieren hacerte ver: si tu mente estuviera entrenada desde la perspectiva del amor, en una situación desafortunada podrías ver cómo *recibes siempre más de lo que pierdes*. El amor siempre está cuidando de ti. Mucho más de lo que te das cuenta.

Si lo sabes ver, la vida es siempre una historia de amor.

En mi misión personal
Razón: la constante práctica del desapego

Practicarás morirte, hasta que sepas cómo *RenaSer* de manera constante. La vida es una constante práctica de desapego. Todo es práctica de desapego: al estar apegados al cuerpo, sufres al creer que lo pierdes. Estamos apegados a lo que llamas tu realidad, a ciertas formas, a todo lo de este mundo.

Puedes ver que todos los maestros espirituales mueren, todos tienen que dejar su cuerpecito, entregar la botarga, y no tiene tanto que ver con *la forma* de su muerte, sino con el *cómo* vive la experiencia. Puede ser la más escandalosa, o la más sencilla. Por ejemplo, los romanos le dieron a Jesús una típica muerte de su época, usada para humillar a las peores personas y bandidos. Cualquiera diría: "Qué mal le fue", sobre todo por ser quien es. El énfasis de la muerte de Jesús no está en *la forma* (crucificado, humillado y a punta de latigazos); sino en lo que sigue después, el *RenaSer*. Entonces la maestra estaba teniendo su práctica de desapego, ya que te lo expliqué, ahora lo ves sencillo.

Razón: recicla la energía del miedo

Usa esa energía para reciclar el pasado y transformarlo. Si sientes miedo no dejarás el pasado, seguirá existiendo en ti y sólo podrás ver a través de él. Como un catalizador que te deja ver fragmentos de la realidad. El peligro no necesariamente será real, pero estarás a la defensiva. ¿Qué necesitas? Darte cuenta de lo fuerte que eres. Esta experiencia me hizo darme cuenta una vez más, que aun cuando te creas incapaz, atemorizada o físicamente débil, una vez que sabes cómo superar el dolor, lo aprendes tan bien, que por más que creas que caerás y que dolerá ya no es igual, vas aprendiendo. No eres la misma persona, no te dolerá igual, lo que hace que vivas distinta la experiencia. Cuando la vives desde la conciencia, reciclas la energía del pasado y ahora, en vez de miedo, te dará paz. Buen trabajo.

Razón: práctica la experiencia del verdadero perdón

Esta experiencia me daba la oportunidad del perdón, del verdadero perdón. Una cosa es estar hablando de ello y otra muy distinta es tener una constante práctica. Del tamaño de la situación parecería el tamaño del perdón, pero no es así, en realidad el verdadero perdón aplica y se entiende sin importar el tamaño de la falta, ya sea un pequeño o gran suceso, ambos roban tu paz por igual. Si tienes una situación donde está muy súper ultra muy justificado que tienes la razón, con base en eso, es mucho más fácil caer en la trampa del ego de "crucificar" al "culpable", pero en vez de eso puedes entenderlo con una mayor conciencia, entiendes que hay responsables, no culpables.

Si comprendes que hay *responsables*, lo pueden hacer mejor, porque en todo hay aprendizaje posible. Entonces le das *una oportunidad* a tu hermano en tu mente. Ahora que *elija tomar* esa oportunidad, no es algo que tú puedes forzar, tú ya la diste, y eso te hace crecer a ti. Esperar algo de él te debilita. Puede llegar a hacer algo, pero sin mostrar responsabilidad o, peor aún, si lo hace sin amor, el amor y la gratitud no pueden forzarse. La otra forma de verlo es hablar de *culpables*, a los cuales de una u otra manera el ego busca simplemente "matar" a su forma. Por ejemplo, hablando mal de la persona con quien puede y en cuanto puede, "Ora verás, si supiste..." inventando cosas que no sucedieron, unas cuantas mentiras que quiere terminar de creerse, y todo se va haciendo una bola de nieve de odio que busca que tenga más adeptos que odien como él. En pocas palabras, crea su propia cárcel, y de igual manera sólo esa misma persona, puede salir por sí misma. Eso no sucede por hablar o por lo que haga o deje de hacer nadie más.

Es un tema que suele confundirse muy fácilmente. En este caso, tenía toda la razón para estar molesta y pedir que se hicieran mejorías ante esos errores para que, si bien ya no funcionaría para mi, podría ayudar a alguien a salvar su vida. ¿Hasta ahí vamos bien?, piensa en una situación retadora para ti, y puede ser tan pequeña o tan grande como se te ocurra, se trata simplemente de un asunto que robe tu paz.

En el fondo, aunque tú, un vecino y yo podamos hacer la misma acción, sólo cada uno sabe lo que está viviendo, con que emociones puede estar lidiando, y lo que menos suele ayudar es "hacerse los espirituales" o "los justicieros" (a veces hasta en nombre de Dios) llenos de rencor oculto. La experiencia está hecha para confrontarte, la práctica no la haces con algo que no te resulte confrontador, es como si me dijeras que vas al gimnasio, pero prefieres no tocar las pesas, es como decir: "No, sabes qué, no Tania. Se oye padre, pero las veo pesadas." ¡Precisamente porque son pesadas es que te ayudan a generar músculo!, Pero le *intenseas* y me insistes: "Así que mejor Tania, ¿sabes qué? Yo mejor hago la práctica, viendo como los demás levantan las pesas, ¿de algo ha de servir no?, ¡total ya estoy más cerca de las pesas!" Pero si en realidad nunca haces tus ejercicios, no vas a obtener la sabiduría ni una paz permanente, por eso uno termina agradeciendo las experiencias más retadoras también.

La experiencia está hecha para confrontarte.

Esa experiencia y varias que te relaté en este libro podrían haberme dejado como una mujer amargada, triste, quejumbrosa o, al menos, con la chispa apagada. Muchos podrían quedarse enojados de por vida, resentidos por una situación similar o cualquier otra donde consideran que tienen la razón y que determinada situación es injusta. Por desgracia, tener la razón no es lo mismo que tener paz y aprenderás que tiene más valor.

Si no comprendes aún esto, vas a estar discutiendo y regalando tu energía muy fácilmente. Incluso discutir contigo mismo es igual, se llama venir del mundo del "nunca jamás hay paz". Puedes realizar la misma acción, pero en vez de que sirva para tu salvación, puede ser una medalla para tu ego, buscar la revancha, venganza, demostrar que tienes la razón, etcétera. La acción es la misma, puede ser *demandar* a alguien, pero el resultado dependerá desde el lugar de conciencia que la hayas hecho. Si lo hiciste desde el ego, tu afán sólo estará en ganar, en demostrar y aplastar a tu hermano; en el otro caso, servirá para el mayor beneficio de todos los involucrados y de la paz. Como no sabes qué es en mayor beneficio para todos, la forma como aseguras el resultado valioso (que es la paz) es por medio del perdón.

"La paz de Dios ya es en mí."

Cuando estés en una experiencia retadora como esta que viví, te voy a recordar esta lección que puede ayudarte. *La paz de Dios ya es en mí.* Al vivir una experiencia que me invita al perdón, teniendo la conciencia que no me puedes afectar a menos que yo lo elija, lo que hago es *practicar pedir la paz de Dios que ya es en mí.* Repetir eso ayudará a entrenar tu mente, harás pesas de las más efectivas. Pedir lo que ya tienes te lleva al éxito, y mediante la paz voy a ver la experiencia. La siguiente por favor, *next*. Con el tiempo te das cuenta de que el peso de las pesas sólo depende de tu interpretación, el número de kilos que ves en la pesa se lo pones tú.

¿Y ahora dime qué te confronta a ti?

El ego pedirá muchas cosas al mundo, pero recuerda cómo comenzamos este libro, este viaje: el ego tiene su propia idea del éxito, lo que tienes que conseguir a través de pedirle al mundo para que seas exitoso, pero puedes pedir lo que ya tienes, en tu mente no tienes un cuerpo, ni la salud en un cuerpo, estamos hablando del espíritu que tienes, tienes paz espiritual, tenemos la comunicación con Dios, tienes la eternidad, cuando pedimos paz espiritual somos exitosos. El que vive en paz espiritual es exitoso, el plan del perdón asegura el éxito espiritual.

Razón: para que tuviera la energía de los límites que te da el morir

¿En que se parece morirse a poner límites contundentes? En que no estás disponible para necedades. Estás disponible para lo que es una prioridad. Hay momentos de tu vida que hacer una cosa a diferencia de otra parece no importar tanto. Comer una cosa da igual, pero existen otros momentos en que si no sabes qué es prioridad en tu vida, vas a sentirte extraño. Recuerda, la vida tiene etapas espirituales y hasta el dudar de ti será una de ellas. Llegará un momento en donde entre más sepas, también dudarás; eso es muy importante. *Quien no se cuestiona lo que sabe, no descubre nuevas realidades*. Ahora todo lo pasas por un nuevo filtro de conciencia y comprendes que no estás satisfecho sólo con ver "el patio de tu escuela", aunque sea la escuela, el asistir tanto a clases te ayuda a estar listo para el universo mismo. Eso me parece una buena costumbre, *cuestiónalo*. Cuando comprendes la importancia de cuestionar lo que crees que sabes, le das a la duda un propósito y se vuelve un hábito muy bueno. En contraste, algunos saben muy poco, pero creen que saben mucho. No lo dudan y no se permiten ser cuestionados nunca.

◇◇

> Quién no se cuestiona lo que sabe
> no descubre nuevas realidades.

Permite que suceda cada etapa, hasta la de las dudas. Así también coloca los límites, sobre todo cuando seas guiado para ello. Así que te comparto que esta experiencia me dejó un gran recordatorio acerca de una de mis tareas más grandes.

Mensaje de mis ángeles

A un mayor nivel de límites, un mayor nivel de alcance tendrás, así como el tiempo para lo que se requerirá.

Conversación

—Tania, para que nos entiendas mejor el nivel de límites que se necesitan, practica poner límites digamos como si fueras una "diva".

—No entiendo, ¿por? A mí no me gustaría ser como una diva.

—Lo sabemos. Sólo es una manera de explicártelo. Para ti hoy es demasiado poner esos límites, tal vez pensarías que si lo haces serías como una "diva", pero eso es más bien "lo normal". Es decir, en el mundo terrenal es lo necesario, lo que se requiere para una convivencia más sana. No sientas culpa de fijar tus límites, quien entre a tu espacio es importante que aprenda a honrarlo. Aprenderás y aprenderán a respetar tus "no". No puedes enseñar a alguien a volverse responsable. Quien no sabe ser responsable, no lo será ni porque se lo pidas, no actuará de manera responsable porque no sabe cómo serlo o porque no le interesa serlo. Están en dos sintonías distintas. El querer elevar a alguien a tu sintonía será desgastante. Sólo puedes honrar tu espacio y entender que es tan sagrado, como es el de los demás.

—¿O sea que, sin razón, estoy sintiendo culpa por fijar límites más firmes?

—Estás sintiendo culpa porque aprendiste algo por verlo tantas veces en tu pasado, y repetiste un modelo en tu mente. Es momento de cambiar ese modelo. No te desgastes con personas que te muestran el mismo patrón abusivo, es sólo una muestra de amor y de respeto para ti.

—Y yo que creí que ya había puesto muchos límites poderosos, a lo largo de todo este proceso...

—Sí, desde donde venías y para la cantidad de gente que podías manejar. Eso ya no será posible. Es como si intentaras controlar el dolor que sentías por el piquete de la mantarraya y pudieras vivir así. Ya no podrás manejarlo de esa manera, se requiere de un espacio de mayor contención, por lo que poner tus propios límites es necesario y una buena manera de cuidar tu salud.

—¡Sí, sería imposible! ¡Es el dolor más fuerte que he sentido! Muy buen ejemplo para recordarme que, así como ese dolor no se puede manejar, el no poner límites muy claros también puede causar grandes dolores. Quiero saber cómo hacerlo aún mejor. Me doy cuenta de su necesidad y lo sanadores que ya han sido.

—No podrás hablar cara a cara con toda la que gente que es y será, pero lo importante no es que vean sus caras, si no que sus corazones estén llenos y lo estarán. Piensa en esto como una caricia para ti, aprenderás a dominarlo cada vez mejor. No te pediríamos hacer un trabajo que requiere sacrificio, ese lo has aceptado tú por el patrón que viste y por el gran amor que sientes cuando una persona te pide ayuda, lo sabemos, pero ahora tienes que darte, porque el tiempo para disfrutar en familia ha llegado, y vas a ser igual, muy feliz. Los que te aman se alegrarán contigo, los demás aprenderán a alegrarse con el tiempo, es todo. Aprenderás a poner mejores límites y ahora tendrás aliados que te ayudarán. Por mucho tiempo no creíste que eso te sería posible, poner límites sin culpa. Hay personas que se han sentido muy cansadas y adoloridas por este mismo tema y corrieron a otras religiones, adicciones o construyeron grandes muros para sentirse protegidos. No necesitas levantar muros, sólo poner límites a quienes exigen "en nombre del amor" o de "la amistad". Recuerda esto: "Nadie te enseñó lo genial que eras." ¿Te recuerda algo?

—Sí, a un amigo genio que me dijo que no veía mi genialidad. Nos conocimos desde niños, no supimos encajar en la escuela realmente, ni en el mundo. Él tomó su camino y yo el mío. Hacían falta muchas herramientas y las escuelas no eran lo que necesitábamos.

—¿Por qué crees que regresó en esta etapa de tu vida esa persona? ¿Sabemos que no es casualidad verdad?

—Sí lo sabemos. ¿Por qué?

—Todo gira en torno a lo que te dijo. "Nadie te explicó que eras genial, Tania." No eres rara, en vez de ser dura contigo misma, puedes darte permiso de disfrutar tu genialidad y tener nuevos comienzos, RenaSeres en tu vida.

—Así lo haré, muchas gracias. No podía decir más, estaba muy conmovida por el amor y la paciencia que me transmitían. Mensaje recibido.

Razón: cree y confía como nunca en la energía femenina. Traducción: recibe

La muerte que me trajo la mantarraya me ayudó a traerme el recordatorio de la *aceptación de lo que simplemente es*, esa es una práctica espiritual muy importante. Con el tiempo aprenderás que todo gira en torno *a la aceptación amorosa de lo que es*. La energía masculina dirige y la femenina recibe ¿Qué acepté entonces? Esta es la gran lección final para aprender a morirte y *RenaSer*.

Acepté ayuda. Antes de que en mi mente se quedara grabada para esta u otra vida, que sólo soy la maestra, que da, me hacía falta *recibir más*. Ese delicado balance. Algo que el mundo espiritual sabe, más amor y sin necesidad de sacrificar nada. Explico lo del sacrificio: hay algunas personas que se abren a recibir por formar parte de una comunidad religiosa, por formar parte de algún grupo en particular, o reciben como parte de los reconocimientos por sus méritos, reciben amor por formar parte de esa familia, etcétera, pero lo importante es que lo recibas en el día a día y en las dosis adecuadas, la máxima experiencia del recibir nos sana y nos traslada.

Ahora cuando te estás muriendo, pones los límites a lo que no es prioridad, y la única prioridad: *es el amor*. Eres el amor y regresarás a sentirte sólo eso. No necesitas justificación alguna, es sólo por ser quien eres. Si lo quieres, te comparto esta última joya. Hemos llegado al final del último capítulo de nuestro camino, y el último paso que has de dar antes de *RenaSer*, es *CONFIAR*.

"Si no aprendes a recibir a un nivel más alto,
no recibirás la Luz que te transformará,
y que hará posible la transformación por ti."
"Para *RenaSer* recibe, pues si no sabes recibir,
¿cómo me recibirás?"

Mensaje de reflexión final

"Ahora, muy en particular, haz una revisión y dales tu confianza a todos los actores de tu vida. Ámalos como si no los fueras a volver a ver nunca jamás. Que tu amor sea tan grande que sane no sólo todas tus heridas sino todas las de tus aliados para tu despertar. Nunca en tu vida hubo enemigos, nunca estuviste sola y nunca estuviste sin el cobijo de un plan.

Qué gloriosa vida, cuánta luz en tu andar, cruzarás los cielos y te darás cuenta que no hay otra cosa más que libertad. Ahora realiza la última tarea que te hemos de encomendar:

Una vez que te hayas visto a ti misma de manera sagrada, honra todo lo sagrado. Ama sin medida a todos y a todo. Si no confías de nuevo totalmente no podrás RenaSer, confiarás más en tu inteligencia, pero es importante confiar en tu hermano.

Tu hermano es la salida, es el puente, si no confías en él, no confías en la creación totalmente. Esta experiencia te ha hecho ver cómo, a pesar de la ignorancia de tu hermano, no significa que no exista el amor siempre cuidando de ti. Hoy regresa tu confianza a la creación entendiendo una cosa, para morir, bien morir, se necesita ser la energía femenina.

Sé la luz que se deja guiar, permítete recibir ayuda como nunca. Observa, ¿acaso no hubo una gran dosis de energía femenina en esta experiencia?

—Sí, lo veo, por todos lados —contesté—. Desde ser levantada en brazos en la playa, la mano de alguien que me tomaba que parecía una madre protegiéndome, la mano de quién empujaba mi silla de ruedas para lograr llegar al avión en tiempo, quienes me llevaron a inyectar la vacuna, y aún regresando después del accidente, ¡qué humildad se requiere para morirse! Es soltar totalmente el cuerpo a un plan mayor, puedes pelearte con eso, pero mejor entiéndelo, me dieron regalos para aprender a morirme mejor. Fui cargada, sostenida, abrazada, empujada, cuando no pude por mí misma, siempre hubo quién estuvo para darme, ¡incluso un baño! Cuando regresamos de urgencias, pensaba llegar directo a la cama, y ahí estuvo Ale, símbolo de la energía femenina, que me recordó que sin su ayuda no podría bañarme. Los enfermos pasan por eso, tienen que renunciar a la lucha de hacer las cosas por sí mismos. Se requiere de gran humildad, en vez de enojarse por lo que uno no puede hacer por sí mismo. Ella me ayudó a desenredar mis cabellos llenos de arena, lavó mi cabeza y me bañó como a una niña pequeña. Mi tarea era recibir, sí, lo veo. Gracias.

—*Tú preguntaste, ¿recuerdas? ¿Cómo me termino de morir? Regresarán a ser niños y su Padre estará listo, sólo di sí a la Vida, y seréis lo que siempre fueron: unos niños jugando a aprender.*

—¿Entonces, el secreto es...?

—*Acepta la energía femenina totalmente, quita toda resistencia, vuélvete la energía femenina, no intentes dirigir nada en esos momentos, y la luz irá por ti. Cuando se unan, sólo serán luz en la luz dando a luz. La gran estrella, volviéndose la súper nova.*

Tu cielo estrellado de donde provienes ya estará en ti, como dices. Ahora abrázame, ven, ríndete y dime sí. Renace en mí. Cuando pienses que estás muriendo, regresa a ser la niña y déjamelo a mí. Será el último paso que se convertirá en el primero y último. Ven aquí y renace...

Jesús...

—Y en sus brazos te dejo, con su último mensaje de reflexión antes de irme.

—*En el momento de tu muerte, si crees que puedes sufrir, no tengas miedo. Sólo recuerda que será porque sigues apegada momentáneamente a la ilusión. Cuando eso suceda, llama mentalmente a tu bendita amiga, el ave del mar, la mantarraya, y visualiza cómo te invita a volar en las profundidades.*

¿Acaso crees que era casualidad? ¿Las alas del águila, las alas de la mantarraya?, sólo te recuerdan que eres un ser que vuela por encima de esta realidad, vuela alto, ya no perteneces a este mundo. Cuando estés lista ve en sus espaldas, como una niña pequeña, trépate en esa mantarraya que vendrá por ti, y sólo deja que te lleve al viaje del RenaSer.

Jesús

Espero que por siempre recibas mucho y que te sirva en tu propio viaje, en tu vida, en tu muerte y en todos esos momentos en los que serás invitado a hacer transiciones en tu vida, para crecer aún más en amor. Por último, recuerda que siempre que nos veamos, con o sin palabras, te estaré diciendo te quiero. Acepta, confía, recibe y ahora, a *RenaSer.*

Despedida:
Emprende el vuelo

A medida que escribí este libro, a medida que avanzaba, me fui sintiendo más empoderada, porque te fui compartiendo lo más poderoso que tengo, el camino que he cruzado para *RenaSer*. Siento mucha alegría de darte lo más hermoso que tengo, lo mejor de mí, mi historia de aprendizaje.

La forma en que has de levantarte de tus heridas, lo pasaría todo de nuevo y mil veces más, si es que hubiera necesidad. Todo el proceso que te he narrado me ha alimentado una vez más. Ahora te dejo con tu biografía, de igual manera ámala, ámate. Comprenderla te ayudará a hacerte las preguntas poderosas. Lo que falta y lo que sobra. No estás aquí para ser medianamente feliz, vienes a ser atrevida y ferozmente feliz. Sin duda, necesitarás decisiones radicalmente amorosas. Muchas, y a esas le seguirán muchas más. No te atrevas una sola vez, atrévete muchas, la vida te invitará a hacerlo tantas veces como se requiera, porque eres una vida en evolución, luz en constante transformación.

El amor es la fuerza más poderosa que tienes. Amor es lo que somos sin principio ni fin. Cuando vibras en amor, tu fuerza abarca todo el universo. Es imparable y no se puede contener, ahora mismo eres esa fuerza en un cuerpo imaginado. ¿Eso te da un atisbo de tu potencial en esta tierra? Después de leer este libro, cuando te vuelvas a referir a ti, hazlo con tanto respeto, que hasta las lágrimas puedan llegar a tus ojos, porque esos ríos que has cruzado, esa desesperanza, esa enfermedad, esa impotencia, esas carencias, esa pobre imagen en cualquier área, los verás transformarse si eliges trabajar en ti. Te lo digo viéndote a los ojos ahora mismo, escúchame: trabaja en ti.

Ponte de pie y afírmalo de hoy para siempre, "estoy por siempre acompañado en esta conquista", en la de ti mismo. Te arrancarás lo que más duele, como el águila, y sólo así descubrirás tu fortaleza, que habitaba en ti sin tú saberlo. Te darás cuenta de que era demente mantenerte en un lugar de poco valor, en un juego de estrés o de preocupación. Recuerda, sirves mejor para el plan, cuando aceptas tu tamaño correcto, no juegues a hacerte pequeño.

Deja que el volcán haga erupción, rompe todas tus reglas y luego vuelve a romperlas, y rómpelas otra vez, ¿quién te dijo que jugaras permanentemente bajo ellas? ¡Crea nuevos modelos, el universo es tuyo! Hoy más que nunca atrévete a ser esa mujer y ese hombre, lleno de compasión y de convicción. ¿Quién podrá detenerte? Ahora, ni tú mismo, porque ya no eres sólo la estrella que eras, serás la súper nova que ha estallado y tu luz se convertirá en bendiciones para todos, hasta donde tu luz se extienda, y cuando creas que has llegado lo suficientemente lejos, más allá, has de extenderte, la luz todo lo abarca, abre todos los caminos.

Si quieres mi presencia de nuevo, recuerda que el amor es y será nuestra fuerza, la que trasciende más allá de vidas, así que tomará la forma que más se necesite, y cuando volvamos a encontrarnos —yo como tu espejo—, cada vez que te vuelva a ver, encontraré la forma de decirte: te quiero.

Sé la presencia, sé la fuerza incontenible del amor, sé el *RenaSer*.

Agradecimientos

A mis padres y hermanos: gracias por tanto amor incondicional que me muestran una y otra vez: su generosidad, su cariño y su apoyo de siempre me han ayudado a mantenerme de pie en los mejores momentos y en los de mayor aprendizaje. Por siempre mi eterna e infinita gratitud: ¡Los amo!

Berenice Turrent: ¡Gracias por ayudarme a descifrar la ecuación! Es mucho lo que se puede hacer, pero saber encontrar lo que se requiere, es más fácil con ayuda, y tú fuiste una gran enviada. Las pláticas, por pequeñas que parezcan, cuando son con personas tan inteligentes como tú, se vuelven encuentros siempre significativos. Gracias por tu valiosa ayuda y compañía para lograr este libro: ¡Te quiero!

Victor Sastré: este libro, simplemente, no se hubiera logrado a tiempo sin tu inestimable ayuda. Gracias por todos tus comentarios, reflexiones, revisiones y horas dedicadas a un proyecto tan importante en mi vida. Fue realmente significativo compartirlo contigo, compartir esta etapa y al mismo tiempo ser "effortless". Gracias por todas las horas de magia pura, diseñadas como por un sastre.

María Cristina Castillo: tu presencia no es un agasajo, ¡es lo que le sigue! Gracias por estar tan presente a lo largo de toda la elaboración de este libro y compartir tantas reflexiones, gracias por tu sabiduría y alegría a lo largo de este camino que compartimos. Aquí te lo entrego en mano con todo mi amor y ahora sigue la playa, las noches y los días que nos prometimos. ¡Gracias por siempre! ¡Te quiero!

César Ramos, ¡agradezco muchísimo tu trabajo! Mi especial gratitud para ti por tu labor y esfuerzo titánico que realizaste en la revisión y edición de este material. Pero mucho más allá de eso, por tu disponibilidad, tu siempre amable respuesta y tu cálida presencia. ¡Todo mi reconocimiento y cariño para tí, César!

A mi equipo más cercano, Laura Mendoza, Gaby Trejo, Ignacio Luna: muchas gracias por toda su paciencia y apoyo. Escribir este libro fue increíblemente demandante por sus distintos procesos y algunas picaduras que sucedieron mientras lo escribía. Ustedes lo vivieron de manera muy cercana por lo que agradezco su siempre amable actitud de servicio y las sonrisas que cada día acompañan nuestra labor. ¡Los valoro mucho!

A todo el equipo de *Misión imposible: Operación mantarraya*: Alejandra Treviño Alatorre, Eduardo Miguel Lozano González, Ernesto Aguas Alvarado, Rodrigo Morales de la Cerda, Mari Carmen Lara, Yolanda Cervantes, Eduardo y Cecilia Aranzabal. Mi gratitud por siempre. De distintas y personales formas, gracias por salvar, por ser de servicio, por su calidez humana, por sus valores, por su profesionalismo. Son esperanza. Los llevo en el corazón.

Gracias a todas las personas que estuvieron presentes a lo largo de la aventura que fue escribir este libro, gracias por su ayuda, por su amistad, comprensión y compañía. Con su presencia contribuyen a mi vida y suman cada uno de manera perfecta: Victor Mahbub, Juan Carreon, Letty Santos, Verónica Vega, Andrés Tovar, Ruben Vargas, Rafel Bracho, Allan Kaye, María Pinto Ruiz, Leticia Kern, David García, César Rassi.

A las muñecas, Paulina Diaz A., Renata Sánchez, Paulina Jáuregui, Yael Osollo, Claudia Cavia, Tania Sommerz: gracias por tanta fidelidad, por los nuevos contratos y el amor de siempre. Gracias por una amistad de película a lo largo de los años.

Infinitas gracias a ti, a ustedes, que me dan sus muestras de amor incondicional, de reconocimiento a mi trabajo, de gratitud y de confianza. Gracias por compartir su vida conmigo, ahora soy yo quien la comparte con ustedes desde mis profundidades, con el mismo amor. Gracias por esperar con paciencia este libro, les dejo mi aportación orando y dando gracias por su vida. ¡Los quiero!

Gracias a todos mis maestros, amorosos, rasposos y tormentosos, vibrando desde el amor de mi transformación, los bendigo.